# OEUVRES

### DE

## TACITE.

### TOME SIXIÈME.

A PARIS,

Chez MOUTARDIER, Imprimeur-Libraire, Quai des Augustins, N°. 28.

# HISTOIRE
## DE
## TACITE,
### EN LATIN ET EN FRANÇAIS,

AVEC DES NOTES SUR LE TEXTE.

QUATRIÈME ÉDITION,

Revue et corrigée;

Par J.-H. DOTTEVILLE, Associé de l'Institut National.

## TOME I DE L'HISTOIRE.

A PARIS,

DE L'IMPRIMERIE DE MOUTARDIER,

An VII<sup>e</sup>. M. DCC. XCIX.

# ADRESSE

## A MESSIEURS

## DE

## L'ASSEMBLÉE NATIONALE (1).

Messieurs,

Si mes forces répondoient à mon amour du bien public, ce seroit quelque nouvel ouvrage et non une troi-

---

(1) Agréée par l'assemblée nationale, le 9 octobre 1791.

# ADRESSE

siême édition des Histoires de Tacite que j'oserois présenter à nos sages législateurs ; car dans ce renouvellement total de l'Empire français, chacun de nous doit tâcher de concourir, suivant tous ses moyens, à l'affermissement de notre constitution. Mais tout ce que je puis à mon âge, ( je finis ma soixante et quinzième année ) est de retoucher mes anciens travaux, et d'en faire disparoître, autant qu'il est en moi, les imperfections.

Que seroit-il possible, d'ailleurs, de vous offrir, MESSIEURS, de plus inté-

A L'ASSEMBLÉE NATIONALE. iij

ressant dans la conjoncture actuelle, qu'une Histoire où sont détaillés les efforts de l'univers alors connu pour secouer le joug de la tyrannie la plus odieuse qui ait jamais existé ? Je sais que cette inimitable composition du plus grand peintre de l'antiquité est déja très-connue de vous, MESSIEURS, ainsi que de toutes les autres personnes bien instruites. Mais j'en ai facilité l'intelligence au reste de nos concitoyens, et l'accueil dont vous voudrez bien m'honorer, les peut engager à en faire usage : quelle source alors de réflexions pour eux !

Ils y verront toutes les passions, mises en jeu, se déployer avec la plus terrible effervescence ; Tacite leur en dévelopera les inconvéniens, les leur démontrera par des faits, leur en indiquera les remèdes. Comme nous n'avons pas eu le malheur d'être opprimés par des monstres aussi féroces que les Caligula, que les Néron, notre révolution s'est opérée avec beaucoup moins de mouvemens convulsifs (1); cependant ils ne pourront se dissimuler qu'il s'y est commis des fautes presqu'entiè-

---

(1) On la croyoit alors presque terminée.

rement semblables à quelques-unes de celles dont ils liront le récit : ce seront autant d'avis pour eux de les éviter à l'avenir. Ils s'en feront l'application à eux-mêmes, et donnés indirectement, ils leur deviendront utiles sans pouvoir les choquer. Il n'y a pas lieu d'appréhender qu'ils se découragent en voyant que, dans cette lutte de tous les peuples contre la tyrannie, le succès ne fut pas complet. Tacite, quoique vivant à la cour d'un empereur, quoi qu'écrivant sous ses yeux, n'a pas craint de nous en apprendre la vraie cause ; c'est que personne ne s'armoit ni pour la liberté, ni pour la patrie; mais qu'on ne se battoit alors que pour le choix d'un maître.

J.-H. DOTTEVILLE.

# PRÉFACE.

UNE suite d'événemens importans détaillés par un homme de génie, placé dans l'état aux premiers rangs, et par conséquent à portée de s'instruire à fond des faits arrivés presque sous ses yeux, ne peut manquer de former un récit intéressant, sur-tout si l'on est assuré que jamais ni l'intérêt ni la crainte ne lui font altérer la vérité. Quelle autre condition pourroit-on exiger pour la perfection d'une Histoire ? Quatre révolutions, en moins de dix-huit mois, dans le plus puissant empire de l'univers, les armées les plus braves, les mieux expérimentées, annéanties par la discorde ; des tentatives de nos ancêtres pour la liberté ; d'autres de leurs chefs pour la royauté : tel est en abrégé le morceau d'histoire que Tacite nous offre; et, malgré la diversité des événemens, tout y semble tendre à une même moralité, comme dans un poëme épique, et prouver que la renommée, la valeur, la science militaire, l'étendue des possessions, les richesses, sont une bien foible ressource pour un peuple quand il n'est pas soutenu par la sagesse de ceux qui le gouvernent ou qui le représentent.

Il n'existoit plus aucune trace des Galba, des Othon, des Vitellius, des Vespasien, lorsque Tacite publia cette Histoire, puisque Nerva même étoit déja mort. C'étoit le vrai point de vue pour bien envisager les faits, et les peindre. Leur nouveauté permettoit de remonter aux sources : plus d'acteurs principaux à ménager; plus de cette

## PRÉFACE. ix

fermentation que chaque révolution allume dans les esprits. Je ne vanterai ni la profondeur de Tacite pour pénétrer dans le repli secret des intentions, ni son discernement à saisir la vérité, malgré le voile dont l'intérêt des partis ou des rumeurs vagues et populaires avoient affecté de la couvrir : les suffrages bien décidés du public m'en dispensent ; et chacun trouveroit ce que j'en pourrois dire au-dessous de ce qu'il en pense lui-même. Je ne dissimulerai cependant pas que quelques-uns ont regardé notre historien comme un mélancolique, dont l'humeur sombre jetoit un peu de noir sur la plupart de ses tableaux. Mais ce reproche est-il fondé ? S'il disoit avec Suétone, que Galba fit mourir jusqu'aux femmes et aux enfans des gouverneurs espagnols et gaulois qui n'étoient pas entrés dans son parti du vivant de Néron ; que

# PRÉFACE.

Vitellius fit périr un de ses fils, et le calomnia comme un parricide; qu'il est soupçonné d'avoir empoisonné sa mère, ou de l'avoir fait mourir de faim : s'il faisoit entendre avec Juvénal, qu'Othon porta jusque dans le tumulte des armes cette mollesse qui l'avoit diffamé dans la paix; s'il ne nous peignoit avec l'abréviateur de Dion, l'épouse de Vitellius que comme une femme d'un luxe excessif, qui taxoit Néron de mesquinerie dans ses ameublemens; qui d'entre nous seroit en état de prouver le contraire?

Cependant Galba, dans Tacite, est un prince rempli de justice et d'intégrité : ses fautes ne sont pas, à parler exactement, les siennes, ce sont celles d'indignes amis qui abusent de sa confiance. Vitellius, malgré ses défauts, est un père tendre qui s'applaudit dans l'excès de l'adversité, d'avoir fait pour son fils tout ce que la fortune lui a permis de faire ; c'est un fils respectueux et sensible qui veut abdiquer l'empire, pour arracher sa famille aux maux qui la menacent ; Othon est un guerrier actif, l'épouse de Vitellius une femme respectable, dont l'état n'a jamais à se plaindre dans ses malheurs. En comparant soigneusement Tacite avec les autres historiens de ce même tems, on se convaincra qu'il est celui qui dit le moins de mal et le plus de bien de ses personnages. Il va jusqu'à trouver quelques vertus dans Vinius, l'exécration du peuple romain ; que le sage Plutarque blâme sans adoucissement ni réserve. Si ce fâcheux préjugé s'est élevé contre notre historien, c'est parce que ses peintures affectent fortement l'ame, et que le malheur des tems offroit à ses regards plus de crimes que d'actions vertueuses. Il met les faits sous les yeux du lecteur, tandis que les autres se contentent de les raconter, et je ne doute pas que les règnes plus heureux de Vespasien, et sur-tout de Titus, ne l'eussent pleinement justifié. La manière sublime dont il a peint Germanicus dans les deux premiers livres des Annales, nous en est un sûr garant.

Le texte de Tacite, graces aux travaux de plusieurs éditeurs habiles, semble avoir atteint toute la perfection dont il est susceptible. Cependant je me suis fait un devoir de rechercher encore la partie que je donne avec toute l'attention dont je suis capable. J'ai suivi communément l'édition de M. Ernesti, et je ne m'en écarte jamais sans en avertir. Delà résulteroit un inconvénient que je regarde comme

# PRÉFACE.

très-considérable, si je n'avois soin de le prévenir. J'ai profité des travaux de ce savant éditeur, et néanmoins je ne parle de lui dans mes notes, que pour contredire et censurer son texte. Je déclare donc ici, que, lorsque j'y fais des changemens, c'est en conséquence de ses propres observations, ou sur des autorités qu'il n'a pu consulter.

Outre le manuscrit de la bibliothèque du roi, dont les éditeurs précédens ont déja tiré presque tout ce qu'il a de bon, j'ai lu soigneusement un magnifique manuscrit en vélin, appartenant à l'institution de l'Oratoire de Paris. Il fut apporté, je crois, d'Italie en France, et donné à cette maison par Henri Harlai de Sanci, mort prêtre de l'Oratoire en 1667. La sagacité du P. Brotier, le seul qui en ait déja parlé, lui a fait saisir, dans le peu de tems qu'il a pu le voir, sa ressemblance avec le manuscrit de Corbinelli (1). Mais comme il en diffère en plusieurs endroits, je crois rendre service au public de le lui faire connoître plus en détail. Il commence, comme presque tous les manuscrits de Tacite, à *nam Valerium*: le quatrième livre de l'Histoire est plein de lacunes : le cinquième se termine à *concordiam pararet. Evenerant* : en marge : *hîc desunt aliquot libri*, puis deux fragmens du quatrième livre, dont le dernier finit à *ne temeraretur opus*. Les caractères de ce manuscrit approchent de ceux de l'Editio princeps, qu'on voit à la bibliothèque du roi. Il est sans titres, sans ratures, sans glose

_____

(1) Édition in-4°. de Delatour. *Préface. Page xxxiij.*

# PRÉFACE.

interlinéaire : les points y sont rares, et comme jetés au hasard. Le genre des fautes qui s'y trouvent, indique un copiste qui n'entendoit guère ce qu'il écrivoit : il laisse en blanc les mots que vraisemblablement il n'a pu lire dans son modèle. Je n'en ai tiré que les variantes qui intéressent le sens, jugeant le public peu curieux des autres. Il est tems que je dise un mot de ma traduction.

Parler correctement, exprimer les pensées de son auteur, imiter son style, sont des lois qu'un traducteur ne doit jamais perdre de vue. Quant à la tournure des phrases et aux mots, comme chaque langue a des dictions et des métaphores qui lui sont propres, en s'obstinant à les rendre toujours, on s'imposeroit la ridicule nécessité de faire un ouvrage qui n'appartiendroit plus à aucune langue. Ainsi, je pense qu'un des devoirs du traducteur est de s'étudier à discerner ce qui vient de l'esprit même de l'auteur, d'avec ce que sa langue lui suggère. Je n'ose cependant donner ces principes pour incontestables; mais, quels qu'ils soient, ils m'ont dirigé dans le plan de mon travail. Puissé-je avoir approché du but que je me suis proposé !

SUPPLÉMENT.

# SUPPLÉMENT.

*Fin du Règne de* NÉRON, *et commencement du Règne de* GALBA.

I. NÉRON régnoit depuis treize ans, lorsqu'un simple propréteur de la Gaule lyonnoise, sans armée, et presque étranger par rapport à Rome, entreprit de délivrer l'univers de son joug. C'étoit C. Julius Vindex, descendant des anciens rois d'Aquitaine. Il écrit à Galba pour lui proposer l'empire, et mande en même tems à tous les gouverneurs des provinces de le seconder. C. Servius Galba, vieillard de soixante-douze ans, ancien consulaire, gouverneur d'Espagne pour la septième année, sembloit ne plus souhaiter de la part de la fortune qu'une mort tranquille. La proposition de Vindex, réveilla cependant son ambition ; mais le peu d'apparence du succès le replongea dans son indolence. Il supprime la lettre, résolu d'attendre l'événement. Les autres gouverneurs envoient à l'empereur les lettres de Vindex, non par attachement pour le prince, ni par amour de leur devoir, mais parce qu'on s'étoit fait une habitude de l'esclavage. Néron, à cette nouvelle, s'écrie : « Ceci vient à propos ; j'avois besoin d'argent, et je ne savois plus où en prendre. Je m'emparerai de l'or des Gaulois ». En conséquence, il laisse à Vindex le tems d'assembler des troupes ; confisque les biens de Galba, dans Rome, sans examiner s'il est coupable, et envoie des assassins pour le tuer.

II. Ces mouvemens causèrent une fermentation prodigieuse dans toutes les Gaules. Chaque cité prend les armes. Les unes, dédaignant Vindex, ne veulent pas même que le parti qu'il a formé porte son nom, et l'appèlent le *parti de Galba*, quoique celui-ci n'eût fait aucune démarche pour le connoître ni le soutenir. Les autres, sans attachement ni pour Galba ni pour Vindex, et même sans haine bien décidée contre Néron, cherchent à satisfaire leur animosité particulière. Lyon se bat contre Vienne ; Langres attaque ses voisins ; Trèves fond sur Cologne, et toute la province se divise.

III. D'une autre part, on annonce à Galba que ses biens sont saisis, vendus à l'encan

# SUPPLÉMENT.

dans Rome, et que l'empereur l'a proscrit. Forcé d'opter entre l'empire et la mort, il invente un parti mitoyen, et se fait proclamer lieutenant-général de la République, par une assemblée convoquée à Carthagène. Elle est suivie des mêmes troubles dans les Espagnes que dans les Gaules. Cornelius Fuscus, jeune homme de naissance, encore plus inconstant qu'ambitieux, décide sa colonie en faveur de Galba; d'autres imitent son exemple. Des intendans, des affranchis des Césars, s'opposent à leurs efforts : il se livre plusieurs petits combats; mais la légion que Galba venoit de lever lui-même, n'eut point occasion d'en venir aux mains.

IV. Pendant ces troubles, Othon commandoit en Lusitanie. M. Salvius Otho, fils d'un homme d'une humeur sombre et d'une fermeté inflexible, s'étoit roidi contre les efforts qu'avoit faits son père pour lui procurer de l'éducation. L'ayant perdu dans un âge où les passions fermentent, il s'étoit introduit à la cour de Néron par le crédit d'une affranchie qu'il avoit séduite, et avoit pénétré fort avant dans les bonnes graces de l'empereur par son goût pour le luxe et les plaisirs. Une intrigue qui pensa lui coûter la vie, l'avoit ensuite fait comme reléguer en Lusitanie. Il saisit avidement l'occasion qui se présente de reparoître avec éclat, convertit toute sa vaisselle d'or et d'argent en monnoie marquée au coin du nouveau prince, et vient se mettre à la tête de ses troupes.

V. Cependant Néron, tout occupé de frivolités, regardoit comme plus important pour lui de perfectionner une machine hydraulique, qu'il venoit d'inventer, que de penser à se précautionner contre Vindex, lorsqu'on lui annonça que Galba soulevoit sa province, et que déja Vindex étoit à la tête d'une armée nombreuse. De colère, il renverse la table où il se trouvoit alors; ensuite il écrit au sénat de le venger, ajoutant pour le toucher plus vivement : « Jugez vous-mêmes, P. C. » de l'injustice de Vindex. Il dit que je chante » mal, et que je ne sais pas jouer de la flûte. » J'irois en personne à Rome, mais je suis » enroué ». Sur une lettre d'un style si noble et si pathétique, le sénat déclare Galba et Vindex ennemis de l'état, et donne ordre à Virginius, qui commandoit une armée dans l'Haute-Germanie, de marcher contre Vindex. Néron, de son côté, fait dire aux légions d'Illyrie de passer en Italie, rappèle des portes de la mer Caspienne, l'armée qu'il avoit destinée contre l'Albanie; mande en Bretagne à la quatorzième légion de venir promptement à son secours, l'assurant qu'il la regarde comme la meilleure légion de l'empire, et nomme pour général de ses armées Petronius Turpilianus, consulaire cassé de vieillesse.

VI. L'armée de Germanie, dégoûtée de Néron, avoit souvent offert l'empire à Virginius ; mais elle aimoit encore mieux servir un maître qu'elle haïssoit, que d'en accepter un de la main d'un autre. Ainsi elle marcha contre Vindex avec ardeur, et le joignit proche de Besançon. Avant que d'en venir à une action, il se tint entre les deux chefs une conférence, de laquelle ils se séparèrent amis. Dans cet intervalle, les soldats de Germanie, armée indomptable, accoutumée à prendre l'ordre d'elle-même, s'étoient préparés au combat. Ils tombèrent à l'improviste sur les Gaulois, et les taillèrent en pièces. Vindex, après bien des efforts inutiles pour arrêter le massacre, se persuada que Virginius l'avoit trahi, et n'ayant pas le courage de survivre à son malheur, se tua sur le champ de bataille.

VII. Galba s'occupoit des projets de sa grandeur future, lorsqu'il apprend que le sénat se déclare contre lui, que Vindex n'est plus, et que toute l'armée des Gaules est taillée en pièces. Alors il blâme son imprudence, s'accuse de folie d'avoir sur ses vieux jours laissé l'ambition se rallumer dans son cœur, et se retire à Colonia, n'attendant plus que la mort, et prêt à chaque instant à se la donner lui-même. Néron triomphoit : mais deux scélérats qu'il avoit tirés de la plus vile poussière par égard pour leur singulière méchanceté, avoient décidé sa perte. C'étoit Nymphidius et Tigellinus, tous deux préfets du prétoire. Callistus, affranchi de Claude, avoit eu d'une couturière qu'il aimoit, une fille nommée Nymphidia : celle-ci étoit devenue mère de Nymphidius, sans qu'on ait su quel en étoit le père. Il se disoit fils de l'empereur Caius ; mais la date des amours de ce prince étoit postérieure à la naissance de Nymphidius, et le peuple le crut fils de Martianus, fameux gladiateur auquel il ressembloit. L'audace, l'effronterie et la licence effrénée de Nymphidius ne démentoient point cette origine : Tacite nous dépeint Tigellinus, comme aussi méchant. C'étoient les hommes que Néron préféroit.

VIII. Les deux préfets complotent de corrompre leurs soldats, les seuls vraiment attachés à l'empereur et à portée de le défendre. Ils y réussirent à force d'artifice. Nymphidius en même tems préparoit de loin la perte de Galba lui-même, en promettant en son nom sept mille cinq cents dragmes par tête aux prétoriens, et douze cent cinquante à chaque soldat des armées de l'empire. « Il auroit fallu, dit Plutarque, plus

» vexer le peuple, pour amasser cette somme,
» que Néron n'avoit fait pendant tout son règne».
Telle étoit cette gratification dont nous aurons
sujet de parler plus d'une fois. En conséquence
des mesures prises entre Nymphidius et Tigellinus, on annonce à l'empereur, que toutes
les armées l'abandonnent, et qu'il ne lui reste
point d'autre parti que de se sauver promptement en Égypte; aux prétoriens, que l'empereur est parti pour Alexandrie, et qu'ils ne
le reverront plus; au sénat, que personne ne
s'intéresse pour Néron, et que la garde prétorienne elle-même l'a quitté. Sur ces nouvelles, Néron se livre au désespoir, les prétoriens se retirent, le sénat s'assemble. Néron
la veille étoit un dieu, Galba l'ennemi de
l'état; Galba est proclamé tout d'une voix
empereur, et Néron condamné à expirer sous
les coups de verges.

IX. On ne doit point être surpris de voir
Néron croire avec tant de facilité, le soulèvement général de ses troupes. Ce bruit n'étoit
point destitué d'apparences. Quoique la quatorzième légion fût très-sensible au témoignage
flatteur que l'empereur venoit de lui rendre,
ses auxiliaires étoient mal intentionnés. Huit
cohortes bataves s'en étoient séparés, et murmuroient hautement : il ne pouvoit attendre
de long-tems aucun service de l'armée venue

des portes de la mer Caspienne : c'étoient des soldats mourans, excédés des fatigues d'une longue navigation : les légions d'Illyrie, amenées par ses ordres en Italie, envoyoient une députation à Virginius, pour le presser d'accepter l'empire : enfin, l'armée de la Haute-Germanie, après avoir salué Virginius *imperator* sur le champ de bataille, y vouloit ajouter les titres de César et d'Auguste. Il suffisoit donc de grossir un peu le mal pour le faire paroître sans remède. De plus, cette voix de la conscience qui se fait entendre dans les momens de trouble, lui disoit : qu'un prince n'a guère à compter sur la fidélité de ses peuples, quand il n'a rien fait pour eux, et qu'il a sacrifié tout à ses fureurs et à ses plaisirs. Dépouillé de ce cortége qui aveugle et séduit les ames vaines, il n'avoit plus autour de lui qu'un reste d'esclaves efféminés, à qui la hardiesse ou l'occasion de s'enfuir avoit manqué. Ce fut dans ces tristes conjonctures qu'on lui vint apprendre que le sénat le condamnoit à une mort infâme. Voulant la prévenir, et n'ayant pas le courage de se tuer lui-même, il implore le ministère de ceux qui l'accompagnent : tous le refusent, et il s'écrie « *Quoi, pas un ami ! pas un ennemi* » !

X. Ses ennemis étoient absens; mais l'idée de la haine qu'il méritoit, et le souvenir de

# SUPPLÉMENT.

ses crimes le poursuivant, il se sauve de son palais, et va se cacher dans le vil réduit qu'un de ses affranchis lui offre pour retraite. Sa mort a été racontée fort diversement. Si elle eut des témoins, c'étoient des gens peu connus; et plusieurs restèrent long-tems dans la persuasion qu'il vivoit ignoré dans le fond de quelque province. Il couroit, au rapport de Lactance, des vers d'une Sibylle, qui prédisoient son retour; et ce qu'il y a de singulier, c'est qu'on l'attendoit encore plus de trois cents ans après sa mort. Une opinion si répandue, et toutes les tentatives qui se firent à ce sujet, me rendent suspectes plusieurs des circonstances qu'on a débitées sur les derniers momens de sa vie. Si, comme le prétend Suétone, le centurion chargé de l'arrêter, s'étoit trouvé présent lorsqu'il expiroit, il n'eût pas manqué d'en faire son rapport au sénat, qui auroit pris des précautions pour constater irrévocablement un fait de cette importance. Quoiqu'il en soit, voici comme on raconte sa mort.

Néron, avant de sortir de son palais, s'étoit couché sur le soir, accablé d'inquiétude et de frayeur. Il se jète précipitamment en bas de son lit vers le milieu de la nuit, appèle inutilement sa garde, sort de sa chambre les pieds nuds et en simple tunique, et parcourt tous les appartemens. Il ne peut rassembler auprès de sa personne que l'eunuque Sporus, l'affranchi Phaon, Epaphrodite son secrétaire, et un quatrième qui n'est pas nommé : tous les autres se tenoient renfermés ou s'étoient sauvés hors du palais. De retour à sa chambre, il voit que le reste de ses gens a profité de son absence pour en piller les effets les plus précieux ; mais dans ce moment critique, il ne regrète qu'une phiole d'un poison très-subtil qu'il avoit fait préparer par la fameuse Locuste. Alors ayant témoigné à ses quatre domestiques, les seuls qui ne l'eussent pas abandonné dans son malheur, le désir qu'il avoit de se retirer en quelque endroit écarté pour y reprendre ses sens, Phaon lui proposa de passer dans une petite métairie qu'il avoit à quatre milles de Rome. Aussitôt Néron met sur ses épaules un mauvais manteau, se voile le visage, et tous les cinq montent à cheval. Comme ils passoient près du camp, ils entendirent les imprécations des soldats contre lui, et les vœux qu'ils faisoient en faveur de Galba. Un voyageur leur demanda sur la route ce qu'on disoit de Néron dans la ville ; et un autre les voyant courir en grande hâte, dit : « Voilà des gens qui poursuivent l'empereur ». Pour comble d'effroi, le voile qui lui couvroit le visage étant tombé, parce que son cheval s'étoit cabré à la rencontre d'un cadavre, un vétéran retiré du service le reconnut, et le salua par son nom. Ils ne pouvoient entrer dans la métairie sans être apperçus : laissant donc leurs chevaux, ils passent avec beaucoup de peine par-derrière, au travers d'un champ planté de roseaux fort épais. Phaon conseilloit au prince de se cacher dans un trou dont on avoit tiré du sable, jusqu'à ce que le mur de la métairie fût percé : « Je n'ai garde, » répondit-il, de m'enterrer tout vif ». Ensuite il puisa dans le creux de sa main de l'eau d'un fossé bourbeux, et la portant à sa bouche : « Est-ce là cette eau, dit-il en sou- » pirant, dont Néron faisoit ses délices » ? Dès que l'ouverture fut assez grande pour s'insinuer dans la maison, il se coucha contre terre, et s'y glissa en s'aidant des pieds et des mains. Il ne se trouvoit dans la chambre où il fut conduit, qu'un méchant lit sur lequel il se coucha, en demandant à boire et à manger ; mais on lui présenta du pain si noir, qu'il n'en voulut pas goûter, et il but seulement un peu d'eau tiède. Cependant ses fidèles domestiques l'exhortoient à prévenir les affronts dont il étoit menacé. Alors il leur commanda de préparer tout ce qui étoit nécessaire pour ses funérailles ; comme de creuser une fosse ; de la faire précisément de la longueur de son corps ; de chercher du marbre pour la recouvrir ; d'apporter du bois et de l'eau : à chaque ordre qu'il donnoit, il répétoit en s'étouffant de sanglots : « Quelle perte » que celle d'un si grand musicien »! Ensuite il tira deux poignards qu'il avoit apportés, en examina la pointe, et les remettant dans le fourreau : « Le moment fatal, dit-il, n'est » pas encore venu ». Il disoit tantôt à Sporus : « Chante, mon ami, chante ma mort »; tantôt aux autres : « L'un de vous devroit se » tuer pour m'encourager à mourir ». Puis, s'apostrophant lui-même : « Ta vie n'est plus » qu'un opprobre. Quelle honte, Néron, » quelle honte ! il est tems de t'armer de » force. Allons, courage, éveille-toi ». On entendoit déja le bruit des cavaliers envoyés par le sénat, avec ordre de l'amener vivant à Rome : ils enfonçoient la porte lorsqu'il se perça d'un poignard, en se faisant aider par Epaphrodite. Le centurion entra brusquement, et feignant de voler à son secours, il se mettoit en devoir de bander la plaie : « Il n'est » plus tems, dit Néron : est-ce ainsi qu'on » avoit juré de m'être fidèle »? Il mourut en prononçant ces mots : mais ses yeux, qui restoient ouverts, donnoient encore à son visage un air si féroce, qu'on ne pouvoit le voir sans être saisi d'horreur et d'effroi.

XI. Icelus, affranchi de Galba, avoit été mis en prison à Rome, tandis qu'on saisissoit les biens de son maître. La révolution nouvelle le rendit un personnage important : on prétend même qu'il fallut s'adresser à lui pour obtenir la permission de faire les obsèques de l'empereur. Sitôt qu'il se fut assuré de l'état des choses, il partit pour en informer Galba, et fit une telle diligence, qu'on dit qu'il vint en sept jours à Colonia. Ce service étoit essentiel ; mais Galba pouvoit le reconnoître, sans faire de son ancien esclave un secrétaire d'état. Cette élévation causa la perte d'Icelus.

XII. Le premier acte après la mort de Néron, fut de la part du peuple, de se livrer à une joie effrénée, qui dégénéra bientôt en rage contre ceux qui avoient été dans les bonnes graces du prince ; et de la part du sénat, d'ordonner qu'on fît le procès à tous les délateurs : Nymphidius, de son côté, se brouilla sur-le-champ avec son collègue, qu'il chassa du prétoire ; et Galba fit faire des perquisitions contre ceux qui n'avoient pas favorisé son parti dans les Espagnes, ou celui de Vindex dans les Gaules. Ainsi, loin que l'embrâsement fût prêt à s'éteindre, on entassoit de tous côtés la matière d'une multitude d'incendies. Il s'en falloit beaucoup que le sénat jouît de la liberté dont il s'étoit flatté d'abord. Néron, distrait par ses plaisirs, avoit souvent fermé les yeux sur ses démarches; au lieu que Nymphidius ne le perdoit pas un instant de vue. Nul sénatusconsulte, nul arrêt qui ne fût signé de sa main. Les consuls ayant dépêché des couriers à l'empereur, sans son attache, il pensa les déposer, et ne se laissa fléchir que sur les humbles excuses qu'ils vinrent lui faire.

XIII Nymphidius avoit compté s'emparer aisément de toute l'autorité, sous un vieillard infirme et dégoûté depuis long-tems du tumulte des affaires. Mais ayant appris que Vinius et Laco jouissoient de toute sa confiance, il sollicita l'armée de demander leur banissement. Elle lui résista, trouvant ridicule de prescrire à un homme expérimenté, quels ministres il devoit choisir ou rejeter. Alors il écrivit à Galba, « qu'il ne lui con-
» seilloit pas de se montrer sitôt; que tout
» l'empire étoit dans la plus grande fermen-
» tation; que Rome murmuroit; que Macer
» soulevoit l'Afrique; que les armées de Ger-
» manie se révoltoient, et que celles de Sy-
» rie et de Judée se préparoient à faire un
» autre empereur ». Cependant il formoit une conjuration; aidé de quelques femmes intrigantes, de Cingonius Varro, désigné consul, de Mithridate, ancien roi du Bosphore, dépouillé depuis long-tems de ses états par les

Romains, et de quelques consulaires. Claudius Celsus, homme sensé, intime ami de Nymphidius, lui remontroit en vain que jamais une seule maison de Rome ne consentiroit à nommer César le fils de Nymphidia : il fut conclu qu'à minuit précis on le mèneroit au camp, et qu'on l'y proclameroit. Antonius Honoratus, premier centurion, considéré pour ses services et sa probité, en fut heureusement averti. Il rassemble l'armée sur le soir, expose le détail de la conjuration dont presque tous les soldats étoient complices, puis il ajoute :

XIV. « Quelle fin mettrons-nous à nos
» trahisons, et quel malheureux génie nous
» pousse à changer continuellement de parti ?
» Je veux que les crimes de Néron nous aient
» suffisamment autorisés à le perdre. Avons-
» nous quelque chose de semblable à repro-
» cher à Galba ? A-t-il assassiné sa mère, tué
» sa femme, prostitué la majesté impériale,
» au point de monter sur un théâtre, pour se
» donner en spectacle à la populace ? Nous
» supportions cependant Néron, quoique nous
» eussions sans cesse à rougir de son avilis-
» sement ou de ses crimes. Si nous l'avons
» abandonné, c'est que Nymphidius nous a
» trompés en nous assurant que ce prince nous
» avoit abandonnés le premier, et qu'il s'é-

» toit sauvé en Égypte. Immolerons-nous le
» descendant des Servius, le parent de l'au-
» guste Livie, au fils de Nymphidia ? Que
» ne méritons-nous plutôt l'affection de notre
» empereur, en le délivrant d'un traître ».

XV. Ce discours (1) fit tant d'impression, que l'armée s'écria tout d'une voix, qu'elle ne vouloit point d'autre empereur que Galba. Nymphidius entendant ces clameurs, crut que l'impatience du soldat lui faisoit devancer les momens, ou qu'il s'élevoit une sédition. Il vient, bien escorté, à la clarté d'une multitude de flambeaux, tenant à la main une harangue que Varron lui avoit composée. Les portes du camp étoient fermées : une troupe nombreuse de soldats armés comme pour un combat, gardoient les remparts. Il demande qui leur a commandé de prendre les armes : ceux-ci répondent que c'est le zèle dont ils sont animés pour Galba, et qu'ils ne veulent point d'autre empereur. Nymphidius loue leur fidélité, et les assure qu'il est dans les mêmes sentimens : alors on lui ouvre les portes ; mais dès qu'il est entré, on les ferme à sa suite ; on se jète sur lui, l'épée à la main, et on le massacre dans une tente où il avoit voulu se sauver. Telle fut la fin d'un scélérat que les

---

(1) Il est tiré presque en entier de Plutarque.

troubles rendirent presque maître d'un empire dont il auroit à peine obtenu la dernière charge dans des tems plus heureux.

XVI. Peu après la mort de Nymphidius, on arrêta, par ordre de Galba, Cingonius Varro, le roi Mithridate (Tacite ne le nomme pas, ne jugeant pas apparemment un souverain détrôné digne d'être placé parmi des consulaires), et le malheureux Petronius Turpilianus dont tout le crime étoit d'avoir été nommé par Néron, pour commander une armée à la tête de laquelle il ne s'étoit pas encore mis. Ils furent étranglés tous les trois sans aucune forme de justice. Tigellinus présidoit à l'exécution de Turpilianus, ce qui la rendit plus odieuse; et peut-être même se faisoit-elle sans l'aveu de Galba. Les intendans Obultronius Sabinus, Cornelius Marcellus dans les Espagnes, et Betuus Chilo dans les Gaules, eurent le même sort. On avoit envoyé à Garrucianus, intendant d'Afrique, l'ordre de faire assassiner Macer, propréteur de la province; mais Calvia Crispinilla, cette fameuse surintendante des plaisirs de Néron, étant passée en Afrique, venoit de déterminer Macer à se rendre indépendant de l'empire. Ils complotèrent ensemble de mettre la famine dans Rome, en arrêtant tous les bâtimens qui devoient y transporter du bled. Macer leva une nouvelle légion, à laquelle il donna son nom, et la joignant aux anciennes troupes, il se trouvoit déja à la tête d'une armée considérable, lorsque, sur les ordres de l'empereur, le centurion Papirius, dépêché contre lui par l'intendant, l'assassina.

XVII. En même tems qu'on apprenoit d'Afrique la mort de Macer, celle de Capiton étoit mandée de Germanie. Fonteius Capiton avoit commandé l'armée de la Basse-Germanie. C'est lui qui mit Civilis, alors innocent, dans les fers, et le fit conduire à Néron comme coupable de haute trahison. Il fut ainsi la première cause de tout le mal que ce guerrier fit depuis aux Romains. L'avarice insatiable de Capiton ne rougissoit d'aucun moyen de s'enrichir, quelque bas ou injuste qu'il fût. Il faut cependant qu'il ait eu de bonnes qualités, puisque, malgré ce vice odieux, ses troupes le regrétèrent. On pourroit peut-être se contenter de taxer d'imprudence, l'action sur laquelle il fut accusé d'aspirer à l'empire. Un homme qu'il venoit de condamner à la mort, en appeloit à César. « Voici César, lui dit-il » en se plaçant sur un siége plus élevé ; défends ta cause devant lui » : et après l'avoir entendu une seconde fois, il le fit exécuter.

XVIII. Quoiqu'il en soit, Jullius Burdo, commandant de la flotte, fut le premier à se déclarer contre lui. Fabius Valens, un des lieutenans de l'armée, soupirant depuis long-tems après une haute fortune, saisit cette occasion de mériter les bonnes graces du prince; il fit assassiner Capiton, par le centurion Crispinus, et en manda sur-le-champ la nouvelle à l'empereur, en ajoutant comme « forcé par son zèle pour sa personne sacrée, que Virginius hésitoit, s'il n'accepteroit pas l'empire qu'on lui offroit depuis si long-tems ». Galba ne négligea pas l'avis. Il enleva Virginius à ses troupes, en le faisant venir auprès de lui, sous prétexte d'amitié. Mais il crut faire assez pour Valens, de fermer les yeux sur une violence que désapprouvoient ceux mêmes qui s'étoient déclarés contre Capiton; et l'armée dans la suite obtint la mort de Crispinus.

XIX. La défiance avoit aigri le caractère de Galba; mais la fortune n'altéroit point la simplicité de ses mœurs. Même frugalité, même mépris du faste. Son ancien maître d'hôtel avoit cru bien faire de le servir, contre sa coutume, avec quelque opulence. « Quelle
» dépense inutile, dit-il en soupirant »! Quand on sut que Vinius l'avoit enfin engagé à faire paroître sur sa table la vaisselle d'or et d'argent de Néron, tout le monde en conclut

qu'il n'y auroit plus rien que ce courtisan n'obtînt de l'empereur. Othon compta mal à propos s'en faire adopter, en effaçant tous ceux de son cortège, par son luxe et sa magnificence. Il est vrai que Galba le vit d'abord d'assez bon œil, qu'il le prit même souvent dans sa litière, et s'entretint familièrement avec lui pendant la route ; mais sa profusion le détruisit enfin dans l'esprit de ce vieillard austère.

XX. L'empereur approchoit de Rome lorsqu'une dernière catastrophe mit le comble à la terreur. Avant que de la rapporter, je prie le lecteur de me permettre une digression qui n'est point étrangère à mon objet, parce qu'elle répandra du jour sur plusieurs endroits de Tacite. Les Romains avoient sur pied quatre espèces de milice : 1°. les légions infanterie et cavalerie ; on les rangeoit par gros bataillons et escadrons. Elles étoient composées de citoyens : 2°. les auxiliaires, infanterie et cavalerie : ils étoient tirés des peuples alliés à l'empire. On avoit soin de les annexer à une légion, de les exposer les premiers aux coups, et de les disperser par pelotons, afin de les mettre hors d'état, en cas de trahison, de faire face aux légionnaires : 3°. les soldats de la marine. On les levoit parmi les nations tributaires et esclaves de l'empire. On en prenoit un bien plus grand nombre que n'exigeoit le service de mer. On formoit, de l'excédent, des compagnies d'infanterie qui servoient sur terre. Ils étoient presque sur le pied d'esclaves, et on les forçoit quelquefois de se battre les uns contre les autres pour divertir les Romains : 4°. les gladiateurs, dernière espèce consacrée par état à faire couler son sang pour le plaisir du peuple. C'étoient de vrais esclaves : on les employoit cependant quelquefois à la guerre ; mais leurs officiers étoient des citoyens. Leurs commandans généraux étoient même choisis parmi les personnes les plus distinguées de l'empire. Il paroît de plus, qu'on avoit la précaution de tenir auprès des gladiateurs d'autres troupes, toujours en état de leur faire la loi.

XXI. Néron s'étoit proposé de faire une vraie légion romaine, tirée toute entière des soldats de la marine. Il en avoit fait venir dans cette intention une multitude à Rome, afin d'avoir la liberté du choix. A l'approche de Galba, vers le pont Milvius, ils se répandent de tous côtés sur sa route, en criant, « qu'on » leur donne une aigle », marque distinctive de la légion, « des enseignes, des quartiers » d'hiver ». L'empereur, fatigué de ces instances déplacées, leur fait dire de se présenter une autre fois. Ils prennent ce délai pour un refus, murmurent hautement, écartent tous ceux qui viennent au devant du prince; quelques-uns même tirèrent l'epée. Alors l'empereur ordonne à sa cavalerie de les charger. L'abréviateur de Dion rapporte qu'on en tua jusqu'à sept mille. On decima le reste, et ceux qui étoient échappés au massacre, furent retenus prisonniers jusqu'au règne d'Othon. Ce dernier remplit le projet formé par Néron; ce qui fit espérer à chaque soldat de la marine, de devenir un jour légionnaire.

# HISTOIRE

## DE

## TACITE.

# C. CORNELII TACITI

## HISTORIARUM

### LIBER PRIMUS.

I. INITIUM mihi operis Servius Galba iterum, T. Vinius consules erunt. Nam, post conditam urbem, octingentos (1) et viginti prioris ævi annos multi auctores retulerunt; dum res populi romani (2) memorabantur, pari eloquentiâ ac libertate. Postquam bellatum (3) apud Actium, atque omnem potestatem ad unum conferri pacis interfuit, magna illa ingenia cessere. Simul veritas pluribus modis infracta; primùm inscitiâ Reipub. ut alienæ (4), mox libidine assentandi, aut rur-

# HISTOIRE

## DE

## TACITE,

### LIVRE PREMIER.

I. Je commence cet ouvrage au second consulat de Servius Galba, avec T. Vinius. Assez d'Historiens ont décrit les huit cent vingt années précédentes (1), depuis la fondation de Rome. Tant qu'ils eurent à rapporter les actions du peuple romain (2), ils le firent avec autant d'éloquence que de liberté ; mais lorsque la bataille d'Actium eut terminé la guerre (3), et qu'il fallut réunir toute l'autorité sur un seul, pour jouir de la paix, ces génies sublimes se turent. La vérité dès-lors fut diversement altérée ; d'abord parce que l'on connoissoit mal un état où l'on étoit comme étranger (4); ensuite par envie de flatter ou de dé-

sus odio adversùs dominantes: ita neutris curæ posteritatis, inter infensos, vel obnoxios. Sed ambitionem scriptoris facilè adverseris; obtrectatio et livor pronis auribus accipiuntur: quippe adulationi fœdum crimen servitutis, malignitati falsa species libertatis inest. Mihi Galba, Otho, Vitellius, nec beneficio, nec injuriâ cogniti. Dignitatem nostram à Vespasiano inchoatam, à Tito auctam, à Domitiano longiùs provectam, non abnuerim: sed incorruptam fidem professis, nec amore quisquam, et sine odio dicendus est. Quòd si vita suppeditet, principatum divi Nervæ (6), et imperium Trajani, uberiorem securioremque materiam, senectuti seposui: rarâ temporum felicitate, ubi sentire quæ velis, et quæ sentias, dicere licet.

II. Opus aggredior plenum variis casibus (1), atrox prœliis, discors seditionibus, ipsâ etiam pace sævum. Quatuor principes ferro interempti. Tria bella civilia, plura externa, ac plerumque permixta. Prosperæ in oriente, adversæ in occidente res. Turbatum Illyricum: Galliæ nutantes: perdomita Britannia (2), et

chirer ses maîtres. Ainsi des esprits aigris ou rampans, oublièrent également la postérité. Il est vrai qu'on se tient aisément en garde contre la flatterie d'un auteur; mais on a toujours l'oreille ouverte à la médisance ou à la jalousie : car l'adulation décèle une ame servile; au lieu que la méchanceté se pare du masque de la liberté. Pour moi, je n'ai jamais eu à me louer, ni à me plaindre de Galba, d'Othon, ni de Vitellius. J'avoue que Vespasien, Titus et Domitien, ont contribué sucessivement à mon élévation (5); mais quiconque fait profession de dire la vérité, ne doit pas plus écouter la reconnoissance que le ressentiment. Je réserve pour ma vieillesse, si j'y parviens, comme un sujet plus abondant et plus paisible, l'histoire de Nerva et de Trajan; tems heureux et rares, où l'on jouit de la liberté de penser et d'exprimer ce qu'on pense.

II. J'ai à peindre des années fertiles en combats, en séditions, en événemens de tous les genres, cruelles dans la paix même; quatre empereurs égorgés; trois guerres civiles; un plus grand nombre de guerres étrangères, souvent le mélange des unes et des autres; des succès dans l'orient, des revers dans l'occident; l'Illyrie en combustion; les Gaules chancelantes; la Bretagne conquise (2) et perdue

statim missa: coortæ in nos Sarmatarum ac Suevorum gentes: nobilitatus cladibus mutuis Dacus: mota etiam propè Parthorum arma falsi Neronis ludibrio (3). Jam verò Italia novis cladibus, vel post longam seculorum seriem repetitis, adflicta. Haustæ aut obrutæ urbes (4). Fecundissima Campaniæ ora, et urbs incendiis vastata, consumptis antiquissimis delubris, ipso capitolio civium manibus incenso: pollutæ cærimoniæ: magna adulteria: plenum exsiliis mare: infecti cædibus scopuli: atrocius in urbe sævitum. Nobilitas, opes, omissi gestique honores pro crimine, et ob virtutes certissimum exitium. Nec minus præmia delatorum invisa, quàm scelera: quum alii sacerdotia et consulatus, ut spolia, adepti, procurationes (5) alii et interiorem potentiam (6) agerent, verterent (7) cuncta. Odio et terrore corrupti in dominos servi, in patronos liberti: et quibus deerat inimicus, per amicos oppressi.

presque aussitôt ; l'irruption des Suèves et des Sarmates ; le Dace s'illustrant par nos pertes et par les siennes ; enfin, le Parthe prêt à s'armer pour seconder l'imposture d'un faux Néron. On vit l'Italie en proie à des malheurs inouïs jusqu'alors, ou dont les semblables étoient oubliés depuis plusieurs siècles ; des villes renversées, d'autres englouties, les fertiles contrées (4) de la Campanie et Rome même ravagées par des incendies; les anciens temples consumés, le capitole brûlé par les mains des citoyens, la religion profanée, l'adultère flétrissant les maisons illustres, les mers couvertes d'exilés, les rochers teints de sang, des cruautés plus affreuses dans la capitale ; la noblesse, les biens, l'acceptation, le refus des honneurs devenus des crimes, la vertu une cause infaillible de mort; les délateurs en possession de récompenses aussi odieuses que leurs forfaits, puisque les uns jouissoient comme de dépouilles qui leur appartenoient, des sacerdoces et du consulat; et que les autres, en possession du maniement public et secret des affaires, étoient les maîtres de tout faire et de tout renverser : la haine et la terreur, suscitant les esclaves contre leurs maîtres, les affranchis contre leurs patrons, et, au défaut d'ennemis, les amis contre leurs amis.

III. Non tamen adeò virtutum sterile seculum, ut non et bona exempla prodiderit. Comitatæ profugos liberos matres: secutæ maritos in exsilia conjuges: propinqui audentes: constantes generi: contumax etiam, adversùs tormenta, servorum fides: supremæ clarorum virorum necessitates: ipsa necessitas fortiter tolerata (2): et laudatis antiquorum mortibus pares exitus. Præter multiplices rerum humanarum casus, cœlo terràque prodigia, et fulminum monitus, et futurorum præsagia, læta, tristia, ambigua, manifesta. Nec enim umquam atrocioribus populi romani cladibus, magisve justis indiciis (3) approbatum est, non esse curæ deis securitatem nostram, esse ultionem (4).

IV. Ceterùm, antequam destinata componam, repetendum videtur, qualis status urbis, quæ mens exercituum, quis habitus provinciarum, quid in toto terrarum orbe validum, quid ægrum fuerit: ut non modò casus eventusque rerum, qui plerumque fortuiti sunt, sed ratio etiam causæque noscantur. Finis Neronis ut lætus, primo gaudentium im-

III. Ce siècle ne fut cependant pas si stérile en vertus, qu'il ne produisît aussi de bons exemples (1). On vit des mères accompagner leurs enfans dans leur fuite, des épouses s'exiler avec leurs époux, des parens intrépides, des gendres constans, des esclaves fidèles jusques dans les tourmens, des personnages illustres s'exposer à la plus affreuse indigence, la supporter courageusement, ou se donner la mort avec cette fermeté qu'on avoit autrefois admirée. Outre une multitude d'événemens naturels, des présages, des prodiges dans le ciel et sur la terre, des coups de foudres annoncèrent, plus ou moins clairement, des succès et des revers. Jamais les dieux ne châtièrent le peuple romain d'une manière plus affreuse ni mieux méritée, et ne montrèrent si manifestement qu'ils ne vouloient pas veiller à notre tranquillité, mais nous punir.

IV. Avant que de commencer, je crois qu'il est à propos de jeter un coup-d'œil sur Rome, nos armées, nos provinces, et le reste de l'univers, afin d'en connoître les dispositions, la force ou la foiblesse. C'est peu de savoir les faits : ils sont souvent l'effet du hasard ; il en faut étudier les circonstances et les causes. La mort de Néron, qui n'avoit d'abord excité que des transports de joie, produisit d'autres mouvemens dans tous les membres de la Ré-

petu, fuerat, ita varios motus animorum non modò in urbe, apud patres, aut populum, aut urbanum militem, sed omnes legiones ducesque conciverat, evulgato imperii arcano, posse principem alibi, quàm Romæ fieri. Sed patres læti, usurpatâ ſtatim libertate, licentiùs, ut erga principem novum et absentem: primores equitum proximi gaudio patrum: pars populi integra (1) et magnis domibus annexa, clientes libertique damnatorum et exulum, in spem erecti: plebs sordida, et circo ac theatris sueta, simul deterrimi servorum, aut qui, adesis bonis, per dedecus Neronis (2) alebantur, mœsti et rumorum avidi.

V. Miles urbanus (1) longo Cæsarum sacramento imbutus, et ad destituendum Neronem arte magis et impulsu, quàm suo ingenio traductus, postquam neque dari donativum, sub nomine Galbæ promissum, neque magnis meritis ac præmiis eumdem in pace, quem in bello, locum, præventamque gratiam intelligit apud principem à legionibus factum; pronus ad novas res, scelere insuper Nymphydii Sabini præfecti, imperium sibi molientis, agi-

publique,

publique, en révélant l'important secret, ignoré jusqu'alors, qu'on pouvoit faire un empereur ailleurs qu'à Rome. Le sénat profitant de l'absence d'un nouveau prince, poussoit jusqu'à la licence la liberté qu'il s'étoit hâté de reprendre : la joie des principaux chevaliers n'étoit guère moindre : la plus saine partie du peuple, les créatures des grands, les cliens et les affranchis de ceux qu'on avoit exilés ou flétris, se repaissoient d'espérances : la vile populace, accoutumée à fréquenter le cirque et les théâtres ; les plus scélérats des esclaves, et les gens ruinés, que Néron avoit fait subsister à sa honte (2), s'atristoient et recueilloient avec avidité tous les bruits qui couroient.

V. Les prétoriens (1), liés aux Césars par habitude et par la religion du serment, n'avoient été poussés qu'à force d'adresse, à quitter Néron : on ne leur donnoit pas la gratification promise au nom de Galba : la paix ne leur présentoit pas comme la guerre l'occasion de mériter ni de recevoir de fortes récompenses. Qu'espérer d'ailleurs d'un prince que les légions avoient choisi sans eux ? Ils souhaitoient donc une révolution, lorsque l'attentat de Nymphidius Sabinus, préfet du prétoire, qui vouloit se faire empereur, avoit encore échauffé leurs esprits. Quoique Nymphidius eût péri dès la première tentative, et que la révolte

Tome VI.   D

tatur. Et Nymphidius quidem in ipso conatu poressus: sed quamvis capite defectionis ablato, manebat plerisque militum conscientia: nec deerant sermones, « senium atque avaritiam » Galbæ » increpantium. Laudata olim, et militari famâ celebrata severitas ejus, angebat aspernantes veterem disciplinam, atque ita quatuordecim annis a Nerone adsuefactos, ut haud minùs vitia principum amarent, quàm olim virtutes verebantur. Accessit Galbæ vox pro Repub. honesta, ipsi anceps, « legi à se » militem, non emi »: Nec enim ad hanc formam cetera erant.

VI. Invalidum senem T. Vinius, et Cornelius Laco, alter deterrimus mortalium, alter ignavissimus, odio flagitiorum oneratum, contemptu inertiæ destruebant. Tardum Galbæ iter, et cruentum, interfectis Cingonio Varrone, consule designato, et Petronio Turpiliano consulari; ille ut Nymphidii socius, hic ut dux Neronis, inauditi atque indefensi, tanquam innocentes perierant. Introitus in urbem, trucidatis tot millibus inermium militum, infaustus omine,

n'eût plus de chef, il restoit à la plupart d'entre eux d'en avoir été complices. Les soldats murmuroient assez publiquement contre l'avarice et la vieillesse de Galba. Sa sévérité, qui lui avoit autrefois concilié l'estime du militaire, déplaisoit à des ennemis de l'ancienne discipline, accoutumés pendant quatorze ans, sous Néron, à plus chérir les vices des princes, qu'on en avoit autrefois respecté les vertus. Galba lui-même avoit dit : « Qu'il savoit choisir les soldats, et non les acheter ». Ces mots honorables à la République, étoient suspects dans sa bouche ; car le reste de sa conduite n'y répondoit pas.

VI. Vinius et Laco, l'un le plus scélérat des hommes, l'autre le plus lâche, accumuloient sur le foible vieillard la haine due aux forfaits, et le perdoient par le mépris qu'inspire l'indolence. La marche de l'empereur étoit lente et arrosée de sang. Varron, désigné consul, et le consulaire Turpilianus venoient d'être égorgés ; le premier, comme complice de Nymphidius ; le second, pour avoir commandé les troupes de Néron : ils n'avoient point été entendus dans leurs défenses ; on les regarda comme innocens. Son entrée dans la ville, après le massacre de plusieurs milliers de soldats sans armes, présage sinistre, faisoit trembler ceux même qui lui avoient

atque ipsis etiam, qui occiderant, formidolosus (1). Inductâ legione Hispanâ, remanente eâ, quam è classe Nero conscripserat, plena urbs exercitu insolito: multi ad hoc numeri è Germaniâ, ac Britanniâ, et Illyrico, quos idem Nero electos præmissosque ad claustra Caspiarum, et bellum, quod in Albanos parabat, opprimendis Vindicis cœptis revocaverat: ingens novis rebus materia, ut non in unum aliquem prono favore, ita audenti parata.

VII. Fortè congruerat, ut Clodii Macri, et Fonteii Capitonis cædes nunciarentur. Macrum, in Africâ haud dubiè turbantem, Trebonius Garrucianus, procurator, jussu Galbæ; Capitonem in Germaniâ, quum similia cœptaret, Cornelius Aquinus, et Fabius Valens, legati legionum, interfecerant antequam juberentur. Fuere qui crederent, Capitonem, ut avaritiâ et libidine fœdum ac maculosum, ita cogitatione rerum novarum abstinuisse; sed à legatis bellum suadentibus, postquam impellere nequierint, crimen ac dolum compositum ultro; et Galbam mobilitate ingenii, an, ne

servi d'exécuteurs (1). Rome, contre l'usage, avoit dans son sein une multitude de gens de guerre : une légion que Galba venoit d'amener d'Espagne ; une autre que Néron avoit tirée des flottes ; une multitude de cohortes, formées de l'élite de Germanie, de Bretagne et d'Illyrie, destinées d'abord par Néron, à la guerre d'Albanie, vers les portes de la mer Caspienne, rappelées ensuite dans l'intention de les opposer à Vindex : instrument d'autant plus favorable à une révolution, que ces troupes n'inclinant en faveur de personne, n'attendoient qu'un chef qui s'ôsat mettre à leur tête.

VII. On avoit annoncé, coup sur coup, le meurtre de Macer en Afrique ; celui de Capiton en Germanie. La révolte de Macer étoit avérée. Garrucianus, intendant d'Afrique, l'avoit fait tuer par ordre de l'empereur ; mais celle de Capiton n'avoit point éclaté. Aquinus et Valens avoient prévenu l'ordre. Quelques-uns, sans nier l'avarice et les débauches de Capiton, disent qu'il n'avoit jamais pensé à s'emparer de l'empire ; ses meurtriers, selon eux, après l'en avoir inutilement sollicité, avoient eux-mêmes tramé cette intrigue ; & Galba, par légèreté, ou dans la crainte d'approfondir un secret dangereux, voyant le mal, quel qu'il fût, sans remède, applaudit à leur

altiùs scrutaretur, quoquo modo acta, quia mutari non poterant, comprobasse. Ceterùm utraque cædes sinistrè accepta: et inviso semel principe, seu benè, seu malè facta premunt. Jam afferebant venalia cuncta præpotentes liberti: servorum manus subitis avidæ, et tamquam apud senem festinantes: eademque novæ aulæ mala, æquè gravia, non æquè excusata. Ipsa ætas Galbæ et inrisui, ac fastidio erat, adsuetis juventæ Neronis, et imperatores formâ ac decore corporis ( ut est mos vulgi ) comparantibus.

VIII. Et hic quidem Romæ, tamquam in tantâ multitudine, habitus animorum fuit. E provinciis, Hispaniæ præerat Cluvius Rufus, vir facundus, et pacis artibus, bellis inexpertus. Galliæ, super memoriam Vindicis, obligatæ recenti dono romanæ civitatis, et in posterum tributi levamento (1). Proximæ tamen Germanis exercitibus Galliarum civitates, non eodem honore habitæ, quædam etiam finibus ademptis, pari dolore commoda aliena, ac suas injurias metiebantur. Germanici exerci-

conduite. Quoiqu'il en soit, on murmura beaucoup de ces deux meurtres : dès qu'un prince est odieux, ses bonnes et ses mauvaises actions lui nuisent également. Des affranchis puissans exposoient déja tout en vente ; une foule d'esclaves cherchoit à brusquer la fortune : l'âge du maître ne laissoit pas de tems à perdre : mêmes désordres que dans l'ancienne cour, aussi onéreux, moins excusés. La vieillesse même de Galba n'excitoit que des railleries ou du dédain, et le peuple accoutumé à la jeunesse de Néron, comptoit pour beaucoup suivant son usage dans le parallèle des deux princes, l'élégance de la taille et la bonne mine.

VIII. Telles étoient les dispositions de cette multitude qui composoit Rome. Quant aux provinces, Cluvius Rufus, qui gouvernoit l'Espagne, avoit de l'éloquence et les autres qualités qu'on estime dans la paix ; mais nulle expérience de la guerre. Une partie des Gaules s'étoit déclarée pour Vindex ; elle venoit de plus de recevoir le droit de bourgeoisie et une diminution d'impôts à perpétuité (1). Mais on n'avoit pas traité si favorablement les cités voisines des armées de Germanie. Plusieurs d'entr'elles avoient même été resserrées dans leur territoire, et l'avantage de leurs voisins ne les irritoit pas moins que leurs propres per-

tus, quod periculosissimum in tantis viribus, solliciti et irati, superbiâ recentis victoriæ et metu, tanquam alias partes fovissent. Tardè à Nerone desciverant: nec statim pro Galbâ Verginius; an imperare voluisset dubium, delatum ei à milite imperium conveniebat. Fonteium Capitonem occisum, etiam qui queri non poterant, tamen indignabantur. Dux deerat: abducto Verginio per simulationem amicitiæ: quem non remitti, atque etiam reum esse, tanquam suum crimen accipiebant.

IX. Superior exercitus legatum Hordeonium Flaccum spernebat, senectâ ac debilitate pedum invalidum, sine constantiâ, sine auctoritate: ne quieto quidem milite, regimen; adeo furentes, infirmitate retinentis ultro accendebantur. Inferioris Germaniæ legiones diutiùs sine consulari fuerant; donec, missu Galbæ, A. Vitellius aderat, censoris Vitellii, ac ter consulis filius: id satis (1) videbatur. In Britannico exercitu nihil irarum.

tes. Les soldats de Germanie, enflés d'une victoire récente, sur un parti censé celui de Galba, flottoient entre la crainte, l'inquiétude et la colère : dispositions bien dangereuses de la part des gens qui ont la force en main. Ils avoient été des derniers à se détacher de Néron : Virginius n'avoit pas reconnu Galba sur-le-champ : peut-être avoit-il voulu garder l'empire : du moins le soldat le lui avoit offert. Le meurtre de Capiton excitoit l'indignation de ceux mêmes qui ne pouvoient s'en plaindre avec bienséance. L'armée restoit sans chef, parce que l'empereur, sous prétexte d'amitié, venoit d'appeler Virginius à sa cour : ne le pas rendre à ses troupes, ou le regarder comme coupable, c'étoit les accuser elles-mêmes.

IX. L'armée du Haut-Rhin méprisoit Hordeonius son lieutenant, vieillard qui avoit perdu l'usage de ses jambes, sans autorité, sans vigueur, ne sachant se faire obéir même dans les tems paisibles, et dont les foibles efforts enflammoient ces furieux, au lieu de les arrêter. Les légions de la Basse-Germanie étoient restées trop long-tems sans consulaire. Vitellius venoit enfin d'y paroître par ordre de Galba. Il étoit fils d'un censeur trois fois consul : on crut ce mérite suffisant (1). Il n'y avoit point de fermentation dans l'armée de

Non sanè aliæ legiones, per omnes civilium bellorum motus, innocentiùs egerunt : seu quia procul, et oceano divisæ; seu crebris expeditionibus doctæ hostem potius odisse. Quies et Illyrico : quamquam excitæ à Nerone legiones, dum in Italiâ cunctantur, Verginium legationibus adissent. Sed longis spatiis discreti exercitus, quod saluberrimum est ad continendam militarem fidem, nec vitiis, nec viribus miscebantur.

X. Oriens adhuc immotus. Syriam, et quatuor legiones obtinebat Licinius Mucianus, vir secundis adversisque juxtà famosus. Insignes amicitias juvenis ambitiosè coluerat: mox attritis opibus, lubrico statu, suspectâ etiam Claudii iracundiâ, in secretum Asiæ repositus, tam propè ab exule fuit quàm postea à principe. Luxuriâ, industriâ, comitate, arrogantiâ, malis bonisque artibus mixtus : nimiæ voluptates, quum vacaret : quoties expedierat, magnæ virtutes : palam laudares, secreta male audiebant. Sed apud subjectos, apud pro-

Bretagne. Aucunes légions ne prirent moins de part aux troubles des guerres civiles; soit que les barrières de l'océan les retinssent plus tranquilles dans ces contrées éloignées, ou que leurs fréquens exploits les eussent accoutumées à n'avoir d'ennemi que ceux de l'état. L'Illyrie étoit paisible. Les légions mandées par Néron, avoient cependant envoyé faire des propositions, par députés, à Virginius, lorsqu'elles s'étoient arrêtées en Italie; mais dans l'éloignement où les troupes étoient les unes des autres ( moyen efficace de les contenir ), elles ne se communiquoient ni leurs passions ni leurs forces.

X. L'orient ne s'ébranloit point encore. Mucien étoit maître de quatre légions et de la Syrie. Ce général également fameux dans les disgraces et la prospérité, n'avoit rien épargné pendant sa jeunesse pour faire sa cour aux grands. S'étant ruiné, son crédit chancela; Claude l'avoit comme relégué, par haine à ce qu'on croit, à l'extrémité de l'Asie. Son état tenoit alors autant de l'exil, que le rôle qu'il joua depuis, ressembloit à celui d'un empereur. Mêlange de molesse, d'activité, de politesse, d'arrogance, de vices et de vertus; il montroit une ardeur excessive pour la volupté dans son loisir, et des talens supérieurs toutes les fois que son intérêt l'exigeoit. Joi-

ximos, apud collegas, variis inlecebris potens; et cui expeditius fuerit tradere imperium, quàm obtinere. Bellum judaicum Flavius Vespasianus (ducem eum Nero delegerat) tribus legionibus administrabat. Nec Vespasiano adversus Galbam votum, aut animus. Quippe Titum filium ad venerationem cultumque ejus miserat, ut suo loco memorabimus. Occultâ lege fati, et ostentis, ac responsis, destinatum Vespasiano liberisque ejus imperium, post fortunam credidimus.

XI. Ægyptum, copiasque quibus coercetur, jam indè à divo Augusto, equites romani obtinent, loco regum. Ita visum expedire, provinciam aditu difficilem, annonæ fecundam, superstitione ac lasciviâ discordem et mobilem, insciam legum, ignaram magistratuum, domi retinere. Regebat tum Tiberius Alexander, ejusdem nationis. Africa, ac legiones in eâ, interfecto Claudio Macro, contentæ qualicumque principe, post experimen-

gnant à des dehors louables un intérieur fort suspect, singulièrement adroit à captiver les suffrages de ses inférieurs, de ses amis et de ses collègues, il lui étoit plus facile de disposer de l'empire en faveur d'un autre que de l'obtenir pour lui-même. Vespasien, en vertu du choix de Néron, faisoit la guerre aux Juifs avec trois légions. Loin d'avoir le désir ou la pensée de se déclarer contre Galba, il venoit de lui députer son fils pour l'assurer de sa soumission, et lui faire sa cour, comme nous le dirons en son lieu. Il n'a fallu rien moins que l'événement pour nous persuader que des lois secrètes du destin, des prodiges et des oracles l'appeloient lui et ses fils à l'empire.

XI. L'Égypte et les troupes destinées à la maintenir, sont depuis Auguste, entre les mains des chevaliers romains, revêtus d'une espèce d'autorité royale. Ce prince avoit jugé à propos de contenir dans ses propres limites une province d'un abord difficile, d'une grande ressource pour les vivres, peu faite à nos lois, sans respect pour nos magistrats, toujours en mouvement et en dispute, parce qu'elle est superstitieuse et ardente pour les plaisirs. Tibère Alexandre (1), né en Égypte, y commandoit. L'Afrique et ses légions, dégoûtées d'un maître subalterne, depuis la mort de Macer, avoient résolu d'obéir au souve-

tum domini minoris. Duæ Mauritaniæ, Rœtia, Noricum, Thracia, et quæ aliæ procuratoribus cohibentur, ut cuique exercitui vicinæ, ita in favorem, aut odium, contactu valentiorum agebantur. Inermes provinciæ, atque ipsa in primis Italia, cuicumque servitio expositæ, in pretium belli cessuræ erant. Hic fuit romanarum rerum status, quum Ser. Galba iterùm, Titus Vinius consules, inchoavere annum sibi ultimum, Reipublicæ propè supremum.

XII, Paucis post kalend. januarias diebus, Pompeii Propinqui, procuratoris, è Belgicâ litteræ afferuntur : « Superioris Germaniæ le- » giones, ruptâ sacramenti reverentiâ, impe- » ratorem alium flagitare, et senatui, ac po- » pulo romano arbitrium eligendi permittere, » quo seditio molliùs acciperetur ». Maturavit ea res consilium Galbæ, jam pridem de adoptione secum et cum proximis agitantis. Non sanè crebrior tôta civitate sermo per illos menses fuerat : primùm licentiâ, ac libidine talia loquendi, dein fessâ jam ætate Galbæ.

rain, quel qu'il fût. Les deux Mauritanies, la Norique, la Thrace et les autres provinces régies par des intendans, n'avoient d'affection ni de haine que suivant le gré de leurs voisins plus puissans qu'elles. Quant aux provinces dépourvues de troupes, et sur-tout l'Italie, à la merci de quiconque pouvoit leur faire la loi, leur sort étoit de demeurer la proie du plus fort. Telle étoit la situation de la République, lorsque les consuls Galba et Vinius commencèrent l'année qui termina leur vie, et qui pensa être la dernière de tout l'état.

XII. Quelques jours après les calendes de janvier, on apporte une lettre de Pompeius Propinquus, intendant de la Belgique ; elle contenoit que « les légions de la Haute-Germanie, violant la foi de leurs sermens, vouloient un autre empereur, et que, pour faire paroître leur révolte moins choquante, elles s'en rapportoient au choix du sénat et du peuple romain ». Cette nouvelle hâta le dessein de Galba, qui projetoit depuis longtems en lui-même, et avec ses confidens, d'adopter un successeur. C'étoit le sujet le plus ordinaire des entretiens de toute la ville, dès le mois précédent, d'abord par licence et par démangeaison de parler de ces sortes d'affaires ; ensuite à cause de l'âge avancé de l'empe-

Paucis judicium, aut Reipub. amor: multi occultâ spe, prout quis amicus vel cliens, hunc vel illum ambitiosis rumoribus destinabant. Etiam in T. Vinium diverterant (1), qui in dies quanto potentior, eodem actu invisior erat. Quippe hiantes, in magnâ fortunâ, amicorum cupiditates, ipsa Galbæ facilitas intendebat; quum apud infirmum et credulum, minore metu, et majore præmio peccaretur.

XIII. Potentia principatûs divisa in T. Vinium consulem, et Cornelium Laconem, pretorii præfectum. Nec minor gratia Icelo, Galbæ liberto, quem annulis donatum, equestri nomine *Martianum* vocitabant. Hi discordes; et rebus minoribus sibi quisque tendentes, circa consilium eligendi successoris in duas factiones scindebantur. Vinius pro M. Othone: Laco atque Icelus consensu non tam unum aliquem fovebant, quàm alium. Neque erat Galbæ ignota Othonis ac T. Vinii amicitia, ex rumoribus nihil silentio transmittentium

reur.

reur. Peu consultoient la raison ou l'amour de la patrie. On jetoit les yeux tantôt sur l'un, tantôt sur l'autre, suivant les bruits que des cliens ou des amis, sur de secrètes espérances, faisoient courir par flatterie. On se répandoit en même tems en invectives contre Vinius. Sa puissance, et la haine qu'on lui portoit, croissoient ensemble ; car, dès qu'un homme parvient à une haute fortune, la cupidité de ses amis s'allume, et la facilité de Galba redoubloit l'avidité des siens. Les crimes se commettoient sous un prince foible et crédule, avec moins de risque et plus de profit.

XIII. La puissance impériale étoit partagée entre le consul Vinius et Laco, préfet du prétoire. Cependant Icelus, affranchi de Galba, n'avoit pas moins de crédit qu'eux : on le décoroit du nom de Martianus, comme plus convenable à sa nouvelle dignité de chevalier. Ces trois favoris, peu d'accord, tendoient chacun à leur intérêt personnel dans les affaires moins importantes ; mais ils ne formoient que deux partis sur le choix d'un successeur. Vinius tenoit pour Othon : Icelus et Laco s'accordoient plutôt à le rejeter qu'à s'intéresser pour un autre. Des gens, qui ne savent rien taire, n'avoient pas laissé ignorer à l'empereur l'amitié de Vinius pour Othon. La fille

quia Vinio vidua filia, cælebs Otho, gener ac socer destinabantur. Credo et Reipub. curam subisse, frustra à Nerone translatæ, si apud Othonem relinqueretur. Namque Otho pueritiam incuriosè, adolescentiam petulanter egerat; gratus Neroni, æmulatione luxûs; eoque jam Poppæam sabinam, principale scortum, ut apud conscium libidinum deposuerat, donec Octaviam uxorem amoliretur: mox suspectum in eâdem Poppæâ, in provinciam Lusitaniam, specie legationis, seposuit. Otho, comiter administratâ provinciâ, primus in partes transgressus, nec segnis, et, donec bellum fuit, inter præsentes splendidissimus, spem adoptionis, statim conceptam, acriùs in dies rapiebat: faventibus plerisque militum; pronâ in eum aulâ Neronis, ut similem.

XIV. Sed Galba, post nuncios germanicæ seditionis, quamquam nihil adhuc de Vitellio

de Vinius étoit veuve ; Othon n'étoit pas marié : le consul devoit devenir le beau-père du futur empereur. Je crois de plus que l'amour de la patrie se fit entendre au cœur de Galba : en effet, ce n'eût pas été la peine de chasser Néron pour confier l'empire à Othon. Car Othon, sans éducation pendant son enfance, ayant passé sa jeunesse dans le libertinage, ne s'étoit attiré les bonnes graces de Néron qu'en disputant de luxe avec lui ; c'est ce qui avoit porté ce prince à lui donner en garde Poppée sa maîtresse, comme au confident de ses débauches, jusqu'à ce qu'il eût répudié Octavie ; puis, sur des soupçons à l'occasion de cette même Poppée, il l'avoit relégué, sous le titre de gouverneur, en Lusitanie. Othon se fit aimer dans l'administration de sa province par des manières nobles et polies, passa le premier dans le parti de Galba, montra de l'activité tant que dura la guerre ; et comme il étoit le plus magnifique et le plus distingué de ceux qui accompagnoient l'empereur, il se confirmoit, de jour en jour, dans l'espérance que le choix de Galba tomberoit sur sa personne ; car la plupart des militaires lui étoient favorables, ainsi que la cour de Néron, par ce qu'elle le jugeoit semblable à ce prince.

XIV. Quoique l'empereur n'eût encore rien appris de certain au sujet de Vitellius, il fut

certum, anxius, quònam exercituum vis erumperet, ne urbano quidem militi confisus, quod remedium unicum rebatur, comitia imperii transigit. Adhibitoque, super Vinium, ac Laconem, Mario Celso consule designato, ac Ducennio Gemino, præfecto urbis, pauca præfatus de suâ senectute, Pisonem Licinianum arcessi jubet: seu propriâ electione, sive, ut quidam crediderunt, Lacone instante, cui, apud Rubellium Plautum, exercita cum Pisone amicitia: sed callidè ut ignotum fovebat, et prospera de Pisone fama consilio ejus fidem addiderat. Piso, M. Crasso et Scriboniâ genitus, nobilis utrimque, vultu habituque moris antiqui, et æstimatione rectâ severus, deteriùs interpretantibus tristior habebatur: ea pars morum ejus, quò suspectior sollicitis, adoptanti placebat.

XV. Igitur Galba, apprehensâ Pisonis manu, in hunc modum locutus fertur: « Si te

cependant alarmé des suites auxquelles pouvoit aboutir le soulèvement des armées de Germanie; et ne se fiant pas même aux troupes de la ville, il résolut de se nommer authentiquement un successeur, comme l'unique remède qu'il pût apporter au mal. Il convoque, outre Vinius et Laco, Marius Celsus, désigné consul, et Ducennius Geminus, préfet de la ville. Après avoir parlé de son grand âge en peu de mots, il fait appeler Pison de son propre mouvement, ou, comme quelques-uns l'ont cru, sur les instances de Laco. Ce dernier s'étoit lié d'amitié avec Pison, dans de fréquentes entrevues chez Rubellius Plautus. Mais il feignoit habilement de s'intéresser pour un inconnu sur sa renommée; et celle dont jouissoit Pison contribuoit à le faire croire. Pison, issu d'aïeux illustres du côté paternel et maternel, étoit fils de M. Crassus et de Scribonia. Son visage et tout son extérieur retraçoient les mœurs antiques; c'étoit un homme sévère, à le juger sans partialité : ceux qui pensoient de lui moins favorablement, le trouvoient d'une humeur sombre; mais cette partie de son caractère, et l'ombrage même qu'on en prenoit, déterminoient l'empereur à le choisir.

XV. Galba, prenant donc la main de Pison, lui tint, dit-on, ce discours : « Si, comme

« privatus, lege curiatâ (1), apud pontifices,
« ut moris est, adoptarem ; et mihi egregium
« erat tunc, Pompeii et M. Crassi subolem
« in penates meos adsciscere, et tibi insigne,
« Sulpiciæ ac Lutatiæ decora, nobilitati tuæ
« adjecisse. Nunc me, deorum hominumque
« consensu, ad imperium vocatum, præclara
« indoles tua, et amor patriæ impulit, ut
« principatum, de quo majores nostri armis
« certabant, bello adeptus, quiescenti offeram,
« exemplo divi Augusti, qui sororis filium
« Marcellum, dein generum Agrippam, mox
« nepotes suos, postremò Tiberium Neronem
« privignum, in proximo sibi fastigio collo-
« cavit. Sed Augustus in domo successorem
« quæsivit : ego, in Republicâ ; non quia pro-
« pinquos, aut socios belli non habeam ; sed
« neque ipse imperium ambitione accepi, et
« judicii mei documentum sint, non meæ
« tantùm necessitudines, quas tibi postposui,
« sed et tuæ. Est tibi frater, pari nobilitate,
« natu major, dignus hâc fortunâ, nisi tu po-
« tior esses. Ea ætas tua, quæ cupiditates ado-

» simple particulier, je vous adoptois en ver-
» tu d'une loi des curies, sous les yeux des
» pontifes (1), suivant l'usage, ce seroit en-
» core une gloire pour moi de faire entrer
» dans ma maison un descendant des Pompées
» et des Crassus; et, pour vous, d'ajouter à
» votre noblesse l'illustration des Sulpicius et
» des Catulus. Mais aujourd'hui, celui que
» les dieux et les hommes ont appelé de con-
» cert à l'empire, s'est déterminé, sur votre
» excellent naturel, et par amour de la pa-
» trie, à vous offrir, sans qu'il vous en ait
» coûté de démarches, une place que nos
» ancêtres se sont disputée les armes en main,
» et qu'il n'a lui-même obtenue que par la
» guerre. J'imite en ce point le divin Au-
» guste, qui plaça successivement au premier
» rang après lui, Marcellus, fils de sa sœur,
» Agrippa son gendre, ses petits-fils, enfin
» Tibère fils de son épouse. Auguste cher-
» choit un successeur dans sa maison; moi je
» l'ai cherché dans la République : ce n'est
» pas que je manque de parens ou de com-
» pagnons de guerre; mais je n'ai pas consulté
» l'ambition, même en acceptant l'empire.
» On peut se convaincre que je n'écoute ici
» que la raison, en voyant que je vous pré-
» fère, non seulement à mes parens, mais
» même aux vôtres. Vous avez un frère; il
» a plus d'âge, autant de noblesse : il est

» lescentiæ jam effugerit : ea vita, in quâ
» nihil præteritum excusandum habeas. For-
» tunam adhuc tantùm adversam tulisti. Se-
» cundæ res acrioribus stimulis animos explo-
» rant : quia miseriæ tolerantur, felicitate
» corrumpimur. Fidem, libertatem, amici-
» tiam, præcipua humani animi bona, tu qui-
» dem eâdem constantiâ retinebis (2); sed alii
» per obsequium imminuent. Inrumpet adu-
» latio, blanditiæ; pessimum veri affectûs
» venenum, sua cuique utilitas. Etiam ego,
» ac tu, simplicissimè inter nos hodie loqui-
» mur; ceteri libentiùs cum fortunâ nostrâ,
» quàm nobiscum. Nam suadere principi quod
» oporteat, multi laboris : assentatio erga
» principem quemcumque, sine affectu per-
» agitur.

» XVI. Si immensum imperii corpus stare
» ac librari sine rectore posset, dignus eram,
» à quo Respub. inciperet. Nunc eò neces-
» sitatis jampridem ventum est, ut nec
» mea senectus conferre plus populo romano

» après

# HISTOIRE DE TACITE, Liv. I. 57

» après vous, le plus digne de cette haute
» fortune. L'âge où vous êtes suffit pour vous
» garantir des passions de la jeunesse, et la
» vie que vous avez menée jusqu'à présent est
» exempte de reproches. Vous n'avez encore
» supporté que l'adversité. La prospérité fait
» subir de plus fortes épreuves, parce que
» les malheurs exercent l'ame, et que la pros-
» périté l'énerve. Vous conserverez avec la
» même constance la bonne-foi, la liberté,
» l'amitié, biens les plus précieux de l'hom-
» me ; mais le désir de vous plaire affoiblira
» ces vertus dans les autres. L'adulation, la
» flatterie, l'intérêt personnel, poison le plus
» destructeur de l'amitié, vous assailliront de
» toutes parts. Nous nous parlons encore, vous
» et moi, avec franchise. Le reste des hom-
» mes s'entretient plus volontiers avec notre
» fortune qu'avec nous; car il en coûte trop
» pour donner des conseils utiles au prince ;
» et, quel qu'il soit, on se range à ses avis
» sans l'aimer.

» XVI. Si le corps immense de l'état pou-
» voit subsister, et garder son équilibre sans
» avoir de chef, j'étois digne de faire renaî-
» tre la République. Mais la situation du peu-
» ple romain, depuis long-tems, est telle que
» je ne puis lui procurer rien de mieux vers
» la fin de mes jours, qu'un bon successeur

» possit, quàm bonum successorem, nec tua
» plus juventa, quàm bonum principem.
» Sub Tiberio, et Caio, et Claudio, unius
» familiæ quasi hereditas fuimus : loco li-
» bertatis erit, quòd eligi cœpimus. Et fini-
» tâ Juliorum Claudiorumque domo, opti-
» mum quemque adoptio inveniet. Nam ge-
» nerari et nasci à principibus fortuitum, nec
» ultrà æstimatur : adoptandi judicium inte-
» grum : et si velis eligere, consensu mons-
» tratur. Sit ante oculos Nero, quem longâ
» Cæsarum serie tumentem, non Vindex cum
» inermi provinciâ, aut ego cum unâ legione,
» sed sua immanitas, sua luxuria cervicibus
» publicis depulere ; neque erat adhuc dam-
» nati principis exemplum. Nos bello, et ab
» æstimantibus adsciti, cum invidiâ quamvis,
» egregii erimus. Ne tamen territus fueris, si
» duæ legiones, in hoc concussi orbis motu,
» nondum quiescunt. Ne ipse quidem ad se-
» curas res accessi : et auditâ adoptione, de-
» sinam videri senex, quod nunc mihi unum

» à l'empire, ni vous, dans votre jeunesse,
» qu'un bon empereur. Rome, sous Tibère,
» Caius et Claude, étoit comme le bien hé-
» réditaire d'une famille unique : la coutume
» qui s'introduit d'élire ses princes, tiendra
» lieu de la liberté. Maintenant que le règne
» des Jules et des Claudes est fini, l'adoption
» saura choisir les meilleurs ; car descendre
» ou naître d'un prince est l'effet du hasard :
» on ne considère rien au-delà ; mais on peut
» tout examiner dans l'adoption, et, si l'on
» veut faire un choix, la voix publique le di-
» rige. Que la chûte de Néron, qui se pré-
» valoit de cette longue suite des Césars ses
» ancêtres, soit sans cesse devant vos yeux :
» ce n'est point Vindex à la tête d'une pro-
» vince désarmée, ni moi qui commandois
» une seule légion, mais ses débauches et sa
» cruauté qui nous ont délivrés de son joug.
» Cependant nul exemple n'autorisoit encore
» à proscrire un prince par un arrêt. Quant
» à moi, que les armes et le choix de la na-
» tion ont élevé à l'empire, ma mémoire,
» malgré l'envie, ne restera pas sans honneur.
» Ne vous effrayez pas de ce que deux lé-
» gions ne sont pas remises d'une agitation
» qui leur étoit commune avec l'univers. Le
» trouble étoit plus grand lorsque j'ai com-
» mencé, et l'on cessera de me regarder
» comme trop âgé, seul reproche qu'on me

" objicitur. Nero à pessimo quoque semper
" desiderabitur : mihi ac tibi providendum
" est, ne etiam à bonis desideretur. Monere
" diutiùs, neque temporis hujus; et impletum
" est omne consilium, si te bene elegi. Uti-
" tilissimusque idem, ac brevissimus bonarum
" malarumque rerum delectus est, cogitare,
" quid aut volueris sub alio principe, aut no-
" lueris. Neque enim, hìc, ut in ceteris gen-
" tibus, quæ regnantur, certa dominorum do-
" mus, et ceteri servi, sed imperaturus es
" hominibus, qui nec totam servitutem pati
" possunt, nec totam libertatem ". Et Galba
quidem, hæc ac talia, tamquam principem (1)
faceret; ceteri tamquam cum facto loquebantur.

XVII. Pisonem ferunt statim intuentibus,
et mox conjectis in eum omnium oculis,
nullum turbati, aut exsultantis animi motum
prodidisse. Sermo erga patrem imperatoremque reverens, de se moderatus : nihil in vultu habituque mutatum : quasi imperare posset
magis, quàm vellet. Consultatum inde, pro

» fasse, dès qu'on apprendra votre adoption.
» Néron sera toujours regretté des méchans;
» c'est à vous et à moi d'empêcher qu'il ne
» le soit aussi des bons. De plus longs avis
» seroient déplacés : mon projet est rempli
» si j'ai fait un bon choix. La manière de dé-
» libérer la plus courte, et en même tems
» la plus utile, dans la prospérité comme
» dans le malheur, est de se rappeler ce qu'on
» blâmoit ou ce qu'on approuvoit sous un au-
» tre prince : car ce n'est point ici comme
» parmi les nations, où tout, hormis la maison
» régnante, naît pour l'esclavage : vous allez
» commander à des hommes qui ne savent
» vivre ni dans une entière servitude, ni dans
» une entière indépendance ». Galba parloit
ainsi, pensant se nommer un successeur; et
les courtisans en félicitèrent Pison, comme
d'une chose déja faite.

XVII. On assure que le nouveau prince ne
donna pas le moindre signe d'émotion ou de
joie, ni quand il entra, ni lorsque tous les
regards se fixèrent sur lui. Il répondit avec
le respect qu'il devoit à son père et à son empereur, parla modestement de lui-même, et
ne montrant aucun changement ni sur son visage, ni dans tout son extérieur, il parut
mériter l'empire et s'en soucier peu. Ensuite
on délibéra si l'adoption s'annonceroit dans la

rostris, an in senatu, an in castris adoptio nuncuparetur. Iri in castra placuit: « honorificum » id militibus fore, quorum favorem, ut largitione et ambitu malè adquiri, ita per bonas artes haud spernendum ». Circumsteterat interim palatium publica exspectatio, magni secreti impatiens, et malè coercitam famam supprimentes augebant.

XVIII. Quartum idus januarias, fœdum imbribus diem, tonitrua, et fulgura, et cœlestes minæ ultra solitum turbaverant. Observatum id antiquitùs comitiis dirimendis, non terruit Galbam, quominùs in castra pergeret, contemptorem talium, ut fortuitorum ; seu quæ fato manent, quamvis significata, non vertantur. Apud frequentem militum concionem, imperatoriâ brevitate, « adoptari à se » Pisonem, more divi Augusti, et exemplo » militari, quo vir virum legeret (1) ». pronunciat ; ac ne dissimulata seditio in majus crederetur, ultrò adseverat, « quartam et

tribune aux harangues, au sénat, ou dans le camp. On se décida pour le camp, « parce » que le soldat seroit sensible à cet honneur ; » s'il étoit honteux d'acheter bassement ses » faveurs, on ne devoit pas négliger de l'ac- » quérir par des moyens honnêtes ». Cependant l'attente du public sur un secret de cette importance, rassembloit tout le monde autour du palais ; et plus on cherchoit à supprimer la nouvelle qui transpiroit déja, plus elle se confirmoit.

XVIII. Le quatre des ides de janvier, la pluie, le tonnerre, la foudre et les menaces les plus terribles d'un ciel en courroux avoient répandu la consternation ; mais ces phénomènes, qui faisoient autrefois rompre les assemblées, n'effrayèrent pas Galba, soit qu'il les méprisât comme des effets du hasard, soit que les présages ne puissent faire changer ce qu'a fixé le destin. Les soldats s'étant rassemblés en grand nombre, Galba dit avec cette briéveté qui sied au chef de l'empire, « qu'il » adoptoit Pison à l'exemple d'Auguste ; et » suivant la coutume militaire, où chacun se » choisit un second (1) ». Craignant ensuite que son silence sur la révolte de Germanie, ne la fît croire plus dangereuse, il ajouta, « qu'il » étoit échappé quelques termes peu mesurés, » et rien de plus à la quatrième et à la dix-

" duodevicesimam legiones, paucis seditionis
" auctoribus, non ultra verba ac voces er-
" rasse, et brevi in officio fore ". Nec ullum
orationi aut lenocinium addit, aut pretium.
Tribuni tamen, centurionesque, et proximi
militum, grata auditu respondent; per ceteros mœstitia ac silentium, tamquam usurpatam etiam in pace donativi necessitatem, bello perdidissent. Constat, potuisse conciliari animos quantulâcumque parci senis liberalitate; nocuit antiquus rigor, et nimia severitas, cui jam pares non sumus.

XIX. Inde apud senatum non comptior Galbæ, non longior, quàm apud militem sermo. Pisonis comis oratio; et patrum favor aderat; multi voluntate; effusiùs, qui noluerant; medii, ac plurimi (1) obvio obsequio privatas spes agitantes, sine publicâ curâ. Nec aliud sequenti quatriduo ( quod medium inter adoptionem et cædem fuit ) dictum à Pisone in publico, factumve. Crebrioribus in dies Germanicæ defectionis nunciis, et facili civitate ad accipienda credendaque omnia nova,

» huitième légion, poussées par un petit
» nombre de séditieux, et qu'elles rentreroient
» bientôt dans leur devoir ». Il ne joignit à
ce discours, ni mots flatteurs pour le soldat,
ni largesses. Cependant les tribuns, les centurions et les soldats les plus proches y répondirent par quelques acclamations. Les autres gardèrent un morne silence, choqués de ce que la guerre leur faisoit perdre une gratification jugée nécessaire dans la paix même. Il est certain que la moindre libéralité de la part de ce vieillard économe auroit pu lui concilier les esprits. L'inflexibilité des mœurs antiques, et une sévérité, que notre siècle n'est plus en état de supporter, le perdirent.

XIX. L'empereur ne parla point au sénat d'une manière plus ornée ni plus étendue. Pison fit un discours affable. Le zèle de chaque sénateur éclatoit ; celui de plusieurs étoit sincère ; d'autres, à qui son élévation déplaisoit, lui marquoient le plus d'empressement ; les indifférens ( c'étoit le très-grand nombre (1) ) se souciant peu de l'état, lui faisoient des offres de service pour leur propre intérêt. Ce fut le seul acte public de Pison, dans les quatre jours qui s'écoulèrent entre son adoption et sa mort. Les nouvelles de la révolte de Germanie se multiplioient de jour en jour, et Rome, toujours portée à croire celles qui sont

quum tristia sunt, censuerant patres mittendos ad Germanicum exercitum legatos : agitatum secretò, num et Piso proficisceretur; majore praetextu : ille auctoritatem senatûs, hic dignationem Caesaris laturus. Placebat et Laconem, praetorii praefectum, simul mitti. Is consilio intercessit. Legati quoque ( nam senatus electionem Galbae permiserat ) foedâ inconstantiâ nominati, excusati, substituti, ambitu remanendi aut eundi, ut quemque metus vel spes impulerat.

XX. Proxima pecuniae cura; et cuncta scrutantibus justissimum visum est, inde repeti, unde (1) inopiae causa erat. Bis et vicies millies sestertium donationibus Nero effuderat. Appellari singulos jussit, decumâ parte liberalitatis apud quemque eorum relictâ. At illis vix decumae super portiones erant; iisdem erga aliena sumptibus, quibus sua prodegerant; quum rapacissimo cuique ac perditissimo, non agri, aut fenus, sed sola instrumenta vitiorum manerent. Exactioni triginta equites romani praepositi; novum officii genus, et ambitu ac numero onerosum; ubique

fâcheuses, les recevoit avec avidité. Le sénat, en conséquence, fut d'avis d'envoyer une députation vers l'armée de Germanie. On délibéra si Pison ne partiroit pas aussi, avec un appareil plus pompeux, pour faire agir d'une part l'autorité du sénat, de l'autre la majesté de l'empire. On vouloit que Laco, préfet du prétoire, l'accompagnât : Laco fit échouer le projet. Les députés même, laissés par le sénat au choix de l'empereur, furent nommés, effacés, substitués, avec une inconstance peu décente, suivant les sollicitations de tous ceux qui craignirent ou qui souhaitèrent de rester ou de partir.

XX. L'embarras de trouver de l'argent n'inquiétoit guère moins. Après avoir sondé tous les moyens, aucun ne parut plus juste que d'en reprendre sur ceux qui avoient causé la ruine du trésor. Néron avoit dissipé vingt-deux millions de sesterces en gratifications ; il fut ordonné de faire restituer ce que chacun avoit reçu, à la réserve d'un dixième ; mais ce dixième leur restoit à peine ; leur profusion leur avoit fait consumer le bien d'autrui comme le leur, et les plus rapaces étant en même tems les plus prodigues, n'avoient, au lieu de terres et de rentes, que les instrumens de leurs vices. Trente chevaliers romains furent nommés pour cette exac-

hasta, et sector; et inquieta urbs auctionibus. Attamen grande gaudium quòd tam pauperes forent, quibus donasset Nero, quàm quibus abstulisset. Exauctorati per eos dies tribuni, è prætorio Antonius Taurus et Antonius Naso; ex urbanis cohortibus Æmilius Pacensis; è vigiliis Julius Fronto. Nec remedium in ceteros fuit, sed metûs initium; tamquam per artem et formidinem singuli pellerentur, omnibus suspectis.

XXI. Intereà Othonem, cui compositis rebus nulla spes, omne in turbido consilium, multa simul exstimulabant; luxuria etiam principi onerosa, inopia vix privato toleranda, in Galbam ira, in Pisonem invidia. Fingebat et metum, quò magis concupisceret. « Præ- » gravem se Neroni fuisse: nec Lusitaniam » rursùs et alterius exsilii honorem exspectan- » dum; suspectum semper invisumque domi- » nantibus, qui proximus destinaretur. No- » cuisse id sibi apud senem principem; magis

tion : nouveau tribunal odieux par les cabales et par le nombre de ses membres. De tous côtés des saisies, des ventes, des confiscations, qui jètent le trouble dans la ville; grande joie cependant, de voir ceux que Néron avoit enrichis, aussi pauvres que les malheureux qu'il avoit dépouillés. Ces mêmes jours, on cassa plusieurs tribuns, Annius Taurus et Antonius Naso, dans la garde prétorienne; Emilius Pacensis dans les cohortes de la ville, et Julius Fronto dans le guet. Ce ne fut point un remède à l'égard des autres, mais un sujet d'alarmes; ils en conclurent qu'ils étoient tous suspects, et que par politique et par crainte on casseroit chacun d'eux séparément.

XXI. Cependant Othon, qui n'attendoit rien du calme, cherchoit à soulever la tempête. Plusieurs motifs s'unissoient à l'y pousser; un faste onéreux même à un prince, une indigence à peine tolérable pour un homme privé, du ressentiment contre Galba, de la jalousie envers Pison. Il supposoit aussi des sujets de terreur, afin d'enflammer son ambition déja trop vive. « Il avoit été pour Néron
» même un objet d'envie. Devoit-il attendre
» une autre Lusitanie, l'honneur d'un second
» exil ? Celui que la voix publique appèle à
» succéder au trône, est toujours odieux et
» suspect au prince qui l'occupe; c'est ce qui

» nociturum apud juvenem, ingenio trucem,
» et longo exsilio efferatum. Occidi Othonem
» posse; proinde agendum audendumque,
» dum Galbæ auctoritas fluxa, Pisonis nondum
» coaluisset. Opportunos magnis conatibus
» transitus rerum; nec cunctatione opus, ubi
» perniciosior sit quies, quàm temeritas. Mor-
» tem omnibus ex naturâ æqualem, oblivione
» apud posteros, vel gloriâ distingui. Ac si
» nocentem innocentemque idem exitus ma-
» neat, acrioris viri esse (1), meritò perire ».

XXII. Non erat Othonis mollis, et corporis similis animus. Et intimi, libertorum servorumque corruptiùs, quàm in privatâ domo, habiti, aulam Neronis, et luxus, adulteria, matrimonia, ceterasque regnorum libidines, avido talium, si auderet, ut sua ostentantes; quiescenti, ut aliena exprobrabant; urgentibus etiam mathematicis, dum novos motus, et clarum Othoni annum, observatione siderum, adfirmant; genus hominum potentibus infidum, sperantibus fallax, quod in civitate

» lui avoit nui dans l'esprit du vieil empe-
» reur, et qui lui nuiroit encore plus auprès
» d'un jeune homme, naturellement cruel,
» aigri par un long exil. On peut tuer Othon.
» Il est tems d'oser et d'agir, tandis que l'au-
» torité de Galba chancèle, que celle de
» Pison n'est point affermie. L'instant d'un
» changement de maître est favorable aux
» grandes entreprises. Il ne faut pas balancer,
» lorsque l'inaction est plus pernicieuse que
» la témérité : la mort, en elle-même, est
» égale envers tous les hommes ; sa différence
» dépend du souvenir et de l'oubli de la pos-
» térité. S'il faut périr, innocent ou coupa-
» ble, il est plus courageux d'affronter le
» trépas ».

XXII. L'ame d'Othon n'étoit point efféminée, ni telle que son corps. Les plus affidés de ses affranchis et de ses esclaves, élevés dans un luxe qui ne se voit pas ordinairement chez un particulier, flattoient son goût, vantoient la cour de Néron, la magnificence, les amours et toute la licence des monarques, et lui reprochoient une inaction qui laissoit ces avantages entre les mains d'un autre, tandis que la hardiesse les lui pouvoit procurer. Des révolutions nouvelles, une année glorieuse pour Othon, étoient annoncées par les astrologues : espèce d'hommes qui trahit les

nostrâ et vetabitur semper., et retinebitur. Multos secreta Poppeæ mathematicos, pessimum principalis matrimonii instrumentum, habuerant; è quibus Ptolemæus, Othoni in Hispaniâ comes, quum superfuturum eum Neroni promisisset, postquam ex eventu fides, conjecturâ jam et rumore, senium Galbæ, et juventam Othonis computantium, persuaserat fore ut in imperium adscisceretur. Sed Otho, tamquam peritiâ, et monitu fatorum prædicta accipiebat, cupidine ingenii humani, libentiùs obscura credendi. Nec deerat Ptolemæus, jam et sceleris instinctor, ad quod facillimè ab ejusmodi voto transitur.

XXIII. Sed sceleris cogitatio, incertum an repens; studia militum jam pridem, spe successionis, aut paratu facinoris, affectaverat; in itinere, in agmine, in stationibus, vetustissimum quemque militum nomine vocans, ac memoriâ Neroniani comitatûs, « contubernales » appellando; alios agnoscere, quosdam requirere, et pecuniâ, aut gratiâ juvare;

princes,

princes, séduit les ambitieux, et qu'on ne cessera, ni de proscrire, ni de retenir dans notre ville. Poppée en avoit gardé secrètement plusieurs ; instrument bien dangereux entre les mains d'une impératrice. Ptolémée, l'un deux, accompagnant Othon en Espagne, lui avoit prédit d'abord qu'il survivroit à Néron : accrédité par l'événement, il lui persuade ensuite qu'on va l'adopter à l'empire. Il ne s'appuyoit que sur des conjectures auxquelles l'âge avancé de l'empereur et la jeunesse d'Othon avoient donné lieu : mais, comme l'esprit préoccupé de sa passion croit plus facilement le merveilleux, Othon prenoit ces prédictions pour un avertissement des destinées fondé sur une vraie science. Enfin, Ptolémée l'engage à la révolte ; crime auquel se décide aisément quiconque a désiré l'empire.

XXIII. Je n'assurerois cependant pas qu'Othon ait formé subitement ce projet. Il s'étoit ménagé depuis long-tems l'affection des soldats, en vue de succéder à l'empire ou de s'en emparer. Dans les marches, les campemens, ou lorsque l'armée se rangeoit en bataille, il nommoit les plus anciens soldats par leurs noms, les appeloit camarades, comme ayant suivi Néron ensemble, reconnoissoit les uns, s'informoit des autres, les aidoit de son argent et de son crédit, insinuant souvent

inserendo sæpiùs querelas, et ambiguos de Galbâ sermones, quæque alia turbamenta vulgi. Labores itinerum, inopia commeatuum, duritia imperii, atrociùs accipiebantur, quum Campaniæ lacus, et Achaiæ urbes, classibus adire soliti, Pirenæum et Alpes, et immensa viarum spatia, ægrè sub armis eniterentur.

XXIV. Flagrantibus jam militum animis, velut faces addiderat Mævius Pudens, è proximis Tigellini: is mobilissimum quemque ingenio, aut pecuniæ indigum et in novas cupiditates præcipitem alliciendo, eò paullatim progressus est, ut, per speciem convivii, quotiens Galba apùd Othonem epularetur, cohorti, excubias agenti, viritìm centenos nummos divideret; quam velut publicam largitionem Otho, secretioribus apud singulos præmiis intendebat, adeo animosus corruptor, ut Cocceio Proculo, speculatori, de parte finium cum vicino ambigenti, universum vicini agrum, suâ pecuniâ emptum, dono dederit; per socordiam præfecti, quem nota pariter et occulta fallebant.

des plaintes, des paroles équivoques sur Galba, et d'autres traits capables d'émouvoir le vulgaire. Le soldat n'avoit déja que trop de peine à supporter la fatigue des marches, le manque de vivres, et la dureté du commandement. Accoutumé à voguer sur les lacs de la Campanie, à parcourir les villes de l'Achaïe, il lui falloit traverser à pied, chargé d'armes pesantes, les monts Pyrénées, les Alpes et des pays immenses.

XXIV. Pendant cette fermentation, Mevius Pudens, parent de Tigellinus, acheva d'enflammer les esprits. Gagnant en secret les plus inconstans, ceux à qui l'argent manque, ou qui se laissent prendre à l'amorce des passions qu'il leur présente, il en vient insensiblement jusqu'à distribuer cent sesterces par tête à la cohorte en faction, sous prétexte de lui payer un repas toutes les fois qu'Othon donne à manger à l'empereur. Othon ajoutoit un nouveau poids à cette espèce de distribution publique, par d'autres présens à chaque particulier. Il se ménageoit si peu dans ces sortes de démarches, qu'il acheta pour Cocceius Proculus, soldat de la garde, tout le champ de son voisin, sous prétexte de terminer leur dispute au sujet des limites. Mais le préfet, plongé dans son indolence, ne s'appercevoit

XXV. Sed tum è libertis Onomastum futuro sceleri præfecit, à quo Barbium Proculum, tessarium (1) speculatorum, et Veturium, optionem (2) eorumdem, perductos, postquam vario sermone callidos, audacesque cognovit, pretio et promissis onerat, datâ pecuniâ ad pertentandos plurium animos. Suscepere duo manipulares imperium populi romani transferendum, et transtulerunt. In conscientiam facinoris pauci adsciti, suspensos ceterorum animos diversis artibus stimulant; primores militum, per beneficia Nymphidii ut suspectos; vulgus et ceteros, irâ et desperatione dilati totiens donativi; erant quos memoria Neronis, ac desiderium prioris licentiæ accenderet; in commune omnes metu mutandæ militiæ exterrebantur.

XXVI. Infecit ea tabes legionum quoque, et auxiliorum motas jam mentes, postquam

ni de ce que tout le monde savoit, ni de ce qu'on ne savoit pas.

XXV. Ce fut alors qu'Othon s'en remit sur Onomastus, un de ses affranchis, du soin de former la conjuration. Celui-ci fit venir Barbius Proculus et Veturius, l'un tesseraire, l'autre option des gardes. Après s'être assuré, dans des entretiens sur différens objets, qu'ils avoient de la hardiesse et de l'intrigue, il les comble de présens et de promesses, et leur donne de l'argent pour acheter des complices. Deux soldats se chargèrent de disposer de l'empire du peuple romain, et ils en disposèrent. Fort peu furent admis dans le secret : mais en même tems qu'on tenoit les autres en suspens, on les préparoit, par divers artifices, à seconder le parti. On alarmoit les plus distingués, comme suspects, pour avoir été promus par Nymphidius; on irritoit le vulgaire et toute la soldatesque, par le désespoir de toucher une gratification tant de fois différée. Le souvenir de Néron, le désir de voir renaître la licence, échauffoient l'esprit de plusieurs, et tous en commun craignoient qu'on n'introduisît du changement dans les troupes,

XXVI. La contagion pénétra jusqu'aux légions et aux auxiliaires déja ébranlés par les

vulgatum erat labare Germanici exercitûs fidem. Adeoque parata apud malos seditio, etiam apud integros dissimulatio fuit, ut postero iduum die, redeuntem à coenâ Othonem rapturi fuerint, ni incerta noctis, et totâ urbe sparsa militum castra, nec facilem inter temulentos consensum, timuissent, non Reipub. curâ, quam foedare principis sui sanguine sobrii parabant, sed ne per tenebras, ut quisque Pannonici, vel Germanici exercitûs militibus oblatus esset, ignorantibus plerisque, pro Othone destinaretur. Multa erumpentis seditionis indicia per conscios oppressa; quædam apud Galbæ aures præfectus Laco elusit, ignarus militarium animorum consiliique, quamvis egregii, quod non ipse afferret, inimicus, et adversùs peritos pervicax.

XXVII. Octavo-decimo kalend. febr. sacrificanti pro æde Apollinis Galbæ, aruspex Umbricius « tristia exta, et instantes insidias,

nouvelles de la révolte en Germanie. Les conjurés comptoient tellement sur l'appui des mutins et sur l'inaction des indifférens, qu'Othon auroit été proclamé dès le lendemain des ides, au sortir de son souper, si les incertitudes de la nuit, la dispersion des corps-de-gardes dans les différens quartiers de la ville, et la difficulté de faire mouvoir de concert des gens à demi-ivres, ne les en eussent détournés (1). Le danger de la République n'étoit rien pour eux, puisqu'ils se proposoient de sang-froid d'en massacrer le chef; mais ils appréhendoient que, dans l'obscurité, le soldat de l'armée de Germanie ou de Pannonie, qui n'étoit pas instruit du complot, ne fît empereur, au lieu d'Othon, le premier qui se seroit présenté. Plusieurs indices de la conjuration qui transpiroit furent étouffés par les complices. D'autres parvenoient jusqu'aux oreilles de l'empereur. Le préfet Laco les éluda; ne connoissant aucunement le génie du soldat, il haïssoit les conseils dont il n'étoit pas l'auteur, quelque bons qu'ils fussent, et s'opiniâtroit contre les personnes mieux instruites que lui.

XXVII. Le dix-huit avant les calendes de février, comme l'empereur offroit un sacrifice dans le temple d'Apollon, l'aruspice Umbricius lui dit que les entrailles de la vic-

ac domesticum hostem », prædicit: audiente Othone (nam proximus adstiterat) idque, ut lætum è contrario, et suis cogitationibus prosperum, interpretante. Nec multò post libertus Onomastus nuntiat, « exspectari eum ab architecto, et redemptoribus » : quæ significatio coeuntium jam militum, et paratæ conjurationis convenerat. Otho, causam digressûs requirentibus, quum « emi sibi prædia vetustate suspecta, eòque priùs exploranda » finxisset, innixus liberto; per Tiberianam domum, in Velabrum, inde ad Milliarium aureum (1), sub ædem Saturni, pergit. Ibi tres et viginti speculatores consalutatum imperatorem, ac paucitate salutantium trepidum, et sellæ festinanter impositum, strictis mucronibus rapiunt. Totidem fermè milites in itinere aggregantur, alii conscientiâ, plerique miraculo; pars clamore et gladiis, pars silentio, animum ex eventu sumpturi.

XXVIII. Stationem in castris agebat Julius Martialis tribunus. Is, magnitudine subiti sceleris, an corrupta latiùs castra, ac si, contrà

*time*

time annonçoient des malheurs, une trahison prochaine, un ennemi domestique. Othon, qui s'étoit placé proche, l'entendoit, et s'en félicitoit, comme d'un augure favorable à son projet. Un instant après, l'affranchi Onomastus vient lui dire que « l'architecte l'attend avec les entrepreneurs »; c'étoit le signal dont ils étoient convenus, dès que les conjurés s'assembleroient, et qu'ils seroient prêts d'agir. On demande à Othon ce qui l'engage à sortir; il répond : « qu'il est en marché pour une maison de campagne, et que, comme elle est un peu vieille, il va la faire examiner ». Ensuite s'appuyant sur Onomastus, il passe par le palais de Tibère au Velabre, et se rend proche le Mille d'or devant le temple de Saturne. Vingt-trois soldats l'y proclament empereur. Il se déconcerte de leur petit nombre; mais ils le jètent promptement dans une litière, et l'enlèvent en tirant l'épée (2). Un nombre à-peu-près égal se joint aux premiers sur le chemin; quelques-uns sont complices : l'étonnement entraîne les autres. Une partie jète des cris, tient l'épée nue en main : le reste suit en silence pour se décider sur l'événement.

XXVIII. Le tribun Julius Martialis étoit chargé de la garde du camp. Frappé de l'atrocité d'une entreprise si subite, ou de la

tenderet, exitium metuens, præbuit plerisque suspicionem conscientiæ. Anteposuere ceteri quoque tribuni, centurionesque, præsentia dubiis, et honestis. Isque habitus animorum fuit, ut pessimum facinus auderent pauci, plures vellent, omnes paterentur.

XXIX. Ignarus interim Galba, et sacris intentus, fatigabat alieni jam imperii deos; quum affertur rumor, rapi in castra, incertum quem senatorem; mox, Othonem esse, qui raperetur; simul ex totâ urbe, ut quisque obvius fuerat; alii formidinem augentes, quidam minora verò, ne tum quidem obliti adulationis. Igitur consultantibus placuit, pertentari animum cohortis, quæ in palatio stationem agebat; nec per ipsum Galbam, cujus integrâ auctoritas majoribus remediis servabatur. Piso pro gradibus domûs vocatos, in hunc modum adlocutus est : « Sextus dies
» agitur, Commilitones, ex quo, ignarus fu-
» turi, et sive optandum hoc nomen, sive
» timendum erat, Cæsar adscitus sum : quo

crainte qu'elle ne fût soutenue par bien d'autres dans le camp même, et que sa résistance ne l'exposât à une perte infaillible, il donna lieu de soupçonner qu'il étoit du complot. Les autres tribuns et centurions préférèrent aussi le présent aux dangers et à leur devoir. Dans l'état où se trouvoient les esprits, une poignée d'hommes osa concerter le projet le plus criminel : un plus grand nombre en souhaita le succès ; pas un ne s'y opposa.

XXIX. Galba cependant, ignorant ce qui se passoit, et tout occupé de son sacrifice, fatiguoit de ses prières les dieux d'un empire qui n'étoit plus à lui. Le bruit se répand d'abord qu'on proclame un sénateur au camp ; ensuite que c'est Othon qu'on a proclamé. En même tems chacun accourt de tous les quartiers : les uns grossissent le danger ; les autres le diminuent, pensant même alors à flatter. On décide, après une délibération, que quelqu'un sondera les dispositions de la cohorte en faction devant le palais ; mais que ce ne sera pas l'empereur lui-même : on réservoit son autorité pour des extrémités plus fâcheuses. Pison ayant assemblé les soldats au bas des degrés, leur fit ce discours : « Camarades, » voici le sixième jour que, sans prévoir l'a- » venir, j'ai reçu le titre de César, soit » qu'il fût à rechercher ou à craindre. Il dé-

" domûs nostræ, aut Reipublicæ fato, in
" vestrâ manu positum est: non quia, meo
" nomine, tristiorem casum paveam, ut qui
" adversas res expertus, quum maximè dis-
" cam, ne secundas quidem minùs discriminis
" habere: patris, et senatûs, et ipsius imperii
" vicem doleo, si nobis aut perire hodie ne-
" cesse est, aut, quod æquè apud bonos mi-
" serum est, occidere. Solatium proximi mo-
" tûs habebamus, incruentam urbem, et res
" sine discordiâ translatas. Provisum adoptione
" videbatur, ut ne post Galbam quidem bello
" locus esset.

XXX. " Nihil arrogabo mihi nobilitatis,
" aut modestiæ; neque enim relatu virtutum,
" in comparatione Othonis, opus est. Vitia,
" quibus solis gloriatur, evertêre imperium,
" etiam quum amicum imperatoris ageret.
" Habitu ne et incessu, an illo muliebri or-
" natu, mereretur imperium? Falluntur, qui-
" bus luxuria specie liberalitatis imponit. Per-
" dere iste sciet, donare nesciet. Stupra nunc,

» pend de vous que ce soit pour le bonheur
» de la maison impériale et de l'état, ou
» pour leur malheur: ce n'est pas que je re-
» doute un sort plus triste pour moi ; après
» avoir éprouvé l'adversité, je vois trop clai-
» rement que la prospérité n'entraîne pas
» moins de danger ; mais je plains mon père,
» le sénat et l'empire, s'il nous faut périr au-
» jourd'hui, ou, ce qui est également sensible
» à des cœurs vertueux, faire périr nos con-
» citoyens. Nous nous consolions de la révo-
» lution précédente, parce quelle n'avoit point
» fait couler de sang dans Rome, et que le
» changement de prince n'avoit point entraîné
» de discorde. L'empereur, en m'adoptant,
» sembloit même avoir ôté tout prétexte de
» guerre après lui.

XXX. » Je ne me vanterai ni de noblesse,
» ni de retenue. Il n'est pas question de
» vertus dans un parallèle avec Othon : ses
» vices, chose unique dont il se glorifie, ont
» renversé l'empire, lors même qu'il sembloit
» ami du prince. Seroit-ce son maintien, sa
» démarche, sa parure efféminée, qui lui
» mériteroit l'empire ? ceux à qui son luxe
» en impose, sous le nom de libéralité, se
» trompent; cet homme saura dissiper : ja-
» mais il ne saura donner. Il médite à pré-
» sent des séductions, des débauches, des in-

» et comessationes, et fœminarum cœtus,
» volvit animo: hæc principatûs præmia pu-
» tat, quorum libido ac voluptas penes ipsum
» sit, rubor ac dedecus penes omnes. Nemo
» enim unquam imperium, flagitio quæsitum,
» bonis artibus exercuit. Galbam consensus
» generis humani, me Galba, consentienti-
» bus vobis, Cæsarem dixit. Si Respub. et
» senatus, et populus, vana nomina sunt:
» vestrâ, Commilitones, interest, ne impera-
» torem pessimi faciant. Legionum seditio
» adversùm duces suos audita est aliquando:
» vestra fides famaque inlæsa ad hunc diem
» mansit, et Nero quoque vos destituit, non
» vos Neronem. Minùs triginta transfugæ et
» desertores, quos centurionem, aut tribu-
» num, sibi eligentes nemo ferret, imperium
» assignabunt? Admittitis exemplum? et
» quiescendo commune crimen facitis? Trans-
» cendet hæc licentia in provincias: et ad
» nos scelerum exitus, bellorum ad vos per-
» tinebunt. Nec est plus, quod pro cæde
» principis, quàm quod innocentibus datur:
» sed perinde à nobis donativum ob fidem,
» quàm ab aliis pro facinore accipietis ».

» trigues galantes. Il fait consister l'avantage
» d'être le maître, dans le pouvoir de satis-
» faire des passions dont le plaisir est pour
» lui seul, la honte et l'infamie pour tous
» les autres. Qui n'est monté sur le trône
» que par le crime, n'y régna jamais par la
» vertu. Galba, pour régner, a le consente-
» ment de l'univers ; moi j'ai celui de Galba
» et le vôtre. Si la République, le sénat et
» le peuple sont de vains noms, il vous im-
» porte au moins que ce ne soient pas les
» plus scélérats qui fassent un empereur. On
» a quelquefois ouï dire que des légions s'é-
» toient révoltées contre leur chef ; votre fi-
» délité ni votre réputation n'ont jamais souf-
» fert de tache. Vous n'avez pas même aban-
» donné Néron, c'est lui qui vous a quittés.
» Quoi, moins de trente déserteurs ou trans-
» fuges, à qui personne ne laisseroit faire un
» centurion ni un tribun, disposeront de l'em-
» pire ? Vous autorisez cet exemple, et par
» votre inaction vous devenez leurs com-
» plices ? Cette licence gagnera les provinces ;
» nous périrons par leur fureur, et vous par
» la guerre. D'ailleurs, ce qu'on vous offre
» pour massacrer votre empereur, n'excède
» pas ce que nous vous donnons pour le dé-
» fendre : vous recevrez, en demeurant fidèles,
» la gratification qu'on vous promet pour un
» crime ».

XXXI. Dilapsis speculatoribus, cetera cohors non adspernata concionantem, ut turbidis rebus evenit, fortè magis, et nullo adhuc consilio (1), parat signa, quàm quod posteà creditum est, insidiis et simulatione. Missus et Celsus Marius ad electos Illyrici exercitûs, Vipsaniâ in porticu tendentes. Præceptum Amulio Sereno, et Domitio Sabino, primipilaribus, ut Germanicos milites è Libertatis atrio arcesserent. Legioni classicæ diffidebatur, infestæ ob cædem commilitonum, quos primo statim introitu trucidaverat Galba. Pergunt etiam in castra prætorianorum tribuni Cetrius Severus, Subrius Dexter, Pompeius Longinus, si incipiens adhuc, et necdum adulta seditio, melioribus consiliis flecteretur. Tribunorum Subrium et Cetrium milites adorti minis, Longinum manibus coercent, exarmantque, quia, non ordine militiæ, sed è Galbæ amicis, fidus principi suo, et desciscentibus suspectior erat. Legio classica, nihil cunctata, prætorianis adjungitur. Illyrici exercitûs electi Celsum ingestis pilis proturbant. Germanica vexilla diu nutavere, invalidis adhuc cor-

XXXI. Les soldats de la garde s'étant échappés, le reste de la cohorte, au lieu de témoigner du mépris pour ce qu'elle venoit d'entendre, comme dans les émeutes, prépare ses drapeaux sans aucun dessein prémédité, et non par feinte et par trahison comme on le crut ensuite. Marius Celsus est dépêché vers l'élite d'Illyrie, campée sous le portique de Vipsanius: Emilius Serenus et Domitius Sabinus, primipilaires, sont chargés d'amener les soldats de Germanie du temple de la Liberté. On se défait de la légion de la marine, courroucée du massacre de ses camarades, sur lesquels l'empereur avoit fait faire main-basse à son entrée dans Rome. Les tribuns Cetrius Serenus, Subrius Dexter et Pompeius Longinus s'avancèrent même vers le camp des prétoriens, espérant que de sages conseils appaiseroient la sédition dans sa naissance, si tous les esprits n'étoient pas encore échauffés. Les prétoriens n'employèrent que les menaces pour éloigner du camp Cetrius et Subrius; mais ils lièrent les mains à Longinus et le désarmèrent, parce que Galba, qui l'aimoit, l'avoit fait tribun avant son rang, et que cet officier étoit plus connu que les autres par sa fidélité pour l'empereur. La légion de la marine se joignit aux prétoriens sans balancer: l'élite d'Illyrie écarta Cetrius à coups de traits. Les soldats de Germanie hésitèrent long-

poribus, et placatis animis, quòd eos à Nerone Alexandriam præmissos, atque inde rursùs longâ navigatione ægros, impensiore curâ Galba refovebat.

XXXII. Universa jam plebs palatium implebat, mixtis servitiis, et dissono clamore, cædem Othonis et conjuratorum exitium poscentium; ut si in circo, ac theatro, ludicrum aliquod postularent: neque illis judicium, aut veritas: quippe eodem die diversa pari certamine postulaturis: sed tradito more, quemcumque principem adulandi, licentiâ acclamationum, et studiis inanibus. Interim Galbam duæ sententiæ distinebant: Titus Vinius « manendum intra domum, opponenda servitia, firmandos aditus, non eundum ad iratos censebat: daret malorum pœnitentiæ, daret bonorum consensui spatium: scelera impetu, bona consilia morâ valescere. Denique eundi ultro, si ratio sit, eamdem mox facultatem: regressûs, si pœniteat, in alienâ potestate ».

tems (2): leurs corps étoient fatigués, et leurs cœurs inclinoient en faveur de Galba. Néron les avoit fait partir pour Alexandrie : ils avoient beaucoup souffert, à leur retour, de la longueur de la navigation, et l'empereur prenoit un soin particulier de leur rétablissement.

XXXII. Déja la populace mêlée parmi les esclaves, remplissoit le palais, et le faisoit retentir de clameurs confuses, en sollicitant la mort d'Othon et la perte des conjurés, comme s'il eût été question d'un spectacle dans l'amphithéâtre ou le cirque. Nul jugement en eux, nulle sincérité, puisqu'ils devoient demander le contraire le même jour, avec autant d'empressement ; mais unique habitude de flatter le prince, quel qu'il soit, par des cris licencieux et des démonstrations frivoles. Cependant l'empereur balançoit entre deux avis. Vinius conseilloit « de demeurer dans le palais, d'en
» garantir les issues, d'armer les esclaves, et
» de ne point aller vers des gens trop émus.
» Il devoit laisser aux méchans le tems de se
» repentir ; aux bons celui de se concerter.
» Une première impétuosité donne de la
» force au crime ; des délais affermissent la
» vertu. Enfin, il seroit encore maître de sortir, si les conjonctures l'exigeoient, au lieu
» que son retour, après s'être engagé mal à
» propos, dépendroit de l'ennemi ».

XXXIII « Festinandum ceteris videbatur, antequam cresceret invalida adhuc conjuratio paucorum. Trepidaturum etiam Othonem, qui furtim digressus, ad ignaros illatus, cunctatione nunc, et segnitiâ terentium tempus, imitari principem discat. Non expectandum, ut compositis castris, forum invadat, et prospectante Galbâ, capitolium adeat: dum egregius (1) imperator, cum fortibus amicis, januâ, ac limine tenus domum cludit, obsidionem nimirum toleraturus. Et præclarum in servis auxilium, si consensus tantæ multitudinis, et quæ plurimùm valet, prima indignatio elanguescat! Proinde intuta, quæ indecora (2): vel, si cadere necesse sit, occurrendum discrimini. Id Othoni invidiosius, et ipsis honestum ». Repugnantem huic sententiæ Vinium, Laco minaciter invasit, stimulante Icelo, privati odii pertinaciâ, in publicum exitium.

XXXIII. Les autres étoient d'avis « de se hâter avant que cette conjuration, d'une poignée d'hommes, s'étendît et prît des forces. La terreur saisiroit Othon lui-même, qui, porté furtivement vers les soldats sans les en avoir prévenus, profitoit des délais et de l'indolence de ses adversaires, pour s'instruire à jouer le role d'empereur. On ne devoit point attendre que, devenu maître du camp, il s'emparât du forum, et montât au capitole sous les yeux de l'empereur, qui de son côté, suivi de ses généreux amis, se baricaderoit courageusement au fond de son palais, à dessein sans doute d'y soutenir un siége. Des esclaves seroient d'une grande ressource, lorsqu'on auroit laissé ralentir le concert et la première indignation du peuple, la seule sur laquelle on puisse compter. Le parti le plus honteux étoit par conséquent le moins sûr (2). Que, s'il falloit nécessairement périr, il valoit mieux braver le danger : il en résulteroit de la gloire pour eux, et plus d'indignation contre Othon ». Comme Vinius combattoit cet avis, Laco s'emporta contre lui jusqu'aux menaces, animé par Icelus à s'obstiner au malheur public, pour satisfaire leur haine particulière.

XXXIV. Nec diutiùs Galba cunctatus, speciosiora suadentibus accessit. Præmissus tamen in castra Piso, ut juvenis magno nomine, recenti favore, et infensus T. Vinio; seu quia erat, seu quia irati ita volebant; et faciliùs de odio creditur (1). Vix dum egresso Pisone, occisum in castris Othonem, vagus primum, et incertus rumor; mox, ut in magnis mendaciis, interfuisse se quidem, et vidisse adfirmabant, credulâ famâ, inter gaudentes, et incuriosos. Multi arbitrabantur, compositum, auctumque rumorem, mixtis jam Othonianis, qui ad evocandum Galbam, læta falso vulgaverint.

XXXV. Tum verò non populus tantùm, et imperita plebs in plausus, et immodica studia, sed equitum plerique ac senatorum, posito metu incauti, refractis palatii foribus, ruere intùs, ac se Galbæ ostentare, præreptam sibi ultionem querentes. Ignavissimus quisque, et, ut res docuit, in periculo non ausurus, nimii verbis, linguæ feroces: nemo scire, et omnes adfirmare; donec inopiâ veri

XXXIV. L'empereur, sans balancer plus long-tems, se déclare pour le parti le plus spécieux. Cependant Pison fut envoyé d'avance vers le camp, sur l'espoir que donnoient son nom, son élévation récente, et sa haine contre Vinius, soit qu'elle fût réelle, soit parce que les ennemis de Vinius le vouloient ainsi, et qu'on croit plus aisément à la haine. Pison sortoit à peine, lorsqu'on publie qu'Othon vient d'être tué dans le camp; c'étoit d'abord une rumeur vague et incertaine; bientôt, comme dans tous les mensonges importans, plusieurs assurent en avoir été témoins, l'avoir vu. La joie, ou la négligence d'approfondir la vérité, accrédita cette nouvelle; mais plusieurs pensoient que des émissaires d'Othon, s'insinuant déja parmi le peuple, l'avoient inventée, et la répandoient pour attirer l'empereur hors du palais.

XXXV. Alors non seulement le peuple et une multitude sans expérience, se livrent aux transports d'un zèle excessif; mais la plupart des sénateurs et des chevaliers, oubliant les précautions, dès qu'ils ne craignent plus, forcent les portes du palais, se précipitent dans les apartemens, et se montrant à l'empereur, se plaignent à lui de ce qu'on les a privés de l'honneur de le venger. Les plus lâches, ceux dont la hardiesse devoit disparoître à la vue

et consensu errantium victus, sumpto thorace Galba, irruenti turbæ, neque ætate, neque corpore sistens, sellâ levaretur. Obvius in palatio Julius Atticus, speculator, cruentum gladium ostentans; occisum à se Othonem exclamavit : et Galba, « Commilito, inquit, quis jussit »? insigni animo ad coercendam militarem licentiam, minantibus intrepidus, adversus minantes incorruptus.

XXXVI. Haud dubiæ jam in castris omnium mentes; tantusque ardor, ut non contenti agmine et corporibus, in suggestu, in quo paulo antè aurea Galbæ statua fuerat, medium inter signa Othonem vexillis circumdarent. Nec tribunis, aut centurionibus, adendi locus : gregarius miles caveri insuper præpositos jubebat. Strepere cuncta clamoribus, et exhortatione mutuâ, non tanquam in populo

du

du péril, comme l'expérience le prouva, se répandent en paroles, et se donnent pour braves. Personne n'avoit de preuves de la mort d'Othon, tous l'affirmoient. Enfin Galba, séduit par cet accord unanime de gens dans l'erreur, tandis que personne ne dépose pour la vérité, prend sa cuirasse, et ne pouvant se soutenir contre les flots du peuple, à cause de son grand âge et de ses infirmités, se fait porter en litière. Il rencontre dans le palais Julius Atticus, soldat de la garde, qui, lui montrant une épée ensanglantée, s'écrie qu'il vient de tuer Othon : « Camarade, qui vous en a donné l'ordre » ? reprend aussitôt Galba, par une attention singulière à réprimer la licence du soldat, sans jamais se laisser effrayer des menaces, ni corrompre par la flatterie.

XXXVI. Personne ne balançoit plus dans le camp; l'ardeur étoit si grande, que, non contens de couvrir Othon de leurs corps, en se rangeant autour de lui, ils le placèrent au milieu des étendards, où se trouvoit peu auparavant une statue d'or de Galba, et l'environnèrent de leurs drapeaux. Il n'étoit possible, ni aux centurions, ni aux tribuns d'en approcher. Le simple soldat avertissoit même de se défier des officiers. Tout retentissoit de clameurs, de tumultes, d'exhortations mutuelles, qui ne se réduisoient pas, comme parmi

ac plebe, variis segni adulatione vocibus, sed ut quemque adfluentium militum adspexerant, prensare manibus, complecti armis, collocare juxtà, præire sacramentum, modo imperatorem militibus, modò imperatori milites commendare. Nec deerat Otho, protendens manus, adorare vulgum, jacere oscula et omnia serviliter pro dominatione (1). Postquam universa classicorum legio sacramentum ejus accepit, fidens viribus, et quos adhuc singulos existimulaverat, accendendos in commune ratus, pro vallo castrorum ita cœpit.

XXXVII. « Quis ad vos processerim, Com-
» militones, dicere non possum : quia nec
» privatum me vocare sustineo, princeps à
» vobis nominatus; nec principem, alio im-
» perante. Vestrum quoque nomen in incer-
» to erit, donec dubitabitur, imperatorem
» populi romani in castris, an hostem habea-
» tis. Auditisne, ut pœna mea, et supplicium
» vestrum simul postulentur ? adeo manifes-
» tum est, neque perire nos, neque salvos
» esse, nisi unà, posse. Et, cujus lenitatis est
» Galba, jam fortasse promisit : ut qui, nullo

le peuple et la multitude, aux divers applaudissemens d'une adulation oisive; mais à mesure qu'ils appercevoient un des soldats qui accouroient de toutes parts, ils le prenoient par la main, l'environnoient de leurs armes, le plaçoient vis-à-vis du tribunal, lui dictoient le serment, et tantôt recommandoient l'empereur aux soldats, tantôt les soldats à l'empereur. Othon, de son côté, étendant les mains vers le peuple, le saluoit et s'abaissoit devant lui jusqu'à ramper en esclave, pour devenir le maître (1). Lorsque toute la légion de la marine eut juré de lui obéir, il prit confiance dans ses forces, et croyant devoir exhorter en commun ceux qu'il venoit d'animer séparément, il rangea ses troupes à la tête de la palissade, et fit ce discours :

XXXVII. « Il m'est difficile, mes chers Camarades, de dire en quelle qualité je parois
» devant vous. Celui que vous avez nommé
» empereur, n'est plus un simple particulier;
» mais est-il empereur, tandis qu'un autre règne? Vôtre état n'est pas moins incertain,
» tant qu'il sera douteux, si vous avez dans
» votre camp le chef ou l'ennemi de l'empire.
» N'entendez-vous pas solliciter votre condamnation et la mienne? tant il est évident que
» nous ne pouvons plus que périr ou vaincre
» ensemble! Galba, de la douceur dont il est,

» exposcente, tot millia innocentissimorum
» militum trucidaverit. Horror animum subit,
» quoties recordor feralem introitum, et hanc
» solam Galbæ victoriam (1) quum in oculis
» urbis decumari deditos juberet, quos depre-
» cantes in fidem acceperat. His auspiciis ur-
» bem ingressus, quam gloriam ad principatum
» attulit, nisi occisi Obultronii Sabini et Cor-
» nelii Marcelli in Hispaniâ, Betui Chilonis in
» Galliâ, Fonteii Capitonis in Germaniâ, Clo-
» dii Macri in Africâ, Cingonii in viâ, Tur-
» piliani in urbe, Nymphidii in castris? Quæ
» usquam provincia, quæ castra sunt, nisi
» cruenta et maculata? aut, ut ipse præ-
» dicat, emendata et correcta? nam quæ alii
» scelera, hic remedia vocat: dum falsis no-
» minibus, severitatem pro sævitiâ, parcimo-
» niam pro avaritiâ, supplicia et contumelias
» vestras, disciplinam appellat. Septem à Ne-
» ronis fine menses sunt, et jam plus rapuit
» Icelus, quàm quod Polycleti, et Vatinii,
» et Elii, paraverunt. Minore avaritiâ ac li-
» centiâ grassatus esset Titus Vinius, si ipse
» imperasset : nunc et subjectos nos habuit,

« a peut-être déjà promis ce qu'on lui deman-
» de, lui qui, de son propre mouvement, a
» fait massacrer tant de milliers de soldats in-
» nocens. Je frissonne d'horreur, toutes les
» fois que je me rappèle cette entrée funeste
» et la victoire unique de Galba (1), lors-
» qu'il fit décimer sous les yeux de Rome,
» des supplians dont il avoit accepté les sou-
» missions. Entré dans la ville sous ces aus-
» pices, quelle autre gloire apportoit-il en par-
» venant à l'empire, que d'avoir fait mourir
» Obultronius Sabinus et Cornelius Marcel-
» lus en Espagne, Betuus Chilo en Gaule,
» Capiton en Germanie, Macer en Afrique,
» Varron dans sa marche, Turpilianus dans
» la ville, Nymphidius dans le camp? Quelle
» province, quel camp n'a-t-il point ensan-
» glanté, souillé, ou, comme il s'en vante
» lui-même, réformé, corrigé? car il nomme
» remèdes au mal, ce que les autres appèlent
» crimes, tandis qu'abusant des mots, la cruau-
» té prend chez lui la place de la sévérité,
» l'avarice celle de l'économie, et qu'il flé-
» trit, égorge le soldat, sous prétexte de le
» discipliner. Néron n'a perdu l'empire que
» depuis sept mois : Icelus a déjà plus en-
» glouti de richesses que les Polyclètes, les
» Vatinius, les Elius. La licence et l'avarice
» de Vinius nous eussent moins fait souffrir,
» s'il eut régné lui-même. Il a joui sur nous

» tanquam suos; et viles ut alienos. Una illa
» domus sufficit donativo, quod vobis nun-
» quam datur, et quotidie exprobratur.

XXXVIII. » Ac ne qua saltem in succes-
» sore Galbæ spes esset, accessit ab exsi-
» lio, quem tristitia et avaritia sui simillimum
» judicabat. Vidistis, Commilitones, notabili
» tempestate, etiam deos infaustam adoptio-
» nem adversantes. Idem senatus, idem po-
» puli romani animus est. Vestra virtus ex-
» spectatur, apud quos omne honestis consi-
» liis robur, et sine quibus, quamvis egre-
» gia, invalida sunt. Non ad bellum vos,
» nec ad periculum voco: omnium militum
» arma nobiscum sunt. Nec una cohors toga-
» ta defendit nunc Galbam, sed detinet. Quum
» vos adspexerit, quum signum meum acce-
» perit, hoc solum erit certamen, quis mihi
» plurimum imputet. Nullus cunctationi lo-
» cus est in eo consilio, quod non potest lau-
» dari, nisi peractum ». —Aperire deinde ar-
mamentarium jussit. Rapta statim arma, sine
more et ordine militiæ, ut prætorianus, aut

» d'autant de pouvoir, et nous a moins mé-
» nagés, parce que nous appartenions à un
» autre. Sa maison seule fourniroit cette gra-
» tification qu'on ne vous donne point, et
» qu'on vous reproche tous les jours.

XXXVIII. » Galba, dans le dessein de
» nous enlever jusqu'à nos espérances après
» sa mort, rappèle, pour lui succéder, l'e-
» xilé qu'il a jugé lui ressembler le mieux par
» son humeur sombre et son avarice. Vous
» avez vu les dieux même témoigner, par
» une tempête affreuse, leur horreur pour
» cette adoption sinistre. Le sénat, le peuple
» romain, en sont indignés comme eux; ils
» attendent votre appui, qui seul donne de la
» force aux entreprises honnêtes, et sans le-
» quel les plus belles avortent. Il n'est ques-
» tion ni de guerres, ni de dangers; tout le
» militaire est dans notre parti. La seule co-
» horte qui reste en robe auprès de Galba,
» n'y est pas pour le défendre, mais pour l'ar-
» rêter. Sitôt qu'elle vous verra, que je
» lui aurai donné mon signal (1), le combat
» unique sera à qui fera plus éclater de zèle
» en ma faveur. Il n'y a pas de tems à per-
» dre dans un projet qui ne peut être justifié
» que par le succès ». Il fit ensuite ouvrir
l'arsenal. Les armes en furent enlevées aussitôt : les prétoriens, les légionnaires, les auxi-

legionarius insignibus suis distingueretur: miscentur auxiliaribus, galeis scutisque. Nullo tribunorum centurionumve adhortante, sibi quisque dux et instigator: et praecipuum pessimorum incitamentum quòd boni moerebant.

XXXIX. Jam exterritus Piso fremitu crebrescentis seditionis, et vocibus in urbem usque resonantibus, egressum interim Galbam, et foro appropinquantem, adsecutus erat: jam Marius Celsus haud laeta retulerat; quum alii, in palatium redire, alii capitolium petere, plerique rostra occupanda censerent, plures tantùm sententiis aliorum contradicerent, utque evenit in consiliis infelicibus, optima viderentur, quorum tempus effugerat. Agitasse Laco, ignaro Galbâ, de occidendo T. Vinio dicitur, sive ut poena ejus animos militum mulceret, seu conscium Othonis credebat, ad postremum, vel odio. Haesitationem attulit tempus ac locus, quia initio caedis orto, difficilis modus; et turbavere consilium trepidi nuncii, ac proximorum diffugia, languentibus omnium studiis, qui primò alacres fidem atque animum ostentaverant.

liaires,

liaires, mêlés tous ensemble, saisissent les boucliers et les casques, sans observer les marques qui distinguent les grades de la milice ou les différens corps. Nul centurion, nul tribun n'y préside, chacun est son propre chef, et s'encourage lui-même. Les plaintes de ceux qui aiment l'ordre sont un nouveau motif pour le violer.

XXXIX. Déja Pison, effrayé du tumulte et des clameurs qui retentissoient jusque dans la ville, avoit joint Galba proche du forum; déja Marius avoit rapporté de tristes nouvelles. Quelques-uns conseillent à l'empereur de retourner au palais; d'autres d'aller au capitole; la plupart, de s'emparer de la tribune aux harangues; plusieurs se contentent de réfuter ces avis. On s'apperçoit comme dans toutes les affaires désespérées, que les meilleurs partis sont ceux qu'il n'est plus tems de prendre. Laco proposa, dit-on, sans que l'empereur le sût, de massacrer Vinius, afin d'appaiser les soldats par sa mort, ou parce qu'il le croyoit complice d'Othon, ou enfin pour satisfaire sa propre haine. La conjoncture et le lieu firent hésiter d'abord: le carnage une fois commencé, il eût été difficile d'y prescrire des bornes; ensuite il fut impossible d'exécuter ce projet; coup sur coup des nouvelles fâcheuses, une désertion presque totale autour du prince; ni

XL. Agebatur huc illuc Galba, vario turbæ fluctuantis impulsu; completis undique basilicis ac templis, lugubri prospectu; neque populi aut plebis ulla vox; sed attoniti vultus, et conversæ ad omnia aures; non tumultus, non quies; quale magni metus, et magnæ iræ silentium est. Othoni tamen armari plebem nunciabatur. Ire præcipites, et occupare pericula jubet. Igitur milites romani, quasi Vologesen, aut Pacorum, avito Arsacidarum solio depulsuri, ac non imperatorem suum, inermem et senem, trucidare pergerent, disjectâ plebe, proculcato senatu, truces armis, rapidis equis, forum inrumpunt; nec illos capitolii adspectus, et imminentium templorum religio, et priores, et futuri principes terruere, quominus facerent scelus, cujus ultor est quisquis successit.

XLI. Viso cominùs armatorum agmine, vexillarius comitantis Galbam cohortis ( Atilium Vergilionem fuisse tradunt ) dereptam

fidélité, ni courage de la part de ceux qui s'étoient le plus vantés de l'un et de l'autre.

XL. L'empereur étoit entraîné çà et là par les flots de la populace, suivant leurs diverses impulsions. Les basiliques et les temples se remplirent de tous côtés, comme dans une calamité publique. Personne ne profère une parole; par-tout des visages étonnés, des oreilles attentives; ce n'est ni tumulte ni calme, c'est ce silence que produit l'excès de la crainte ou de la colère. On annonçoit cependant à Othon que Galba faisoit prendre les armes au peuple; il ordonne à ses troupes de fondre à l'instant, et de prévenir le danger. Le soldat romain, comme s'il se fût agi de renverser Vologèse ou Pacorus du trône des Arsacides leurs ancêtres, et non de massacrer son prince légitime, vieillard sans armes, disperse le peuple, foule aux pieds le sénat, se précipite bride abattue, l'épée nue en main, dans le forum. Ni la vue du capitole, ni le respect dû aux temples qui les environnoient, ni la majesté des empereurs, passés ou à venir, ne les détournèrent d'un parricide que venge toujours un successeur, quel qu'il puisse être.

XLI. Dès que la troupe armée d'Othon fut assez proche, le porte-étendart de la cohorte qui accompagnoit l'empereur (on dit que c'étoit

Galbæ imaginem solo adflixit. Eo signo manifesta in Othonem omnium militum studia, desertum fugâ populi forum, destricta adversùs dubitantes tela. Juxta Curtii lacum, trepidatione ferentium, Galba projectus è sellâ, ac provolutus est. Extremam ejus vocem, ut cuique odium, aut admiratio fuit, variè prodidere. Alii, suppliciter interrogasse, quid mali meruisset? paucos dies exsolvendo donativo deprecatum; plures, obtulisse ultrò percussoribus jugulum, « agerent ac ferirent, si ita è Republicâ videretur ». Non interfuit occidentium quid diceret. De percussore non satis constat : quidam Terentium evocatum, alii Lecanium; crebrior fama tradidit, Camurium quintæ decimæ legionis militem, impresso gladio, jugulum ejus hausisse. Ceteri crura brachiaque ( nam pectus tegebatur) fœdè laniavere (1), pleraque vulnera, feritate et sævitiâ trunco jam corpori adjecta.

XLII. Titum inde Vinium invasere; de quo et ipso ambigitur, consumpseritne vocem

Atilius Vergilio), arrachant l'image de Galba, la jeta par terre. A ce signal tous les soldats se déclarent ouvertement pour Othon; le peuple abandonne le forum; ceux qui balancent, en sont écartés à coups de traits. Les porteurs de Galba s'intimident; il est jeté hors de sa litière, et tombe proche du lac Curtius. Ses dernières paroles ont été rapportées diversement, selon qu'on étoit de ses ennemis ou de ses admirateurs. Il demanda, suivant quelques-uns, d'une voix suppliante, quel mal il avoit fait, et pria qu'on le laissât vivre encore quelques jours pour payer la gratification. Mais suivant le plus grand nombre, il présenta sa tête aux assassins, en les exhortant « à frapper, si sa mort étoit utile à la République ». Ceux qui le tuèrent s'embarassèrent peu de ce qu'il disoit. On ne convient pas de l'auteur de ce parricide. Quelques-uns disent que c'est le vétéran Terentius; d'autres, Lecanius; le bruit le plus acrédité est que Camurius, soldat de la quinzième légion, lui coupa la gorge. Les autres voyant qu'il étoit cuirassé, lui arrachèrent cruellement les bras et les jambes. Il n'étoit plus qu'un tronc informe, quand la fureur et l'inhumanité portèrent les derniers coups.

XLII. Ensuite on tomba sur Vinius. Il n'est pas certain, même par rapport à lui, si

ejus instans metus, an proclamaverit, « non esse ab Othone mandatum, ut occideretur ». Quod seu finxit formidine, seu conscientiâ conjurationis confessus est. Huc potiùs ejus vita famaque inclinat, ut conscius sceleris fuerit cujus causa erat. Ante ædem divi Julii jacuit, primo ictu in poplitem, mox ab Julio Caro, legionario milite, in utrumque latus transverberatus.

XLIII. Insignem illâ die virum Sempronium Densum ætas nostra vidit. Centurio is prætoriæ cohortis, à Galbâ custodiæ Pisonis additus, stricto pugione occurrens armatis, et scelus exprobrans, ac modò manu, modò voce, vertendo in se percussores, quamquam vulnerato Pisoni effugium dedit. Piso in ædem Vestæ pervasit, exceptusque misericordiâ publici servi, et contubernio ejus abditus, non religione, nec cærimoniis, sed latebrâ imminens exitium differebat; quum advenere, missu Othonis, nominatim in cædem ejus ardentes, Sulpicius Florus, è Britannicis cohortibus, nuper à Galbâ civitate donatus, et Statius

la frayeur lui coupa la parole, ou s'il s'écria « qu'Othon n'avoit point ordonné sa mort »; soit que la crainte le fit mentir, ou qu'il fût en effet de la conjuration. Ses mœurs et l'idée qu'on avoit de lui, portent plutôt à croire qu'il fut complice d'un attentat dont il étoit la cause. Blessé au genou, il tomba devant le temple de Jules-César. Alors Julius Carus, légionnaire, lui passa son épée au travers du corps.

XLIII. Notre siècle vit en ce jour un homme vraiment brave; ce fut Sempronius Densus (1), centurion d'une cohorte prétorienne, chargé par Galba d'escorter Pison. Il courut au devant des meurtriers le poignard à la main, en leur reprochant leur crime, les força du geste et de la voix de tourner leurs armes contre lui, et facilita la fuite de Pison, quoique ce prince fût déja blessé. Pison parvint jusqu'au temple de Vesta, et fut accueilli par la compassion d'un esclave public, qui le cacha dans sa chambre. Il y reculoit sa perte, plutôt par l'obscurité du lieu, que par la sainteté de l'asyle, lorsque Sulpicius Florus, auxiliaire Breton, nouvellement fait citoyen par Galba, et Statius Murcus, soldat de la garde, envoyés par Othon contre lui nommément, et brûlant de l'assassiner, l'arrachèrent

Murcus, speculator; à quibus protractus Piso, in foribus templi trucidatur.

XLIV. Nullam cædem Otho majore lætitiâ excepisse, nullum tam caput insatiabilibus oculis perlustrasse dicitur; seu tum primùm levata omni sollicitudine mens, vacare gaudio cæperat; seu recordatio majestatis in Galbâ, amicitiæ in T. Vinio, quamvis immitem animum imagine tristi confuderat; Pisonis, ut inimici et æmuli, cæde lætari, jus fasque credebat. Præfixa contis capita gestabantur, inter signa cohortium, juxta aquilam legionis; certatim ostentantibus cruentas manus, qui occiderant, qui interfuerant, qui verè, qui falsò, ut pulchrum et memorabile facinus, jactabant. Plures quàm centum et viginti libellos præmia exposcentium, ob aliquam notabilem illâ die operam, Vitellius postea invenit; omnesque conquiri et interfici jussit; non honore Galbæ, sed tradito principibus more, munimentum ad præsens, in posterum ultionem (2).

de sa retraite, et le massacrèrent à la porte du temple.

XLIV. On dit qu'aucun meurtre ne fit plus de plaisir à Othon, que celui de Pison, et qu'il ne pouvoit se rassasier de considérer sa tête; soit que son ame, libre pour la première fois de toute inquiétude, eût enfin le loisir de se livrer à la joie; ou que le souvenir de Galba, prince qu'il avoit respecté, et de Vinius, autrefois son ami, formât une triste image (1) qui le faisoit rougir malgré sa cruauté; au lieu que la mort de Pison, son rival et son ennemi, ne lui laissoit point de remords. Les trois têtes, mises chacune au bout d'une perche, étoient portées parmi les drapeaux, proche de l'aigle de la légion. Par-tout, des soldats, montrant à l'envi leurs mains ensanglantées, se vantant, à droit, à tort, comme d'actions glorieuses, d'avoir commis ces forfaits, ou d'y avoir été présens. Vitellius trouva dans la suite plus de cent vingt requêtes, par lesquelles on sollicitoit la récompense de quelques actes mémorables que chacun prétendoit avoir faits en ce jour. Il en fit rechercher et mettre à mort les auteurs, non par égard pour Galba, mais parce qu'il est établi parmi les princes, qu'une punition dont la mémoire passe à la postérité, assure leur tranquillité présente.

XLV. Alium crederes senatum, alium populum; ruere cuncti in castra, anteire proximos, certare cum præcurrentibus, increpare Galbam, laudare militum judicium; exosculari Othonis manum; quantòque magis falsa erant, quæ fiebant, tantò plura facere. Nec adspernabatur singulos Otho, avidum et minacem militum animum voce vultuque temperans. Marium Celsum, consulem designatum et Galbæ usque in extremas res amicum fidumque, ad supplicium expostulabant, industriæ ejus innocentiæque, quasi malis artibus, infensi. Cædis et prædarum initium, et optimo cuique perniciem quæri apparebat; sed Othoni nondum auctoritas inerat ad prohibendum scelus; jubere jam poterat. Ita simulatione iræ, vinciri jussum, et majores pœnas daturum adfirmans, præsenti exitio subtraxit. Omnia deinde arbitrio militum acta.

XLVI. Prætorii præfectos sibi ipsi legêre: Plotium Firmum è manipularibus quondam, tum vigilibus præpositum, et incolumi adhuc Galbâ partes Othonis secutum: adjungitur Licinius Proculus, intimâ familiaritate Otho-

XLV. Il sembloit que ce fût un autre sénat, un autre peuple : chacun se précipite au camp; on se pousse; on s'empresse; on blâme Galba; on loue la conduite du soldat; on baise la main d'Othon. Moins les hommages sont sincères, plus on y met d'apprêt. Othon faisoit accueil à chaque particulier, modérant de l'œil et de la voix les soldats qui lançoient des regards avides et menaçans. Ils demandoient le supplice de Marius Celsus, désigné consul, ami de Galba, et fidèle à ce prince jusqu'à son dernier soupir. Ils haïssoient, comme de mauvaises qualités, son innocence et ses talens. Il étoit clair qu'ils cherchoient à commencer le massacre des gens de bien, et le pillage. Mais l'autorité d'Othon, qui ne s'étendoit pas jusqu'à empêcher le crime, suffisoit déjà pour l'ordonner. Ainsi, feignant de la colère, il fait enchaîner Marius, et l'arrache à la mort qui le menaçoit, en assurant qu'il le réserve pour de plus grands supplices. Tout se fit ensuite selon la volonté des soldats.

XLVI. Ils choisirent eux-mêmes les préfets du prétoire. L'un fut Plotius Firmus, autrefois simple soldat, alors commandant du guet, et déclaré pour Othon du vivant même de Galba : l'autre, Licinius Proculus, lié familièrement avec Othon, et suspect d'avoir favorisé ses projets. Ils donnèrent la préfecture

nis, suspectus consilia ejus fovisse. Urbi Flavium Sabinum præfecere, judicium Neronis secuti, sub quo eamdem curam obtinuerat: plerisque Vespasianum fratrem in eo respicientibus. Flagitatum, ut vacationes, præstari centurionibus solitæ, remitterentur. Namque gregarius miles, ut tributum annuum, pendebat. Quarta pars manipuli sparsa per commeatus, aut in ipsis castris vaga. Dum mercedem centurioni exsolveret; neque modum oneris quisquam, neque genus quætûs pensi habebat: per latronicia et raptus, aut servilibus ministeriis, militare otium redimebant. Tum locupletissimus quisque miles, labore ac sævitiâ fatigari, donec vacationem emeret: ubi sumptibus exhaustus, socordiâ insuper elanguerat, inops pro locuplete, et iners pro strenuo, in manipulum redibat: ac rursùs alius atque alius, eâdem egestate ac licentiâ corrupti, ad seditiones et discordias, et ad extremum, bella civilia ruebant. Sed Otho, ne vulgi largitione, centurionum animos averteret, fiscum suum vacationes annuas exsoluturum promisit: rem haud dubiè utilem, et à bonis posteà principibus, perpetuitate disci-

de la ville à Flavius Sabinus, se conformant au choix de Néron, sous lequel il avoit obtenu la même place. La plupart le nommoient en considération de Vespasien son frère. Ils demandèrent d'être déchargés de la taxe qu'ils avoient coutume de payer aux centurions pour les congés : c'étoit une espèce de tribut annuel, auquel on assujétissoit le simple soldat. Un quart de chaque compagnie erroit aux environs, et dans le camp même : pourvu que le centurion eût été payé, personne ne s'embarassoit si les autres étoient surchargés de travaux, ni comment on gagnoit cet argent. Des vols, des brigandages, des métiers serviles, procuroient aux soldats leurs repos. Les plus riches étoient excédés de mauvais traitemens et de fatigues, jusqu'à ce qu'ils eussent acheté leur congé : après s'être ruinés en frais, et de plus amollis par l'oisiveté, ils revenoient sous le drapeau sans courage et sans argent. Ainsi corrompus, les uns après les autres, par la licence et par la pauvreté, ils se livroient à la discorde, aux séditions, et enfin à la guerre civile. Othon craignant d'aliéner les centurions pour gratifier les soldats, promit de payer les congés annuels de l'argent du fisc : réforme utile que de sages empereurs ont ensuite ordonnée à perpétuité. On feignit de reléguer le préfet Laco dans une île; mais Othon le fit poignarder par un vétéran aposté sur le passage.

plinæ firmatam. Laco præfectus, tamquam in insulam seponeretur, ab evocato, quem ad cædem ejus Otho præmiserat, confossus. In Martianum Icelum, ut in libertum, palam animadversum.

XLVII. Exacto per scelera die, novissimum malorum fuit lætitia. Vocat senatum prætor urbanus: certant adulationibus ceteri magistratus. Accurrunt patres: decernitur Othoni tribunicia potestas, et nomen Augusti, et omnes principum honores, annitentibus cunctis abolere convicia ac probra, quæ promiscuè jacta, hæsisse animo ejus nemo sensit: omisisset offensas, an distulisset, brevitate imperii in incerto fuit. Otho, cruento adhuc foro, per stragem jacentium, in capitolium, atque inde in palatium vectus, concedi corpora sepulturæ, cremarique permisit. Pisonem Verania uxor, ac frater Scribonianus, T. Vinium Crispina filia composuere, quæsitis redemptisque capitibus, quæ venalia interfectores servaverant.

Martianus Icelus fut exécuté publiquement, comme affranchi.

XLVII. Les réjouissances mirent le comble aux malheurs de ce jour passé dans les crimes. Le préteur de la ville convoque le sénat. Les magistrats se disputent à qui flattera le plus. Les sénateurs accourent : la puissance tribunicienne, le nom d'Auguste, tous les honneurs accordés aux autres princes, sont accumulés sur Othon. Chacun veut effacer en son particulier les opprobres et les flétrissures dont on l'a couvert en commun. Il ne fit sentir à personne qu'ils s'en souvînt; mais son règne dura trop peu pour décider si ce fut un vrai pardon, ou si ce n'étoit qu'un délai. Après avoir fait passer son char par le forum, encore ruisselant de sang, et sur les cadavres étendus dans les places, pour monter au capitole et ensuite au palais, il permit de rendre aux morts les honneurs de la sépulture. Pison fut inhumé par Verania sa veuve, et par Scribonianus son frère; et Vinius par Crispina sa fille. Il fallut chercher et payer leurs têtes aux assassins, qui les avoient gardées pour les vendre.

XLVIII. Piso unum et tricesimum ætatis annum explebat, famâ meliore, quàm fortunâ (1). Fratres ejus Magnum Claudius, Crassum Nero interfecerant. Ipse diu exsul, quatriduò Cæsar, properatâ adoptione ad hoc tantùm majori fratri prælatus est, ut prior occideretur. T. Vinius quinquaginta septem annos variis moribus egit. Pater illi è prætoriâ familiâ, maternus avus è proscriptis. Primâ militiâ infamis, legatum Calvisium Sabinum habuerat: cujus uxor, malâ cupidine visendi situm castrorum, per noctem militari habitu ingressa, quum vigilias et cetera militiæ munia eâdem lasciviâ temerasset, in ipsis principiis (2) stuprum ausa, et criminis hujus reus T. Vinius arguebatur. Igitur jussu C. Cæsaris oneratus catenis, mox mutatione temporum dimissus, cursu honorum inoffenso, legioni post præturam præpositus, probatusque: servili deinceps probro respersus est, tamquam scyphum aureum in convivio Claudii furatus; et Claudius posterâ die soli omnium Vinio fictilibus ministrari jussit. Sed

XLVIII.

XLVIII. Pison, toujours estimé, jamais heureux (1), finissoit sa trente-unième année. Il perdit deux de ses frères, Magnus, par les ordres de Claude, Crassus, par ceux de Néron, resta lui-même long-tems en exil, et s'il fut César pendant quatre jours, la préférence qu'on lui donnoit sur son frère aîné par cette adoption précipitée, n'aboutit qu'à le faire assassiner avant lui. T. Vinius terminoit à quarante-sept ans une vie qui fut une alternative de bonne et de mauvaise conduite. Son père étoit de famille prétorienne ; son aïeul maternel avoit été proscrit. Il se déshonora dès sa première campagne, sous Calvisius Sabinus, son lieutenant. La femme de Calvisius, curieuse de voir un camp, avoit eu l'audace d'y pénétrer la nuit, déguisée en soldat. Elle prit part à tous les exercices militaires, et mit le comble à son impudence par un adultère dans le lieu le plus sacré du camp. Vinius, accusé d'être son complice, fut chargé de fers par ordre de Caius ; mais la révolution qui survint le sauva. Il monta successivement aux honneurs sans trouver d'obstacles, fut fait commandant d'une légion après sa préture, et se fit estimer. Ensuite il fut soupçonné d'une bassesse dont un esclave eût rougi ; mangeant à la table de l'empereur Claude, il y vola, dit-on, une coupe d'or, et le lendemain le prince fit servir devant lui

Vinius proconsulatu Galliam Narbonensem severè integrèque rexit; mox Galbæ amicitiâ in abruptum tractus, audax, callidus, promptus, et prout animum intendisset, pravus aut industrius, eâdem vi. Testamentum T. Vinii, magnitudine opum, inritum. Pisonis supremam voluntatem paupertas firmavit.

XLIX. Galbæ corpus diu neglectum, et licentiâ tenebrarum plurimis ludibriis vexatum, dispensator Argius, è prioribus servis, humili sepulturâ in privatis ejus hortis contexit. Caput, per lixas calonesque suffixum laceratumque, ante Patrobii tumulum ( libertus is Neronis, punitus à Galbâ fuerat ) posterâ demum die repertum, et cremato jam corpori admixtum est. Hunc exitum habuit Ser. Galba, tribus et septuaginta annis, quinque principes prosperâ fortunâ emensus, et alieno imperio felicior, quàm suo. Vetus in familiâ nobilitas, magnæ opes; ipsi medium ingenium, magis extra vitia, quàm cum virtutibus. Famæ nec incuriosus, nec venditator, pecuniæ

seul de la vaisselle de terre. Cependant Vinius gouverna depuis la Gaule Narbonnoise avec autant de désintéressement que de fermeté. Hardi, rusé, actif, se portant, suivant son caprice, au bien et au mal, toujours avec la même ardeur; un tel homme se trouvoit dans un poste bien glissant, quand il devint le principal favori du prince. Son testament, dans lequel il disposoit de biens immenses, fut cassé; la modicité de la fortune de Pison rendit le sien valide.

XLIX. Le corps de Galba, long-tems négligé, livré, dans la licence des ténèbres, à une multitude d'insultes, fut inhumé sans pompe dans un jardin, qu'il avoit avant d'être empereur, par l'intendant Argius, un de ses anciens esclaves. Sa tête que des vivandiers et des valets d'armée avoient mise au bout d'un pieu, et mutilé sur la tombe de Patrobius, affranchi de Néron, puni de mort par Galba, fut enfin retrouvée le lendemain. On en joignit les cendres à celles du corps déja brûlé. Telle fut la fin de Galba à l'âge de soixante-treize ans. La fortune, après l'avoir favorisé sous cinq règnes, attendoit le sien pour l'abandonner. Il avoit reçu de ses aïeux un nom illustre et de grands biens; son esprit étoit médiocre, son cœur exempt de vices plutôt que vertueux. Soigneux de sa renommée

alienæ non appetens, suæ parcus, publicæ avarus. Amicorum libertorumque; ubi, in bonos incidisset, sine reprehensione patiens; si mali forent, usque ad culpam ignarus. Sed claritas natalium, et metus temporum obtentui, ut quod segnitia erat, sapientia vocaretur. Dum vigebat ætas, militari laude apud Germanias floruit. Proconsule Africam moderatè; jam senior, citeriorem Hispaniam pari justitiâ continuit; major privato visus, dum privatus fuit, et omnium consensu capax imperii, nisi imperasset (1).

L. Trepidam urbem, ac simul atrocitatem recentis sceleris, simul veteres Othonis mores paventem, novus insuper de Vitellio nuncius exterruit, ante cædem Galbæ supressus, ut tantùm superioris Germaniæ exercitum descivisse crederetur. Tum duos, omnium mortalium impudiciâ, ignaviâ, luxuriâ deterrimos, velut ad perdendum imperium fataliter electos, non senatus modò et eques, quis aliqua

sans affectation, nullement avide du bien d'autrui, économe du sien, avare de celui de la République ; d'une indulgence excessive envers ses amis et ses affranchis, elle ne lui mérita pas de blâme quand ils se trouvoient gens de bien ; mais son aveuglement envers ceux qui abusoient de sa confiance est inexcusable. Les dangers que couroit la noblesse, jointe au mérite, firent nommer politique ce qui n'étoit en lui qu'indolence. Il se fit estimer dans la vigueur de l'âge, en Germanie, par des vertus militaires ; étant proconsul, en Afrique, par sa modération ; et dans sa vieillesse, en Espagne, par une équité toujours soutenue. Il parut au-dessus d'un homme privé jusqu'à ce qu'il eût cessé de l'être, et tout le monde l'auroit jugé digne de l'empire, s'il n'y fût point parvenu (1).

L. Le forfait récent d'Othon, ses anciennes mœurs, faisoient trembler la ville, lorsque la consternation redoubla par la nouvelle de la révolte de Vitellius. On l'avoit cachée avant la mort de Galba, pour laisser croire qu'il n'y avoit de soulèvement que dans l'armée de la Haute-Germanie. Alors, non seulement le sénat et les chevaliers intéressés à la République, parce qu'ils ont quelque part au gouvernement, mais le peuple même, se plaignent ouvertement que les destins semblent avoir

pars et cura Reipub. sed vulgus quoque palàm mœrere. Nec jam recentia sævæ pacis exempla, sed repetitâ bellorum civilium memoriâ, «captam totiens suis exercitibus urbem,
» vastitatem Italiæ, direptiones provinciarum,
» Pharsaliam, Philippos, et Perusiam ac Mu-
» tinam, nota publicarum cladium nomina,
» loquebantur. Propè eversam orbem, etiam
» quum de principatu inter bonos certaretur:
» sed mansisse C. Julio, mansisse Cæsare
» Augusto victore, imperium: mansuram fuisse
» sub Pompeio Brutoque Rempub. Nunc pro
» Othone, an pro Vitellio, in templa ituros?
» Utrasque impias preces, utraque detestanda
» vota inter duos, quorum bello solùm id
» scires, deteriorem fore, qui vicisset ».
Erant, qui Vespasianum, et arma orientis augurarentur : et ut potior utroque Vespasianus, ita bellum aliud, atque alias clades horrebant. Et ambigua de Vespasiano fama : solusque omnium ante se principum in melius mutatus est.

LI. Nunc initia causasque motûs Vitelliani expediam. Cæso cum omnibus copiis Julio

choisi les deux mortels les plus corrompus par le luxe, la mollesse et la débauche pour perdre l'empire. On ne parloit plus de ces crimes qui venoient d'ensanglanter la paix des règnes précédens ; mais remontant jusqu'aux guerres civiles, on se rappeloit « Rome prise tant de fois par
» ses propres armées, l'Italie ravagée, Pharsale,
» Philippes, Pérouse, Modene, noms fameux
» par les malheurs publics. Les querelles au
» sujet de l'empire, même entre des hommes
» estimables, avoient presque bouleversé l'univers ;
» mais enfin l'état avoit respiré sous
» César : il avoit respiré sous Auguste vainqueur :
» il eût repris sa liberté sous Pompée
» ou sous Brutus. Devoit-on solliciter les
» dieux pour Othon ou pour Vitellius ? prières
» également impies ! vœux funestes ! puisque
» le plus scélérat des deux seroit celui que
» la victoire mettroit à portée de commettre
» le plus de crimes ». Quelques-uns formoient des conjectures sur Vespasien, soutenu des forces de l'orient. « Quoique préférable aux deux autres, il n'en pouvoit triompher que par de nouveaux malheurs ». D'ailleurs sa renommée étoit équivoque. Il est le premier que le pouvoir suprême ait rendu meilleur.

LI. Remontons aux sources de la révolte de Vitellius. L'armée de Germanie, enivrée de

Vindice, ferox prædâ gloriâque exercitus, ut cui, sine labore ac periculo, ditissimi belli victoria evenisset, expeditionem et aciem, præmia quàm stipendia malebat: diuque infructuosam et asperam militiam toleraverat, ingenio loci cœlique, et severitate disciplinæ; quam in pace inexorabilem, discordiæ civium resolvunt, paratis utrimque corruptoribus, et perfidiâ impunitâ. Viri, arma, equi, ad usum, et ad decus (1) supererant. Sed ante bellum, centurias tantùm suas turmasque noverant: exercitus finibus provinciarum discernebantur; tum adversùs Vindicem contractæ legiones, seque et Gallias expertæ, quærere rursùs arma, novasque discordias; nec socios, ut olim, sed hostes, et victos vocabant. Nec deerat pars Galliarum, quæ Rhenum accolit, easdem partes secuta, at tum acerrima instigatrix adversùs Galbianos: hoc enim nomen, fastidito Vindice, indiderant. Igitur Sequanis Æduis-

gloire et de butin par la défaite de Vindex et de toutes ses troupes, qui ne lui avoit couté ni peine ni danger, vouloit, au lieu de la paye journalière, marcher contre un ennemi, en venir aux mains, et mériter des récompenses. Lasse de supporter depuis long-tems un service ingrat et rebutant, par la nature du climat et du sol, et par la sévérité d'une discipline toujours inflexible pendant la paix, elle aspiroit à ce relâchement que la discorde entre les citoyens ne manque jamais d'introduire, parce que les deux partis cherchent à la corrompre, et que la perfidie est sûre de l'impunité. Elle étoit abondamment pourvue d'armes, d'hommes et de chevaux pour le service et pour l'ostentation. Mais chaque soldat, avant la guerre, n'avoit connu que son escadron ou son bataillon. Les troupes, auparavant divisées sur les frontières, venoient d'être réunies contre Vindex. Cet essai de leurs forces et de celles des Gaules leur faisoit souhaiter la guerre et de nouvelles dissensions. Les Gaulois n'étoient plus pour eux des alliés, c'étoient des ennemis et des vaincus. La partie des Gaules située sur le Rhin, ne manquoit pas de les animer : elle avoit été la plus ardente à faire prendre les armes contre le parti qu'elle appeloit celui de Galba, croyant trop honorer Vindex de l'en nommer le chef. Ainsi, dans la haine qu'on portoit aux Sequa-

que, ac deinde, prout opulentia civitatibus erat, infensi, expugnationes urbium, populationes agrorum, raptus penatium hauserunt animo super avaritiam et arrogantiam, præcipua validiorum vitia, contumaciâ Gallorum irritati, qui remissam sibi à Galbâ quartam tributorum partem, et publicè donatos, in ignominiam exercitûs jactabant. Accessit callidè vulgatum, temerè creditum, decumari legiones, et promptissimum quemque centurionum dimitti: undique atroces nuncii, sinistra ex urbe fama; infensa Lugdunensis colonia, et pertinaci pro Nerone fide, fecunda rumoribus. Sed plurima ad fingendum credendumque materies in ipsis castris, odio, metu, et ubi vires suas respexerant, securitate.

LII. Sub ipsas superioris anni kalendas decembres, Aulus Vitellius inferiorem Germaniam ingressus, hiberna legionum cum curâ adierat: redditi plerisque ordines, remissa ignominia, allevatæ notæ: plura ambitione,

nois, aux Éduens et à tous les autres, à proportion de leurs richesses, on ne se repaissoit plus en idée que de prises de villes, de dévastations de terres, de pillages de maisons. A l'arrogance et à l'avidité, vices ordinaires de quiconque est le plus fort, se joignoit le ressentiment contre les Gaulois, qui, pour humilier l'armée, vantoient insolemment l'augmentation de leur territoire, et leur exemption d'un quart des impôts. De plus, quelqu'un publia malicieusement, et on eût la légèreté de croire, qu'on alloit décimer les légions, et casser les centurions les plus braves. Nouvelles effrayantes de tous les côtés, bruits sinistres sur-tout de la part de Rome : la colonie de Lyon ne cessoit d'en semer, excitée par son animosité contre Galba, et par son obstination pour Néron. Mais la fiction et la crédulité agitoient sur-tout l'esprit du soldat, jouet tour à tour de la haine ou de la crainte, et même de la sécurité, lorsqu'il considéroit ses propres forces.

LII. Vers les calendes de décembre de l'année précédente, Vitellius, entré en Basse-Germanie, avoit fait une exacte revue des légions dans leurs quartiers d'hiver. Il rétablit la plupart des officiers dégradés, abolit les notes infamantes, adoucit celles qui étoient

quædam judicio; in quibus sordem et avaritiam Fonteii Capitonis, adimendis assignandisve militiæ ordinibus, integrè mutaverat. Nec consularis legati mensurâ, sed in majus omnia accipiebantur. Et Vitellius apud severos humilis. Ita comitatem bonitatemque faventes vocabant, quòd sine modo, sine judicio, donaret sua, largiretur aliena: simul aviditate imperandi, ipsa vitia pro virtutibus interpretabantur. Multi in utroque exercitu sicut modesti quietique, ita mali et strenui. Sed profusâ cupidine, et insigni temeritate legati legionum, Alienus Cæcina et Fabius Valens: è quibus Valens infensus Galbæ, tamquam detectam à se Verginii cunctationem, oppressa Capitonis consilia ingratè tulisset, instigare Vitellium, ardorem militum ostentans, « Ipsum celebri ubique famâ: nullam in » Flacco Hordeonio moram: affore Britanniam: » secutura Germanorum auxilia, malè fidas » provincias: precarium seni imperium, et

trop dures, souvent pour gagner les troupes, quelquefois aussi par équité; substituant un désintéressement louable à la sordide avarice de Capiton (1), qui, pour de l'argent donnoit et enlevoit les emplois militaires. Le soldat, témoin de ces réformes, s'accoutumoit à respecter en lui plus qu'un simple proconsul: les personnes judicieuses n'y voyoient qu'une ame basse et rampante; mais ses partisans vantoient sa bonté, sa complaisance, lorsqu'il donnoit son bien et celui d'autrui sans réserve et sans discrétion, et lui faisoient même des vertus de tous les vices dans lesquels le jetoit la passion de régner. Comme il y avoit dans les deux armées des gens modérés et pacifiques, il s'y en trouvoit aussi de turbulens et de malintentionnés. Les lieutenans des légions, Alienus Cecina, et Fabius Valens, étoient d'une avidité sans borne et d'une insigne témérité. Valens avoit averti Galba des incertitudes de Virginius: il avoit étouffé le complot de Capiton. Ne trouvant pas l'empereur assez reconnoissant de ces deux services, il excitoit Vitellius, en lui faisant valoir la bonne volonté des soldats. « Sa renommée, lui disoit-il,
» étoit célèbre dans tout l'empire: nul obs-
» tacle de la part d'Hordeonius; la Bretagne
» se déclarera, les auxiliaires de Germanie
» suivront son exemple. Galba ne peut comp-
» ter sur la fidélité des provinces: ce vieillard

„ brevi transiturum: panderet modò sinum, „ et venienti fortunæ occurreret. Meritò dubi„ tasse Verginium, equestri familiâ, ignoto „ patre; imparem, si recepisset imperium, tu„ tum, si recusasset. Vitellio tres patris con„ sulatus, censuram, collegium Cæsaris, et „ imponere jampridem imperatoris dignatio„ nem, et auferre privati securitatem ". Quatiebatur his segne ingenium, ut concupisceret magis, quàm ut speraret.

LIII. At in superiore Germaniâ, Cæcina decorâ juventâ, corpore ingens, animi immodicus, scito sermone, erecto incessu, studia militum inlexerat. Hunc juvenem Galba, quæstorem in Bæticâ, impigrè in partes suas transgressum, legioni præposuit: mox compertum publicam pecuniam avertisse, ut peculatorem flagitari jussit. Cæcina ægrè passus, miscere cuncta, et privata vulnera Reipub. malis operire statuit. Nec deerant in exercitu semina

» ne jouit que d'une autorité précaire sur le
» point de lui échapper. Il n'est question,
» pour Vitellius, que de se jeter entre les
» bras de la fortune qui s'offre à lui. Virgi-
» nius, né d'un père inconnu, dans une fa-
» mille équestre, a dû balancer. Un tel homme
» n'était pas fait pour l'empire, et restoit en
» sûreté après l'avoir refusé. Mais la qualité
» de fils d'un censeur collègue de Claude et
» trois fois consul, égale depuis long-tems
» Vitellius au chef de l'empire, et le perd
» s'il reste homme privé ». Malgré ces représentations, l'indolent Vitellius ne s'ébranloit encore que jusqu'à des désirs dénués d'espérance.

LIII. Dans la Haute-Germanie, Cecina, jeune, d'une belle physionomie, d'une taille avantageuse, impétueux dans ses désirs, marchant d'un air assuré, et parlant bien, avoit gagné l'affection du soldat. Comme il s'étoit déclaré des premiers pour Galba, ce prince l'avoit élevé, malgré sa jeunesse, de la questure en Bétique, au commandement d'une légion. Mais ayant ensuite appris qu'il avoit détourné l'argent de la province à son profit, il vouloit qu'on lui fît son procès. Cecina, plutôt que de le souffrir, aima mieux renverser l'état, et chercher sa sûreté dans les malheurs publics. Il n'y avoit déja dans l'armée

discordiæ, quòd et bello adversùs Vindicem universus adfuerat, nec nisi occiso Nerone translatus in Galbam, atque in eo ipso sacramento vexillis inferioris Germaniæ præventus erat. Et Treveri ac Lingones, quasque alias civitates atrocibus edictis, aut damno finium Galba perculerat hibernis legionum propiùs miscentur. Unde seditiosa colloquia, et inter paganos corruptior miles, et in Verginium favor, cuicumque alii profuturus.

LIV. Miserat civitas Lingonum, vetere instituto, dona legionibus, dextras, hospitii insigne. Legati eorum, in squalorem mœstitiamque compositi, per principia, per contubernia, modò suas injurias, modò civitatum vicinarum præmia, et ubi pronis militum auribus accipiebantur, « ipsius exercitûs pericula et contumelias » conquerentes, accendebant animos. Nec procul seditione aberant, quum Hordeonius Flaccus abire legatos, utque occultior digressus esset, nocte castris excedere jubet. Inde atrox rumor, adfirmantibus pleris-

que trop de semences de troubles. S'étant déclarée toute entière contre Vindex, elle avoit attendu la mort de Néron pour reconnoître Galba, et ne lui avoit même prêté le serment qu'après l'armée de la Basse-Germanie. De plus, les Trévirs, les Langrois, et les autres cités les plus notées dans les édits de l'empereur, ou dont il avoit diminué le territoire, se trouvoient proche des quartiers d'hiver des légions. De-là, des entretiens séditieux; un relâchement de discipline, causé par le mélange du soldat avec le bourgeois, et le projet d'élever Virginius à l'empire, projet dont tout autre pouvoit faire son profit.

LIV. La cité de Langres avoit envoyé, suivant un ancien usage, aux légions, deux mains droites entrelacées en signe d'hospitalité. Ses députés, affectant l'appareil du deuil et de l'affliction, enflamment les esprits en public et de tente en tente. Ils exagèrent « tantôt le tort qu'on leur a fait, tantôt les récompenses des cités voisines »; et lorsqu'ils trouvent des soldats disposés à les écouter, « les dangers de l'armée même et ses affronts ». Peu s'en falloit qu'on n'en vînt à une sédition, lorsqu'Hordeonius congédia les députés pendant la nuit, afin que leur départ fût plus secret. De-là, des murmures envenimés. Le plus grand nombre assure qu'ils ont été mis à mort, et que si on ne prend des

que interfectos, ac nisi ipsi consulerent, fore ut acerrimi militum, et præsentia conquesti, per tenebras et inscitiam ceterorum occiderentur. Obstringuntur inter se tacito fœdere legiones. Adsciscitur auxiliorum miles, primò suspectus, tamquam circumdatis cohortibus alisque, impetus in legiones pararetur, mox eadem acriùs volvens; faciliore inter malos consensu ad bellum, quàm in pace ad concordiam.

LV. Inferioris tamen Germaniæ legiones solemni kalendarum januariarum sacramento pro Galbâ adactæ, multâ cunctatione, et raris primorum ordinum vocibus: ceteri silentio proximi cujusque audaciam exspectantes; insitâ mortalibus naturâ, properè sequi, quæ piget inchoare. Sed ipsis legionibus inerat diversitas animorum. Primani quintanique turbidi adeo, ut quidam saxa in Galbæ imagines jecerint: quintadecima ac sextadecima legiones, nihil ultra fremitum et minas ausæ, initium erumpendi circumspectabant. At in su-

précautions, les soldats les plus braves, et tous ceux qui se sont plaints, seront égorgés dans les ténèbres à l'insu des autres. Les légions font entre elles un traité secret. Hordeonius, quelque tems après, fit venir les auxiliaires. On en eut d'abord peur : « il enveloppe, disoit-on, la cavalerie et l'infanterie, dans le dessein de massacrer les légions ». Mais bientôt les nouvelles troupes entrèrent dans la ligue avec plus d'ardeur que les autres ; car les méchans se réunissent beaucoup plus aisément pour la guerre, qu'ils ne s'accordent entre eux pendant la paix.

LV. On engagea cependant les légions de la Basse-Germanie à renouveler le serment à l'empereur, suivant l'usage, aux calendes de janvier. Elles balancèrent beaucoup ; quelques soldats des premiers rangs en prononcèrent les paroles : d'autres, comme il est naturel à l'homme dans les occasions périlleuses, n'osant commencer, attendoient en silence ; mais prêts à le rompre, que l'un d'entr'eux éclatât. Les légions elles-mêmes n'étoient pas également disposées : la première et la cinquième s'échauffèrent au point qu'il y eut des pierres de lancées contre les images de Galba. La quinzième et la seizième se contentèrent de murmurer avec menaces, attendant qu'on donnât l'exemple de passer au-delà. Mais dans la Haute-Germanie, la qua-

periori exercitu, quarta ac duodevicesima legiones iisdem hibernis tendentes, ipso kalendarum januariarum die, dirumpunt imagines Galbæ: quarta legio promptius, duodevicesima cunctanter, mox consensu. Ac ne reverentiam imperii exsuere viderentur, senatûs populique romani oblitterata jam nomina sacramento advocabant: nullo legatorum tribunorumve pro Galbâ nitente, quibusdam, ut in tumultu, notabiliùs turbantibus. Non tamen quisquam in modum concionis, aut suggestu locutus: neque enim erat adhuc, cui imputaretur.

LVI. Spectator flagitii Hordeonius Flaccus, consularis legatus, aderat, non compescere ruentes, non retinere dubios, non cohortari bonos ausus (1); sed segnis, pavidus, et socordiâ innocens. Quatuor centuriones duodevicesimæ legionis, Nonius Receptus, Donatius Valens, Romilius Marcellus, Calpurnius Repentinus, quum protegerent Galbæ imagines, impetu militum abrepti, vinctique. Nec cuiquam ultrà fides, aut memoria prioris sacramenti: sed, quod in seditionibus accidit,

trième et la dix-huitième légions campées ensemble, brisèrent les images de Galba le jour des calendes de janvier. La quatrième avoit commencé : la dix-huitième hésitoit. Elles s'accordent ensuite, et pour ne pas paroître se soulever contre l'empire même, elles jurent obéissance au sénat et au peuple romain ; serment depuis long-tems hors d'usage. Pas un lieutenant ni un tribun n'agit pour Galba : quelques-uns profitant du trouble, l'augmentoient sensiblement : mais personne ne harangua ni ne se porta pour chef ; car on ne voyoit pas encore auprès de qui s'en faire un mérite.

LVI. Le proconsul assistoit à cette assemblée séditieuse, comme spectateur, sans employer ni menaces ni exhortations, ni réprimandes (1). Tremblant, déconcerté, il ne s'abstenoit du crime que faute de hardiesse. Quatre centurions de la dix-huitième légion, Nonius Receptus, Donatius Valens, Romilius Marcellus et Calpurnius Repentinus voulurent défendre les images de l'empereur. Les soldats se jetant sur eux, les enchaînèrent. Dès ce moment, tous oublièrent leur premier serment ; et, comme il arrive dans les séditions, le parti le plus nombreux devint l'unique. La nuit suivante, l'officier qui portoit l'aigle de

unde plures erant, omnes fuere. Nocte, quæ Kalendas Januarias secuta est, in coloniam Agrippinensem aquilifer quartæ legionis epulanti Vitellio denunciat, quartam et duodevicesimam legiones, projectis Galbæ imaginibus, in senatûs et populi romani verba jurasse. Id sacramentum inane visum: occupari nutantem fortunam, et offerri principem placuit. Missi à Vitellio ad legiones legatosque, qui « descivisse à Galbâ superiorem exercitum » nunciarent: « proinde aut bellandum adver- » sùs desciscentes; aut si concordia et pax pla- » ceat, faciendum imperatorem: et minore dis- » crimine sumi principem, quàm quæri ».

LVII. Proxima legionis primæ hiberna erant, et promptissimus è legatis Fabius Valens. Is die postero Coloniam Agrippinensem cum equitibus legionis, auxiliariorumque ingressus, imperatorem Vitellium consalutavit. Secutæ ingenti certamine ejusdem provinciæ legiones: et superior exercitus, speciosis senatûs populique romani nominibus relictis, tertio nonas januarias Vitellio accessit: scires illum priore biduo non penes Rempub. fuisse. Ardorem

la quatrième légion, vint à Cologne annoncer à Vitellius, tandis qu'il étoit à table, que la quatrième et la dix-huitième légions, ayant renversé les images de Galba, avoient prêté serment au sénat et au peuple romain. On jugea que c'étoit ne l'avoir prêté à personne; qu'il falloit saisir la fortune dans cet instant critique, et proposer un empereur. Vitellius fait savoir aux légions et à leurs lieutenans, » que l'armée de la Haute-Germanie s'est ré- » voltée contre Galba; qu'il faut ou la com- » battre ou faire un empereur de concert avec » elle, et qu'on risque moins à choisir un » prince qu'à rester indécis ».

LVII. La légion la plus proche de Cologne étoit la première, commandée par Fabius Valens, le plus actif des officiers généraux. Il entre dès le lendemain dans la ville avec la cavalerie de la légion et des auxiliaires, et proclame Vitellius empereur. Les autres légions de la province suivent avec ardeur son exemple; et l'armée du Haut-Rhin, dès le trois avant les nones de janvier, substitue Vitellius aux noms spécieux du sénat et du peuple romain. On peut juger combien, deux jours auparavant, sa soumission à la Répu-

exercituum Agrippinenses, Treveri, Lingones æquabant; auxilia, equos, arma, pecunias offerentes, ut quisque corpore, opibus, ingenio validus. Nec principes modò coloniarum aut castrorum, quibus præsentia ex adfluenti, et partâ victoriâ magnæ spes; sed manipuli quoque, et gregarius miles, viatica sua, et balteos, phalerasque, insignia armorum argento decora, loco pecuniæ tradebant, instinctu, et impetu, et avaritiâ.

LVIII. Igitur laudatâ militum alacritate Vitellius, ministeria principatûs, per libertos agi solita, in equites romanos disponit. Vacationes centurionibus ex fisco numerat. Sævitiam militum, plerosque ad pænam exposcentium sæpius approbat, partim simulatione vinculorum frustratur. Pompeius Propinquus, procurator Belgicæ, statim interfectus. Julium Burdonem, Germanicæ classis præfectum, astu

blique

blique étoit sincère. Les cités de Cologne, de Trèves et de Langres ne témoignèrent pas moins d'empressement : chacun, suivant ses facultés, ses forces et son génie, offroit des troupes, des chevaux, des armes et de l'argent. Cette générosité étoit moins étonnante de la part des principaux officiers des colonies et de l'armée, qui avoient des biens considérables, et qui en attendoient de plus grands encore de la victoire. Mais les compagnies même, et chaque soldat en particulier, par une espèce d'enthousiasme et par avarice, offroient, au défaut d'argent monnoyé, leur propre viatique, des baudriers, des caparaçons, et les ornemens d'argent dont ils avoient enrichi leurs armes.

LVIII. Vitellius ayant loué les troupes de leur bonne volonté, nomme des chevaliers romains pour les fonctions du ministère, abandonnées par ses prédécesseurs à des affranchis. Il paie de l'argent du fisc, aux centurions les congés des soldats, condescend le plus souvent à la cruauté de ses troupes, en leur livrant la plupart de ceux dont elles demandent le supplice ; mais il en sauve quelques autres sous prétexte de différer leur punition. Pompeius Propinquus, intendant de la Belgique, fut massacré sur-le-champ ; il leur enleva par adresse, Julius Burdo, préfet de la flotte de

subtraxit. Exarserat in eum iracundia exercitûs, tanquam crimen, ac mox insidias, Fonteio Capitoni struxisset. Grata erat memoria Capitonis: et apud saevientes occidere palam, ignoscere non nisi fallendo licebat. Ita in custodiâ habitus: et post victoriam demum, stratis jam militum odiis dimissus est. Interim, ut piaculum, objicitur centurio Crispinus, qui se sanguine Capitonis cruentaverat: eòque et postulantibus manifestior, et punienti vilior fuit.

LIX. Julius deinde Civilis periculo exemptus, praepotens inter Batavos, ne supplicio ejus ferox gens alienaretur. Et erant in civitate Lingonum octo Batavorum cohortes, quartae decimae legionis auxilia, tum discordiâ temporum à legione digressa, prout inclinassent, grande momentum sociae aut adversae. Nonium, Donatium, Romilium, Calpurnium, centuriones, de quibus suprà retulimus, occidi jussit, damnatos fidei crimine, gravissimo inter desciscentes. Accessere partibus Valerius Asiaticus, Belgicae provinciae legatus, quem mox Vitellius generum adscivit: et Ju-

Germanie. L'armée étoit courroucée contre Burdo, qu'elle accusoit d'avoir calomnié Capiton, et tramé ensuite une intrigue pour le perdre. Elle chérissoit la mémoire de son ancien général : ainsi la cruauté pouvoit se montrer à découvert à ces furieux ; mais la clémence avoit besoin de se masquer. Burdo fut mis en prison, et n'en sortit que lorsque la haine des soldats fut enfin assoupie après la victoire. En attendant, on leur livra comme victime d'expiation, le centurion Crispin, qui avoit trempé ses mains dans le sang de Capiton, ce qui le rendoit plus odieux aux soldats, et d'un moindre prix à l'empereur.

LIX. Civilis n'échapa au danger que parce qu'on craignit d'aigrir par son supplice, la fière nation des Bataves, dans laquelle il tenoit un rang distingué. Ils avoient à Langres huit cohortes auxiliaires de la quatorzième légion, dont elles s'étoient séparées à l'occasion des troubles récens, et pouvoient faire pencher la balance pour ou contre, suivant le parti qu'elles embrasseroient. Vitellius fit massacrer les centurions Nonius, Donatius, Romilius et Calpurnius, parce qu'ils avoient persévéré dans leur devoir, crime que les rebelles pardonnent le moins. Valerius Asiaticus, lieutenant de la Belgique, auquel il donna, quelque tems après, sa fille en mariage,

nius Blæsus, lugdunensis Galliæ rector, cum italicâ legione, et alâ Taurinâ, Lugduni tendentibus. Nec in Ræticis copiis mora, quominus statim adjungerentur. Ne in Britanniâ quidem dubitatum.

LX. Præerat Trebellius Maximus, per avaritiam ac sordes contemptus exercitui invisusque. Accendebat odium ejus Roscius Cælius, legatus vicesimæ legionis, olim discors, sed occasione civilium armorum atrociùs proruperat. Trebellius « seditionem, et confusum ordinem disciplinæ » Cœlio; « spoliatas et inopes legiones » Cælius Trebellio objectabat : quum interim, fœdis legatorum certaminibus modestia exercitûs corrupta, eòque discordiæ ventum, ut auxiliarium quoque militum conviciis proturbatus, et aggregantibus se Cœlio cohortibus alisque, desertus Trebellius ad Vitellium perfugerit. Quies provinciæ, quamquam remoto consulari, mansit: rexere legati legionum, pares jure, Cœlius audendo potentior.

et Junius Blesus, gouverneur de la Gaule lyonnoise, se joignirent à son parti avec la légion italique, et un corps de cavalerie de Turin, qui campoient ensemble à Lyon. Les troupes de Retie ne balancèrent pas à le reconnoître, et la Bretagne même n'en fit aucune difficulté.

LX. Trebellius Maximus, gouverneur de la province, se faisoit haïr et mépriser de l'armée par son avarice et ses rapines. Roscius Celius, lieutenant de la vingtième légion, envenimoit cette haine. L'occasion de la guerre civile fit éclater leur mésintelligence d'une manière plus marquée. Trebellius disoit que « le lieutenant souffloit la discorde et corrompoit la discipline » : Celius, « que le gouverneur avoit pillé et ruiné les légions ». Ces débats scandaleux entre officiers généraux, avoient éteint toute subordination parmi les subalternes. La dissention s'échauffa au point que Trebellius, insulté même par les auxiliaires, qui s'étoient déclarés pour le lieutenant, se réfugia vers Vitellius, sans emmener avec lui les cohortes ni les deux ailes de son armée. L'absence du proconsul ne causa point de trouble dans la province; elle fut gouvernée par les lieutenans des légions, dont l'autorité, égale quant au droit, résida par le fait presqu'en entier dans la personne de Celius, le plus entreprenant.

LXI Adjuncto Britannico exercitu, ingens viribus opibusque Vitellius, duos duces, duo itinera bello destinavit. Fabius Valens allicere, vel si abnuerint, vastare Gallias, et Cottianis Alpibus Italiam inrumpere: Cæcina propiore transitu, Peninis jugis degredi jussus. Valenti inferioris exercitûs electi cum aquilâ quintæ legionis, et cohortibus alisque, ad quadraginta millia armatorum data: triginta millia Cecina è superiore Germaniâ ducebat, quorum robur legio una et vicesima fuit: addita utrique Germanorum auxilia, è quibus Vitellius suas quoque copias supplevit, totâ mole belli secuturus.

LXII. Mira inter exercitum imperatoremque diversitas. Instare miles, « arma poscere, » dum Galliæ trepident, dum Hispaniæ cunc- » tentur; non obstare hiemem, neque ignavæ » pacis moras; invadendam Italiam, occupan- » dam urbem; nihil in discordiis civilibus fes- » tinatione tutius, ubi facto magis, quàm con- » sulto opus esset ». Torpebat Vitellius, et for-

LXI. Depuis l'arrivée de l'armée de Bretagne, Vitellius, également pourvu d'argent et d'hommes, résolut d'entamer la guerre de deux côtés à-la-fois. Il chargea Valens d'attirer les Gaules à son parti, ou de les ravager en cas de refus, et de fondre en Italie par les Alpes Cottiennes; et Cecina, de gagner plus promptement l'Italie par les Alpes Penines. L'armée de Valens montant à quarante mille hommes, étoit composée de l'élite de l'armée de la Basse-Germanie, et de l'aile de la cinquième légion, avec ses cohortes et ses deux ailes. Trente mille hommes de troupes de la Haute-Germanie, formoient celle de Cecina, dont la principale force consistoit dans la vingt-unième légion. Vitellius devoit suivre, à la tête d'une troisième armée, pour achever d'écraser ce qui résisteroit. Il renforça les trois armées des recrues levées en Germanie.

LXII. Le contraste entre le nouvel empereur et ses troupes étoit singulier. Le soldat s'empressoit, prioit « qu'on le menât à l'en- » nemi, tandis que les Gaules s'ébranloient, » que les Espagnes restoient indécises. Ni l'hi- » ver, ni de lâches égards pour la paix n'é- » toient des obstacles. Il falloit envahir l'Ita- » lie, s'emparer de Rome. Rien de plus sûr » que la promptitude dans une guerre civile : » on y devoit plus agir que délibérer ». Vi-

tunam principatûs inerti luxu ac prodigis epulis præsumebat, medio diei temulentus, et saginâ gravis; quum tamen ardor et vis militum ultro ducis munia implebat, ut si adesset imperator, et strenuis, vel ignavis spem metumque adderet. Instructi intentique signum profectionis exposcunt; nomine Germanici Vitellio statim addito: Cæsarem se appellari etiam victor prohibuit. Lætum augurium Fabio Valenti, exercituique, quem in bellum agebat, ipso profectionis die, aquila leni meatu, prout agmen incederet, velut dux viæ prævolavit: longumque per spatium, is gaudentium militum clamor, ea quies interritæ alitis fuit, ut haud dubium magnæ et prosperæ rei omen acciperetur.

LXIII. Et Treveros quidem ut socios securi adiere; Divoduri ( Mediomatricorum id oppidum est ) quamquam omni comitate exceptos, subitus pavor exterruit, raptis derepente armis, ad cædem innoxiæ civitatis; non ob prædam, aut spoliandi cupidine, sed furore et rabie, et causis incertis, eòque difficilioribus remediis donec precibus ducis mitellius,

tellius, au contraire, languissoit dans l'inaction : ivre dès le milieu du jour, surchargé d'embonpoint, il jouissoit par avance du plaisir de régner, en se livrant à un luxe oisif et à des repas somptueux. Cependant l'ardeur et l'activité des soldats suppléoient à tout ce qu'auroit dû faire le chef. Sans attendre qu'il anime les braves, intimide les lâches, ils se rangent en bataille, et demandent le signal du départ. On donna dès-lors à Vitellius le surnom de *Germanicus* ; quant à celui de *César*, il n'en voulut pas même après sa victoire (1). A l'instant où partit l'armée de Valens, une aigle volant lentement au-devant, comme pour diriger sa marche, parut d'un heureux augure au chef et à ses troupes. Les soldats jetèrent tant de cris de joie, et l'aigle, sans en être intimidée, les accompagna si long-tems, qu'on ne douta pas que ce ne fût le présage d'un grand succès.

LXIII. Les troupes traversèrent sans inquiétude le pays des Trévirs leurs alliés : mais, quoiqu'on leur eût fait un bon accueil à Divodurum, ville des Médiomatrices, elles y furent frappées d'une terreur panique, et prirent les armes pour en massacrer les habitans. Ce n'étoit point en vue de piller, mai[s] par un accès de rage, auquel il étoit d'aut[ant] plus difficile de remédier, qu'on en ign[oroit]

tigati, ab excidio civitatis temperavere: cæsa tamen ad quatuor millia hominum. Isque terror Gallias invasit, ut venienti mox agmini universæ civitates, cum magistratibus et precibus occurrerent; stratis per vias feminis puerisque; quæque alia placamenta hostilis iræ, non quidem in bello, sed pro pace tendebantur.

LXIV. Nuncium de cæde Galbæ, et imperio Othonis, Fabius Valens in civitate Leucorum accepit. Nec militum animus in gaudium aut formidinem permotus, bellum volvebat. Gallis cunctatio exempta, et in Othonem ac Vitellium odium par, ex Vitellio et metus. Proxima Lingonum civitas erat, fida partibus: benignè excepti, modestiâ certavere: sed brevis lætitia fuit, cohortium intemperie, quas a legione quartâdecimâ, ut supra memoravimus, digressas, exercitui suo Fabius Valens adjunxerat. Jurgia primùm: mox rixa inter Batavos et legionarios, dum his aut illis studia militum adgregantur, propè

la cause. Ils avoient déja tué quatre mille hommes, lorsqu'enfin Valens, à force de prières, obtint que le reste fût épargné. Une telle consternation s'empara des Gaules, que les cités entières, leurs magistrats à la tête, les femmes et les enfans prosternés sur les chemins, implorant la clémence de l'armée dans sa marche, recouroient pour obtenir la paix, quoiqu'elles ne l'eussent pas rompue, à tout ce qui peut désarmer un ennemi courroucé.

LXIV. Valens se trouvoit dans le pays des Leuces, lorsqu'il apprit que « Galba n'étoit plus, et qu'Othon régnoit ». Cette nouvelle n'excita ni joie ni crainte dans l'ame du soldat, qui n'aspiroit qu'à la guerre : elle décida les Gaulois. Ils haïssoient également Othon et Vitellius; mais ils craignoient le dernier. Proche de Leuces étoit la cité de Langres, fort attachée au parti; l'armée se piqua de répondre par des égards à l'accueil qu'on lui faisoit; mais sa joie dura peu, par l'indiscrétion des cohortes auxiliaires qui, comme nous l'avons dit, avoient quitté la quatorzième légion, et que Valens avoit jointe à son armée. Des querelles particulières firent naître des disputes entre les légionnaires et les Bataves; chacun prenant parti pour les uns ou pour les autres, on s'échauffoit à un tel point,

in prœlium exarsere; ni Valens, animadversione paucorum, oblitos jam Batavos imperii admonuisset. Frustrà adversùs Æduos quæsita belli causa: jussi pecuniam atque arma deferre, gratuitos insuper commeatus præbuere. Quod Ædui formidine, Lugdunenses gaudio fecere. Sed legio italica et ala Taurina abductæ. Cohortem duodevicesimam Lugduni, solitis sibi hibernis, relinqui placuit (1). Manlius Valens, legatus italicæ legionis, quamquam bene de partibus meritus, nullo apud Vitellium honore fuit: secretis eum criminationibus infamaverat Fabius ignarum, et quò incautior deciperetur, palam laudatum.

LXV. Veterem inter Lugdunenses Viennensesque discordiam proximum bellum accenderat; multæ invicem clades, crebriùs infestiùsque, quàm ut tantùm propter Neronem Galbamque pugnaretur. Et Galba reditus Lugdunensium, occasione iræ, in fiscum verterat; multus contrà in Viennenses honor; unde æmulatio et invidia, et uno amne dis-

qu'on alloit en venir aux mains, si Valens, en punissant quelques séditieux, n'eût rappelé l'esprit de soumission dont les Bataves sembloient déja ne se plus souvenir. On chercha vainement un prétexte pour combattre les Éduens; ils fournirent des vivres, outre les armes et l'argent qu'on en avoit exigé. Les Lyonnois en firent autant, non par crainte, comme eux, mais par inclination. Cependant Valens emmena de Lyon la légion italique et la cavalerie de Turin, et ne laissa que la dix-huitième cohorte dans ses quartiers d'hiver (1). Manlius Valens, lieutenant de la légion italique, fut reçu très-froidement de Vitellius, malgré ses bons services, parce que Fabius Valens, après avoir pris la précaution de le louer publiquement, l'avoit décrié, sous main, dans l'esprit de l'empereur.

LXV. La guerre de Vindex avoit rallumé l'ancienne animosité entre Lyon et Vienne. Ces deux cités s'étoient souvent battues, et avec un acharnement que ne leur inspiroit certainement pas leur zèle pour Néron ni pour Galba. D'ailleurs ce dernier avoit pris occasion de son ressentiment contre Lyon pour réunir ses revenus au fisc. Il avoit au contraire comblé Vienne d'honneurs; nouveau motif de haine et de jalousie entre deux peuples, qui, n'étant séparés que par un fleuve, ne se

cretis connexum odium (1). Igitur Lugdunenses exstimulare singulos militum, et in eversionem Viennensium impellere, « obsessam » ab illis coloniam suam, adjutos Vindicis » conatus, conscriptas nuper legiones in præ- » sidium Galbæ » referendo; et ubi causas odiorum prætenderant, magnitudinem prædæ ostendebant. Nec jam secreta exhortatio, sed publicæ preces : « Irent ultores, exscin- » derent sedem Gallici belli : cuncta illic ex- » terna et hostilia : se coloniam romanam, » et partem exercitûs, et prosperarum adver- » sarumque rerum socios : si fortuna contrà » daret, iratis ne relinquerentur ».

LXVI. His et pluribus in eumdem modum, perpulerant, ut ne legati quidem ac duces partium restingui posse iracundiam exercitûs arbitrarentur : quum haud ignari discriminis sui Viennenses, velamenta et infulas (1) præferentes, ubi agmen incesserat, arma, genua, vestigia prensando, flexere militum animos. Addidit Valens trecenos singulis militibus ses-

perdoient jamais de vue (1). Les Lyonnois, animant chaque soldat en particulier, les poussoient à détruire Vienne : « Elle avoit, di-
» soient-ils, assiégé leur colonie ; elle s'étoit
» armée pour Vindex, elle venoit de com-
» pléter les légions de Galba ». A ces prétextes de haine se joignoit le motif de s'enrichir du butin d'une ville opulente. Ne s'en tenant plus à des instances secrètes, ils prioient publiquement les soldats « de courir à la ven-
» geance, d'anéantir dans leur source ces
» Gaulois qui avoient si souvent fait trembler
» Rome. Tout à Vienne étoit étranger, en-
» nemi du nom romain. Pour eux, ils étoient
» une colonie de Rome, une portion de leur
» armée, les compagnons inséparables de leur
» bonne et de leur mauvaise fortune. On ne
» devoit pas, en cas de malheur, les laisser
» à la merci de gens irrités contre eux ».

LXVI. Ces discours et d'autres semblables avoient si fort échauffé les esprits, que les chefs eux-mêmes ne croyoient pas avoir assez de crédit pour les calmer. Les Viennois, instruits du danger, se présentant à l'armée, dans sa marche, avec tout l'appareil des suppliants, appaisèrent un peu les soldats, à force de les conjurer et d'embrasser leurs genoux. Mais Valens, à toutes ces marques de soumission, joignit une distribution de trois cents

tercios: tum vetustas dignitasque coloniæ valuit, et verba Fabii, salutem incolumitatemque Viennensium commendantis, æquis auribus accepta : publicè tamen armis mulctati, privatis et promiscuis copiis juvere militem. Sed fama constans fuit, ipsum Valentem magnâ pecuniâ emptum. Is diù sordidus, repente dives, mutationem fortunæ malè tegebat, accensis egestate longâ cupidinibus immoderatus, et inopi juventâ, senex prodigus. Lento deinde agmine, per fines Allobrogum et Vocontiorum ductus exercitus : ipsa itinerum spatia et stativorum mutationes venditante duce, fœdis pactionibus adversùs possessores agrorum, et magistratus civitatum, adeo minaciter, ut Luco ( municipium id Vocontiorum est ) faces admoverit, donec pecuniâ mitigaretur : quotiens pecuniæ materia deesset, stupris et adulteriis exorabatur. Sic ad Alpes perventum.

sesterces par tête pour chaque soldat ; alors on fit attention aux services et à l'ancienneté de la colonie, et l'on écouta le général qui parloit en sa faveur. Elle fut cependant condamnée à fournir de l'argent, et chaque particulier donna des armes et des vivres au soldat ; il passa pour constant que Valens, dans cette conjoncture, avoit vendu chèrement sa protection. Devenu tout d'un coup riche, après avoir long-tems vécu dans une sordide épargne, il ne pouvoit dissimuler son changement de fortune, parce que ses passions, qu'il n'étoit plus en état de modérer, ayant fermenté dans l'indigence pendant sa jeunesse, le rendoient prodigue sur ses vieux jours. L'armée cotoya lentement le territoire des Allobroges et des Voconces. Les marches et les séjours se régloient pour de l'argent ; le général n'avoit pas honte d'en traiter lui-même avec les possesseurs des terres et les magistrats des villes. Ces exactions se faisoient d'une manière si impérieuse, qu'il avoit déja disposé des torches pour brûler Luc, municipe des Voconces, lorsqu'il se laissa fléchir à force d'argent. Quand on n'avoit pas le moyen de payer, on y suppléoit en lui procurant des plaisirs criminels. Telle fut sa marche jusques aux Alpes.

LXVII. Plus prædæ ac sanguinis Cæcina hausit. Irritaverant turbidum ingenium Helvetii, Gallica gens olim armis virisque, mox memoriâ nominis clara, de cæde Galbæ ignari, et Vitellii imperium abnuentes. Initium bello fuit avaritia ac festinatio unaetvicesimæ legionis; rapuerant pecuniam, missam in stipendium castelli, quod olim Helvetii suis militibus ac stipendiis tuebantur: ægrè id passi Helvetii, interceptis epistolis, quæ nomine Germanici exercitûs ad Pannonicas legiones ferebantur, centurionem et quosdam militum in custodiâ retinebant. Cæcina belli avidus, proximam quamque culpam, antequam pœniteret, ultum ibat. Mota properè castra; vastati agri; direptus longâ pace in modum municipii exstructus locus, amœno salubrium aquarum usu frequens; missi ad Rætica auxilia nuncii, ut versos in legionem Helvetios à tergo adgrederentur.

LXVIII. Illi ante discrimen feroces, in periculo pavidi, quamquam primo tumultu Claudium Severum ducem legerant, non arma nos-

LXVII. Cecina fit plus de carnage et de butin. Les Helvétiens, peuple des Gaules encore célèbre, parce qu'on se souvenoit du nombre et de la valeur de ses anciens guerriers, ignorant la mort de Galba, refusoient de se soumettre à Vitellius; ce fut pour le turbulent Cecina un motif de s'aigrir contre eux. La vingt-unième légion, par son avarice et sa rapacité, fournit un prétexte à la guerre; elle avoit enlevé, sur la route, l'argent destiné pour la solde d'une garnison, entretenue de tems immémorial, par les Helvétiens dans une de leurs places fortes. Les Helvétiens, choqués de cette hostilité, interceptèrent une lettre de l'armée de Germanie aux légions de Pannonie, et retinrent prisonniers un centurion et quelques soldats. Cecina, qui vouloit la guerre, se hâtoit de punir chaque faute avant qu'on la pût réparer; il décampe promptement, ravage les campagnes, pille un lieu de plaisance très-fréquenté pour ses eaux salutaires, et dans lequel la longueur de la paix avoit permis de construire une espèce de ville municipale. Il mande aux auxiliaires de Retie de fondre en queue sur l'ennemi, en même tems qu'il l'attaque en tête.

LXVIII. Les Helvétiens, fort braves avant le danger, se troublent à la vue du péril. Quoique dès le commencement de l'émeute,

cere, non ordines sequi, non in unum consulere; exitiosum adversus veteranos proelium, intuta obsidio, dilapsis vetustate mœnibus; hinc Cæcina cum valido exercitu, indè Ræticæ alæ, cohortesque, et ipsorum Ræetorum juventus, sueta armis, et more militiæ exercita; undique populatio et cædes; ipsi in medio vagi, abjectis armis, magna pars saucii, aut palantes, in montem Vocetium perfugere. Ac statim, immissâ cohorte Thracum, depulsi, et consectantibus Germanis Rætisque, per silvas atque in ipsis latebris trucidati; multa hominum millia cæsa, multa sub coronâ venumdata. Quumque, dirutis omnibus Aventicum, gentis caput, justo agmine peteretur, missi qui dederent civitatem; et deditio accepta. In Julium Alpinum, è principibus, ut concitorem belli, Cæcina animadvertit, cæteros veniæ vel sævitiæ Vitellii reliquit.

LXIX. Haud facile dictu est, legati Helvetiorum minùs placabilem imperatorem, an

ils se soient donnés Claudius Severus pour chef, ils ne savent ni manier les armes, ni garder de rangs, ni manœuvrer de concert. C'étoit se perdre que de tenter un combat contre des gens aguerris ; il n'étoit pas sûr de se laisser assiéger dans des murs presque ruinés de vétusté. Ils sont poussés d'un côté par Cecina à la tête d'une puissante armée ; de l'autre par la cavalerie, les cohortes et même par les milices de Retiens, très-bien exercées et fort au fait des armes ; par-tout la dévastation et le carnage. Errans entre deux ennemis, dispersés, blessés la plupart, ils jètent leurs armes, et se réfugient sur le mont Vocet. Une cohorte Thrace, dépêchée contre eux, les en chasse aussitôt. Les Germains, les Rétiens les poursuivent, les massacrent dans les forêts et jusques dans les retraites les plus cachées. Des milliers d'hommes furent passés au fil de l'épée, ou vendus à l'encan. Après avoir détruit tout le reste, une armée entière marchoit au siège d'Aventicum, capitale de la nation ; des députés viennent la remettre à discrétion, et l'offre est acceptée. Cecina fait mourir Julius Alpinus, un des principaux du pays, comme auteur de la guerre et renvoie les autres à la clémence ou à la cruauté de Vitellius.

LXIX. Il est difficile de dire lequel parut d'abord le plus inexorable de l'empereur

militem invenerint; civitatis excidium poscunt, tela ac manus in ora legatorum intentant. Ne Vitellius quidem minis ac verbis temperabat: quum Claudius Cossus, unus ex legatis, notæ facundiæ, sed dicendi artem aptâ trepidatione occultans, atque eò validior, militis animum mitigavit; ut est mos vulgo, mutabile subitis, et tam pronum in misericordiam, quàm immodicum sævitiâ fuerat; effusis lacrymis, et meliora constantiùs postulando, impunitatem salutemque civitati impetravere.

LXX. Cæcina paucos in Helvetiis moratus dies, dum sententiæ Vitellii certior fieret, simul transitum Alpium parans, lætum ex Italiâ nuncium accepit, alam Syllanam (1) circa Padum agentem, sacramento Vitellii accessisse. Proconsulem Vitellium Syllani in Africâ habuerant; mox à Nerone, ut in Ægyptum præmitterentur, exciti, et ob bellum Vindicis revocati, ac tum in Italiâ manentes, instinctu decurionum, qui Othonis ignari, Vitellio obstricti, robur adventantium legionum, et famam Germanici exercitûs attollebant, transiere in partes; et ut donum aliquod novo

ou de son armée. Les soldats crient « qu'on extermine la nation », veulent se jeter sur les députés, les percer de traits. Vitellius lui-même, ne se possédant pas, laisse échaper des menaces. Cossus, un des députés, dont on connoissoit l'éloquence, feignit d'être intimidé, pour mieux cacher son art; il en fit plus d'effet, et calma le soldat. Tel est le vulgaire; changeant tout-à-coup et toujours excessif, il devient aussi compatissant qu'il avoit été cruel; tous versent des larmes, et demandent si constamment la grace de la cité, qu'ils l'obtiennent sans aucune exception.

LXX. Cecina, après quelque séjour dans le pays des Helvétiens, pour attendre les ordres de l'empereur, et se disposer au passage des Alpes, reçoit d'Italie une heureuse nouvelle; l'aile de Sylla, campée aux environs du Pô, venoit de reconnoître Vitellius; elle avoit servi sous lui tandis qu'il étoit proconsul en Afrique; Néron l'en avoit tirée ensuite pour l'envoyer en Égypte, et la guerre de Vindex l'avoit fait rappeler en Italie. Ses décurions, créatures de Vitellius, et qui ne connoissoient point Othon, l'avoient engagée à prêter serment à Vitellius, à force de vanter la valeur des troupes en marche, et la renommée des armées de Germanie. Elle présentoit en même tems, comme un don capable de flatter son

principi, firmissima Transpadenæ regionis municipia, Mediolanum, ac Novariam, et Eporediam, ac Vercellas, adjunxere. Id Cæcinæ per ipsos compertum. Et quia præsidio alæ unius latissima pars Italiæ defendi nequibat, præmissis Gallorum, Lusitanorum, Britannorumque cohortibus, et Germanorum vexillis, cum alâ Petrinâ, ipse paululùm cunctatus, num Ræticis jugis in Noricum flecteret, adversûs Petronium Urbicum procuratorem, qui concitis auxiliis, et interruptis fluminum pontibus, fidus Othoni putabatur. Sed metu, ne amitteret præmissas jam cohortes alasque, simul reputans plus gloriæ retentâ Italiâ, et ubicumque certatum foret, Noricos in cetera victoriæ præmia cessuros, Penino subsignanum militem itinere, et grave legionum agmen, hibernis adhuc Alpibus traduxit.

LXXI. Otho interim, constra spem omnium, non deliciis, neque desidiâ torpescere; dilatæ voluptates; dissimulata luxuria, et cuncta ad decorum imperii composita; eòque plus formidinis afferebant falsæ virtutes, et

nouveau

nouveau prince, les hommages des quatre principales villes d'Italie au-delà du Pô, Milan, Novarre, Eporedie et Verceilles. Leurs députés en instruisirent eux-mêmes Cecina. Il jugea qu'une aile de cavalerie ne suffisoit pas pour défendre un si vaste pays. Il y envoya donc des cohortes des Gaules, de Lusitanie, de Bretagne et de Germanie, avec l'aile Petrina. Il balança quelque tems s'il descendroit par les montagnes de Retie, dans la Norique, où l'intendant Petronius Urbicus, par zèle, à ce qu'on disoit, pour Othon, rassembloit des troupes, et faisoit rompre les ponts. Mais c'étoit laisser en danger le détachement qu'il venoit de faire. Il y avoit d'ailleurs plus de gloire à s'assurer de l'Italie, et la Norique ne pouvoit manquer d'être un des fruits de la victoire, en quelque endroit que se terminât la guerre. Ainsi, malgré les neiges qui couvroient encore les Alpes penines, il y fit passer son armée entière.

LXXI. Cependant Othon ne s'endormoit pas, comme tout le monde l'auroit cru, dans les délices et l'oisiveté. Suspendant ses plaisirs; dissimulant son goût pour le luxe, il régloit toutes ses démarches avec la décence convenable à la majesté de l'empire ; ses fausses vertus, et les vices dont on prévoyoit le

vitia reditura. Marium Celsum, consulem designatum per speciem vinculorum, sævitiæ militum subtractum, acciri in capitolium jubet; clementiæ titulus, è viro claro, et partibus inviso, petebatur. Celsus, constanter servatæ erga Galbam fidei crimen confessus, exemplum ultrò imputavit (1). Nec Otho, quasi ignosceret, sed ne hostis metum reconciliationis adhiberet (2), statim inter intimos amicos habuit, et mox bello inter duces delegit; mansitque Celso, velut fataliter, etiam pro Othone fides integra, et infelix. Læta primoribus (3) civitatis, celebrata in vulgus, Celsi salus, ne militibus quidem ingrata fuit, eamdem virtutem admirantibus, cui irascebantur.

LXXII. Par inde exsultatio, disparibus causis consecuta, impetrato Tigellini exitio. Sophonius Tigellinus obscuris parentibus, fœdâ pueritiâ, impudicâ senectâ, præfecturam vigilum et prætorii, et alia præmia virtutum, quia velociùs erat, vitiis adeptus, crudelitatem mox,

retour n'en inspirèrent que plus d'effroi. Il se fit amener au capitole Marius Celsus, désigné consul, qu'il avoit mis en prison pour l'arracher à la fureur du soldat. Son dessein étoit de faire vanter sa clémence à l'égard d'un personnage illustre, odieux à son parti. Marius, en avouant qu'il étoit demeuré constamment fidèle à Galba, lui fournit l'exemple qu'il cherchoit (1). Cependant Othon ne se comporta point avec lui en homme qui pardonne. Pour ne lui point laisser cette inquiétude qu'on a toujours de la part d'un ennemi réconcilié, il l'admit sur-le-champ au nombre de ses amis, et le choisit ensuite pour un de ses généraux. La fidélité de Marius envers Othon, par une espèce de fatalité, ne fut ni moins malheureuse ni moins constante. Cette action de l'empereur fit beaucoup de plaisir aux grands de Rome, fut célébrée par le peuple, et ne déplut pas aux soldats, qui admiroient cette même vertu qui les irritoit.

LXXII. A cette joie en succéda une aussi grande, mais fondée sur une cause toute différente. Sophonius Tigellinus, d'une naissance obscure, achevoit dans la débauche une vie commencée dans l'infamie. Monté par ses crimes, comme par une voie plus prompte, au commandement des gardes, à la préfecture du prétoire, et aux autres récompenses dues

deinde avaritiam, et virilia scelera exercuit, corrupto ad omne facinus Nerone, quædam ignaro ausus, postremò ejusdem desertor ac proditor. Unde non alium pertinaciùs ad pœnam flagitavere, diverso affectu, quibus odium Neronis inerat, et quibus desiderium. Apud Galbam T. Vinii potentiâ defensus prætexentis servatam ab eo filiam; et haud dubiè servaverat, non clementiâ ( quippè tot interfectis ) sed effugio in futurum; quia pessimus quisque, diffidentiâ præsentium mutationem pavens, adversùs publicum odium, privatam gratiam præparat; unde nulla innocentiæ cura, sed vices impunitatis. Eò infensior populus, additâ ad vetus Tigellini odium recenti T. Vinii invidiâ, concurere è totâ urbe in palatium ac fora, et, ubi plurima vulgi licentia, in circum ac theatra effusi, seditiosis vocibus obstrepere; donec Tigellinus, accepto apud Sinuessanas aquas supremæ necessitatis nuncio, inter stupra concubinarum, et oscula, et deformes moras, sectis novaculâ faucibus, infamem vitam fœdavit etiam exitu sero et inhonesto.

à la vertu, il avoit joint aux vices des efféminés, la cruauté, l'avarice, et tous les vices des ames audacieuses; enhardissant Néron à toutes sortes de crimes, il en commettoit d'autres à son insu, et il l'avoit enfin abandonné et trahi. Les amis, les ennemis de Néron, se réunissoient à solliciter la mort de Tigellinus. Vinius l'avoit défendu de leurs poursuites auprès de Galba (1), sous prétexte qu'il lui devoit la conservation de sa fille; il la lui devoit en effet; ce n'est pas que la clémence se fût fait entendre au cœur d'un homme coupable de tant d'assassinats; mais il avoit voulu se ménager une ressource. Les scélérats comptant trop peu sur leur fortune pour se croire à l'abri des revers, se préparent des protecteurs contre l'indignation publique; sans chercher si l'on est innocent ou coupable, ils sauvent ceux qui pourront les sauver à leur tour. La protection d'un homme, dont le souvenir étoit odieux, avoit encore plus fait haïr Tigellinus. Le peuple accourant de tous les quartiers de la ville, au palais, au forum, et sur-tout au cirque et aux théâtres, où il se livre à plus de licence, demandoit sa mort avec emportement. Enfin, on fit signifier à Tigellinus, aux bains de Sinuesse, qu'il falloit mourir. Il attendit le plus tard qu'il put, n'ayant pas la force de s'arracher aux embrassemens de ses concubines, et termina

LXXIII. Per idem tempus expostulata ad supplicium Calvia Crispinilla, variis frustrationibus, et adversâ dissimulantis principis famâ, periculo exempta est; magistra libidinum Neronis, transgressa in Africam, ad instigandum in arma Clodium Macrum, famem populo romano haud obscurè molita, totius posteà civitatis gratiam obtinuit, consulari matrimonio subnixa; et apud Galbam, Othonem, Vitellium, inlæsa, mox potens pecuniâ, et orbitate, quæ bonis malisque temporibus juxtà valent.

LXXIV. Crebræ interim, et muliebribus blandimentis infectæ, ab Othone ad Vitellium epistolæ, offerebant pecuniam et gratiam, et quemcumque quietis locum prodigæ vitæ legisset. Paria Vitellius ostentabat: primò mollius, ftultâ utrimque et indecorâ simulatione; mox, quasi rixantes, stupra et flagitia invicem objectavere; neuter falsô. Otho revoca-

son infâme vie par une mort honteuse en se coupant la gorge avec un rasoir.

LXXIII. On demanda dans ce même tems le supplice de Calvia Crispinilla. Othon la sauva à force de déguisemens et de tergiversations, qui le couvrirent de déshonneur. Cette intendante des plaisirs de Néron étoit passée en Afrique pour solliciter Macer à la révolte, et elle avoit tenté publiquement de mettre la famine dans Rome; devenue depuis la femme d'un consulaire, et très-considérée à ce titre dans la ville, elle échappa à sa condamnation sous Galba, Othon et Vitellius, et jouit ensuite du plus grand crédit, parce qu'elle étoit riche et sans enfans; ressource puissante dans les bons comme dans les mauvais tems.

LXXIV. Dans cet intervalle, Othon écrivoit lettres sur lettres à Vitellius, et le comblant de caresses puériles, lui offroit de l'argent, du crédit et une retraite à son choix, dans laquelle il mèneroit la vie la plus délicieuse. Vitellius, à son tour, lui en proposoit autant. Tous deux, par une dissimulation indécente, et qui n'aboutissoit à rien, feignoient d'abord de se ménager; puis, comme s'ils eussent commencé à s'aigrir, ils se reprochèrent des crimes et des infamies, et n'eurent pas besoin de recourir à des mensonges. Othon

tis quos Galba miserat legatis, rursùs alios ad utrumque Germanicum exercitum, et ad legionem italicam, easque, quæ Lugduni agebant, copias, specie senatûs misit. Legati apud Vitellium remansere, promptiùs, quàm ut retenti viderentur. Prætoriani, quos per simulationem officii legatis Otho adjunxerat, remissi, antequam legionibus miscerentur. Addit epistolas Fabius Valens, nomine Germanici exercitûs, ad prætorias et urbanas cohortes, de viribus partium magnificas, et concordiam, offerentes. Increpabat ultrò, « quòd tantò antè traditum Vitellio imperium ad Othonem vertissent. Ita promissis simul ac minis tentabantur; ut bello impares, in pace nihil amissuri »: neque ideò prætorianorum fides mutata.

LXXV. Sed insidiatores ab Othone in Germaniam, à Vitellio in urbem missi; utrisque frustra fuit; Vitellianis impunè, per tantam hominum multitudinem mutuâ ignorantiâ fallentibus; Othoniani, novitate vultûs, omnibus invicem ignaris, prodebantur. Vitellius

ayant

ayant révoqué la commission des députés de Galba, en envoya d'autres, comme de la part du sénat, aux deux armées de Germanie, à la légion italique, et aux troupes en quartier d'hiver dans Lyon. Ils demeurèrent auprès de Vitellius, sans se donner la patience de feindre qu'on les y retenoit. Othon les avoit fait escorter, comme par honneur, d'un détachement de prétoriens, qu'on renvoya, sans leur permettre de parler aux légions. Mais Valens écrivit aux soldats du prétoire et de la ville, au nom de l'armée de Germanie. Elle relevoit, en termes pompeux, les « forces de son parti, offroit son amitié, se plaignoit de ce qu'ils avoient disposé, en faveur d'Othon, d'un empire occupé depuis long-tems par Vitellius, et mêlant les menaces aux promesses, leur faisoit entendre qu'ils étoient trop foibles pour entreprendre la guerre, et que la paix ne leur feroit rien perdre ». La fidélité des prétoriens n'en fut point ébranlée.

LXXV. Les deux empereurs se tendoient respectivement des piéges. Les émissaires de Vitellius se cachoient aisément parmi cette multitude d'hommes dont Rome est remplie, au lieu que le visage inconnu de ceux d'Othon les trahissoit aussitôt, dans un camp où tout le monde se connoissoit : mais ni les uns, ni les autres n'eurent de succès. Vitellius fit si

literas ad Titianum, fratrem Othonis, composuit, exitium ipsi filioque ejus minitans, ni incolumes sibi mater ac liberi servarentur. Et stetit domus utraque; sub Othone, incertum an metu; Vitellius victor clementiæ gloriam tulit.

LXXVI. Primus Othoni fiduciam addidit ex Illyrico nuncius, jurasse in eum Dalmatiæ, ac Pannoniæ, et Mœsiæ legiones. Idem ex Hispania allatum; laudatusque per edictum Cluvius Rufus; et statim cognitum est, conversam ad Vitellium Hispaniam. Ne Aquitania quidem, quamquam à Julio Cordo in verba Othonis obstricta, diu mansit: nusquam fides, aut amor, metu ac necessitate huc illuc mutabantur. Eadem formido provinciam Narbonensem ad Vitellium vertit, facili transitu ad proximos et validiores. Longinquæ provinciæ, et quidquid armorum mari dirimitur, penes Othonem manebant; non partium studio; sed erat grande momentum in nomine urbis, ac prætextu senatus; et occupaverat animos prior auditus. Judaïcum exercitum Vespasianus,

gnifier à Titien, frère d'Othon, que sa vie et celle de son fils lui répondroient du traitement qu'on feroit à sa mère et à ses enfans. Les deux maisons furent réciproquement épargnées. Tant qu'Othon vécut, on pouvoit croire que c'étoit par crainte ; mais Vitellius après la victoire, eut tout l'honneur de sa clémence.

LXXVI. Othon fut encouragé par la première nouvelle qu'il reçut d'Illyrie ; la Dalmatie, la Mesie et la Pannonie, venoient de lui jurer obéissance. L'Espagne en fit dire autant, et Cluvius Rufus fut loué par un édit ; mais on apprit aussitôt qu'elle s'étoit tournée du côté de Vitellius. L'Aquitaine même, quoique liée à Othon par le serment que Julius Cordus lui avoit fait prêter, changea bientôt. Nulle fidélité, nul attachement dans aucune province ; la nécessité, la crainte, entraînoient tantôt d'un côté, tantôt de l'autre. La même terreur soumit la Gaule narbonnoise à Vitellius ; il étoit facile de se ranger pour le parti le plus proche et le plus fort. Les provinces éloignées, et toutes les troupes au-delà de la Méditerranée, tenoient pour Othon ; non qu'elles lui fussent attachées ; mais les noms spécieux du sénat et de Rome faisoient pencher la balance en sa faveur. D'ailleurs les esprits s'étoient préoccupés de lui, parce qu'on l'avoit annoncé le premier. Vespasien le fit

Syriæ legiones Mucianus sacramento Othonis adegere. Simul Ægyptus, omnesque versæ in Orientem provinciæ, nomine ejus tenebantur. Idem Africæ obsequium, initio à Carthagine orto. Neque exspectatâ Vipsanii Aproniani proconsulis auctoritate, Crescens, Neronis libertus ( nam et hi malis temporibus partem se Reipub. faciunt ) epulum plebi, ob lætitiam recentis imperii, obtulerat, et populus pleraque sine modo festinavit. Carthaginem ceteræ civitates secutæ

LXXVII. Sic distractis exercitibus ac provinciis, Vitellio quidem ad capessendam principatûs fortunam bello opus erat. Otho, ut in multâ pace, munia imperii obibat.; quædam ex dignitate Reipub. pleraque, contra decus, ex præsenti usu properando. Consul, cum Titiano fratre, in kalendas martias ipse; proximos menses Virginio destinat, ut aliquod exercitui Germanico delinimentum; jungitur Verginio Poppæus Vopiscus, prætextu veteris amicitiæ; plerique Viennensium honori datum interpretabantur. Ceteri consulatus ex destina-

reconnoître par l'armée de Judée ; Mucien par les légions de Syrie. En même tems l'Égypte et les provinces d'Orient lui juroient obéissance. L'Afrique embrassoit aussi son parti. Carthage en donna l'exemple. Sans attendre les ordres du proconsul Vipsanius Apronianus, Crescens, affranchi de Néron, ( les gens de cette espèce jouent un rôle dans les malheurs publics ) célébra le nouveau règne en donnant un repas à la populace, et le peuple, sans presque observer de formes, se hâta de reconnoître Othon. Les autres villes imitèrent Carthage.

LXXVII. Dans cette disposition des provinces et des armées, la guerre seule pouvoit mettre Vitellius en état de jouir de son titre d'empereur. Othon commandoit, comme en pleine paix, quelquefois avec la dignité convenable à la majesté de la République, souvent avec une précipitation indécente, qu'exigeoient son intérêt et les conjonctures. Il se nomma consul avec son frère pour les mois de janvier et de février; destina les deux mois suivans à Virginius, pour flatter, s'il étoit possible, les armées de Germanie, et lui joignit Poppeus Vopiscus, en considération, disoit-il, de leur ancienne amitié ; mais, suivant quelques-uns, pour se concilier la colonie de Vienne. Les autres consulats restèrent

tione Neronis, aut Galbæ mansere; Cœlio ac Flavio Sabinis in julias; Arrio Antonino et Mario Celso in septembres: quorum honori ne Vitellius quidem victor intercessit. Sed Otho, pontificatus auguratusque honoratis jam senibus, cumulum dignitatis addidit, et recens ab exsilio reversos nobiles adolescentulos, avitis ac paternis sacerdotiis in solatium recoluit. Redditus Cadio Rufo, Pedio Blæso, Sævino Pomtino senatorius locus, qui repetundarum criminibus sub Claudio ac Nerone ceciderant: placuit ignoscentibus, verso nomine, quod avaritia fuerat, videri majestatem; cujus tum odio etiam bonæ leges peribant.

LXXVIII. Eadem largitione civitatum quoque ac provinciarum animos agressus, Hispalensibus et Emeritensibus familiarum adjectiones, Lingonibus (1) universis civitatem Romanam, provinciæ Bæticæ Maurorum civitates dono dedit: nova jura Cappadociæ, nova Africæ, ostentui magis, quam mansura. Inter quæ, necessitate præsentium rerum et instantibus

comme les avoient arrangés Néron ou Galba, Celius et Flavius, surnommés tous deux Sabinus, pour mai et juin; Arrius Antoninus et Marius Celsus, pour juillet et août. Vitellius même, après sa victoire, n'y changea rien. Les vieillards de Rome, parvenus aux grandes charges, reçurent d'Othon des pontificats, des places d'augure, et tous les honneurs auxquels ils pouvoient encore aspirer: les jeunes gens des maisons illustres, rappelés de leur exil, rentrèrent dans les sacerdoces possédés par leurs ancêtres. Cadius Rufus, Pedius Blesus et Sevinus Pomtinus, reprirent leurs places de sénateurs. Leur rapacité les avoit fait comdamner, comme coupables de concussion, sous Claude et sous Néron; ceux qui vouloient leur pardonner, prétendirent qu'ils n'avoient été accusés que de lèse-majesté: la haine qu'on portoit à cette loi, servoit alors de prétexte pour anéantir les lois les plus justes.

LXXVIII. Othon essayant de gagner, par de semblables bienfaits les cités et les provinces, ajouta de nouvelles familles aux colonies de Séville et de Mérida, donna le droit de bourgeoisie à tous les citoyens de Langres, adjugea les cités des Maures à la Bétique. Il accorda de nouveaux priviléges à la Cappadoce, de nouveaux à l'Afrique, le tout par ostentation plutôt qu'en vue de les rendre durables.

curis excusata, ne tum quidem immemor amorum, statuas Poppææ per senatusconsultum reposuit. Creditus est etiam de celebrandâ Neronis memoriâ agitavisse, spe vulgum alliciendi : et fuere, qui imagines Neronis proponerent ; atque etiam Othoni, quibusdam diebus populus et miles, tanquam nobilitatem ac decus adstruerent, *Neroni Othoni* acclamavit. Ipse in suspenso tenuit, vetandi metu, vel agnoscendi pudore.

LXXIX. Conversis ad civile bellum animis, externa sine curâ habebantur. Eò audentiùs Rhoxolani, Sarmatica gens, priore hieme cæsis duabus cohortibus, magnâ spe ad Mœsiam iruperant : novem millia equitum, ex ferociâ et successu, prædæ magis, quàm pugnæ intenta. Igitur vagos et incuriosos, tertia legio, adjunctis auxiliis, repentè invasit. Apud Romanos omnia prœlio apta ; Sarmatæ dispersi cupidine prædæ, aut graves onere sarcinarum, et lubrico itinerum ademptâ equorum perni-

Les conjonctures critiques où il se trouvoit servoient d'excuse à ces innovations. Mais ne pouvant même alors oublier ses anciennes amours, il fit relever, par un sénatusconsulte, les statues de Poppée. On croit que dans l'espoir de s'attacher la populace, il délibéra s'il ne rétabliroit pas aussi la mémoire de Néron. Quelques-uns proposèrent de replacer ses statues, et l'on entendit, pendant quelques jours, le peuple et les soldats dire, parmi les autres acclamations, *à Néron Othon*, comme pour relever la noblesse et la gloire du nouvel empereur. Il laissa douter lui-même si ce surnom ne lui resteroit pas, n'osant le refuser, ou rougissant de le prendre.

LXXIX. Comme toute l'attention se tournoit du côté de la guerre civile, on négligeoit les affaires du dehors ; c'est ce qui encouragea les Rhoxolans, peuple Sarmate, qui avoient taillé en pièces deux de nos cohortes, l'hiver précédent, à fondre sur la Mesie, en se flattant des plus grandes espérances. Neuf mille de leurs cavaliers, enhardis par leur férocité et par le succès, pensoient plus à piller qu'à combattre. La troisième légion, soutenue de ses auxiliaires, les surprend tout-à-coup errans et mal sur leurs gardes. Tout étoit prêt parmi nous pour l'attaque ; l'ardeur du pillage dispersoit une partie des ennemis ; les autres

citate, velut vincti cædebantur. Namque mirum dictu, ut sit omnis Sarmatarum virtus velut extra ipsos; nihil ad pedestrem pugnam tam ignavum; ubi per turmas advenere, vix ulla acies obstiterit. Sed tum humido die, et soluto gelu, neque conti, neque gladii, quos prælongos utraque manu regunt, usui, lapsantibus equis, et cataphractarum pondere. Id principibus et nobilissimo cuique tegmen, ferreis laminis, aut præduro corio consertum; ut adversus ictus impenetrabile, ita impetu hostium provolutis inhabile, ad resurgendum; simul altitudine, et mollitia nivis hauriebantur. Romanus miles, facili lorica, et missili pilo, aut lanceis adsultans, ubi res posceret, levi gladio inermem Sarmatum (neque enim defendi scuto mos est) cominus fodiebat; donec pauci, qui prœlio superfuerant, plaudibus abderentur; ibi sævitia hiemis, et vi vulnerum absumpti. Postquam id Romæ compertum, M. Aponius Mœsiam obtinens, triomphali statua, Fulvius Aurelius, et Julianus Titius, ac Numisius Lupus, legati legionum, consularibus ornamentis donantur; læto Othone, et gloriam

étoient surchargés de leur butin. Nulle ressource dans l'agilité de leurs chevaux sur un terrein glissant. Ils furent livrés à nos coups, comme s'ils eussent été enchaînés; car la valeur des Sarmates, chose surprenante, semble toute entière hors d'eux mêmes. Rien de plus lâche pour combattre à pied; s'ils fondent en escadrons, presque aucun corps ne leur résiste; mais dans l'action présente, la pluie et le dégel faisant tomber leurs chevaux, les piques et les longs sabres qu'ils tiennent des deux mains ne leur étoient d'aucun usage, à cause de la pesanteur de leurs armes défensives; car les princes et la noblesse sont vêtus de lames de fer, ou de cuir fort dur, ce qui, les rendant impénétrables aux coups, les met aussi hors d'état de se relever quand l'ennemi les a terrassés. D'ailleurs ils étoient engloutis dans des amas de neige. Le soldat romain, sans être gêné par sa légère cuirasse, voloit par-tout au besoin avec sa pique et son dard, ou perçoit aisément de près, avec sa courte épée, le Sarmate qui ne se sert point de bouclier. Le peu qui échappa s'alla cacher dans des marais. Ils y périrent de leurs blessures ou de froid. Sur la nouvelle de cette victoire à Rome, on décerna une statue triomphale à M. Aponius, gouverneur de Mesie, et les ornemens consulaires aux trois lieutenans des légions, Fulvius Aurelius, Julianus Tertius et Numisius

in se trahente, « tanquam et ipse felix bello, et suis ducibus suisque exercitibus Rempub. auxisset ».

LXXX. Parvo interim initio, unde nihil timebatur, orta seditio, propè urbi excidio fuit. Septimamdecimam cohortem, è coloniâ Ostiensi, in urbem acciri Otho jusserat. Armandæ ejus cura Vario Crispino, tribuno è prætorianis, data. Is, quò magis vacuus, quietis castris, jussa exsequeretur, vehicula cohortis, incipiente nocte, onerari, aperto armamentario, jubet. Tempus in suspicionem; causa in crimen; affectatio quietis in tumultum evaluit; et visa inter temulentos arma, cupidinem sui movêre. Fremit miles, et tribunos centurionesque proditionis arguit; tamquam familiæ senatorum ad perniciem Othonis armarentur: pars ignari et vino graves; pessimus quisque in occasionem prædarum: vulgus, ut mos est, cujuscumque motûs novi cupidum: et obsequia meliorum nox abstulerat. Resistentem seditioni tribunum, et severissimos centurionem obtruncant: rapta ar-

Lupus. Othon, plein de joie, s'attribuoit cette gloire; « c'étoit un effet de son bonheur à la » guerre : il venoit d'agrandir l'état par l'en- » tremise de ses légions et de ses généraux ».

LXXX. Une bagatelle, dont on ne s'étoit pas avisé de redouter les suites, fit naître une sédition qui pensa perdre la ville. Othon ayant ordonné à la dix-septième cohorte de passer d'Ostie à Rome, Varius Crispinus, tribun du prétoire, fut chargé de lui fournir des armes. Afin d'y vaquer plus paisiblement, tandis que le camp seroit tranquille, il fit ouvrir l'arsenal le soir pour charger les voitures. Cette circonstance inspire des soupçons; on suppose des intentions criminelles; le tumulte naît des précautions prises pour l'éviter; et la vue des armes fait naître au soldat à demi-ivre l'envie de les prendre. Il murmure, il accuse de trahison les centurions et les tribuns, publie qu'on veut armer les gens des sénateurs pour massacrer l'empereur. Ceux à qui le vin a fait perdre la raison, les scélérats qui cherchent une occasion de piller, et le vulgaire, toujours avide d'un nouveau trouble, se rassemblent : la nuit les a privés de l'exemple des gens sages; ils tuent le tribun qui s'oppose à la sédition et les plus sévères des centurions; pillent les armes, et montant à cheval, courent

ma, nudati gladii, insidentes equis urbem ac palatium petunt.

LXXXI. Erat Othoni celebre convivium, primoribus feminis virisque; qui trepidi, fortuitusne militum furor, an dolus imperatoris, manere ac deprehendi, an fugere et dispergi, periculosius foret, modo constantiam simulare, modo formidine detegi, simul Othonis vultum intueri: utque evenit, inclinatis ad suspicionem mentibus, quum timeret Otho, timebatur. Sed haud secus discrimine senatus, quam suo territus, et praefectos praetorii, ad mitigandas militum iras, statim miserat, et abire propere omnes e convivio jussit. Tum vero passim magistratus, projectis insignibus, vitata comitum et servorum frequentia, senes feminaeque, per tenebras, diversa urbis itinera, rari domos, plurimi amicorum tecta, et, ut cuique humillimus cliens, incertas latebras petivere.

l'épée à la main dans la ville et au palais de l'empereur.

LXXXI. Il donnoit un repas de cérémonie aux personnes des deux sexes les plus distinguées. Les convives ne sachant s'ils doivent attribuer ce tumulte à la fureur du soldat ou à la perfidie d'Othon, délibèrent chacun en particulier s'il est plus sûr de rester tous ensemble, ou de fuir et de se disperser. Tantôt ils affectent un air d'assurance : tantôt ils sont trahis par leur frayeur. Ils tâchent de lire sur le visage de l'empereur, et comme il arrive, lorsqu'on est agité de quelque soupçon violent, ils trouvent, dans ses regards intimidés, des raisons de le craindre. Mais Othon, qui n'étoit pas moins alarmé du danger du sénat que du sien, avoit dépêché sur-le-champ les deux préfets du prétoire pour calmer les soldats. Ensuite il conseille à tous les convives de se retirer promptement. Les magistrats, se dépouillant aussitôt des marques de leur dignité, congédient leur cortége. Les femmes de qualité, les vieillards se sauvent précipitamment dans les ténèbres, chacun de leur côté; fort peu se retirent dans leur maison; mais ils vont se cacher la plupart chez leurs amis ou dans la demeure du plus obscur de leurs cliens.

LXXXII. Militum impetus ne foribus quidem palatii coercitus, quominus convivium inrumperent, ostendi sibi Othonem expostulantes : vulnerato Julio Martiale, tribuno, et Vitellio Saturnio, præfecto legionis, dum ruentibus obsistunt. Undique arma et minæ, modo in centuriones tribunosque, modò in senatum universum : lymphatis cæco pavore animis, et quia neminem unum destinare iræ poterant, licentiam in omnes poscentibus : donec Otho, contra decus imperii, thoro insistens, precibus et lacrymis ægrè cohibuit : redieruntque in castra inviti, neque innocentes. Posterâ die, velut captâ urbe, clausæ domus, rarus per vias populus ; mœsta plebs ; dejecti in terram militum vultus, ac plus tristitiæ, quàm pœnitentiæ. Manipulatim allocuti sunt Licinius Proculus, et Plotius Firmus, præfecti : ex suo quisque ingenio, mitius aut horridiùs. Finis sermonis in eo, ut quina millia nummûm singulis militibus numerarentur. Tum Otho ingredi castra ausus : atque illum tribuni centurionesque circumsistunt; abjectis militiæ insignibus, otium et salutem flagitantes.

LXXXII.

LXXXII. Les portes du palais ne furent pas un obstacle à la fureur des soldats. Ils s'ouvrent un passage jusqu'à la salle du festin, en criant qu'on leur montre Othon, blessent le tribun Julius Martialis, et le préfet de légion Vitellius Saturnius, qui s'opposent à leur violence. De tous côtés des armes, des menaces, tantôt contre les centurions et les tribuns, tantôt contre le sénat entier. Comme leur aveugle frénésie ne pouvoit avoir d'objet fixe, elle demandoit à se porter indistinctement sur tous. Enfin Othon, au mépris de la majesté impériale, se tenant debout sur son lit de festin, s'abaissa jusqu'aux prières et aux larmes, et les retint avec peine. Ils revinrent au camp à regret, et le crime dans le cœur. Rome ressembla le lendemain à une ville prise d'assaut : les maisons fermées, presque personne dans les rues ; une populace consternée ; le soldat, les yeux baissés en terre ; mais son visage annonçoit plus de tristesse que de repentir. Les préfets Proculus et Plotius parlèrent à chaque compagnie avec douceur ou fermeté, suivant leur caractère ; mais le discours de l'un et de l'autre se termina par une distribution de cinq mille sesterces à chaque soldat. Alors Othon hasarda d'entrer dans le camp : les tribuns, les centurions l'environnent, jètent les marques de leur dignité, et le prient d'assurer leur vie et leur repos. Le soldat sentit que

Sensit invidiam miles, et compositus in obsequium, auctores seditionis ad supplicium ultro postulabat.

LXXXIII. Otho, quamquam turbidis rebus, et diversis militum animis, quum optimus quisque remedium præsentis licentiæ posceret; vulgus, et plures, seditionibus et ambitioso imperio læti, per turbas et raptus facilius ad civile bellum impellerentur: simul reputans, non posse principatum, scelere quæsitum, subita modestia, et prisca gravitate retineri: sed discrimine urbis, et periculo senatûs anxius, postremo ita disseruit:

" Neque, ut affectus vestros in amorem
" mei accenderem, Commilitones, neque ut
" animum ad virtutem cohortarer; utraque
" enim egregie supersunt; sed veni postula-
" turus à vobis temperamentum vestræ forti-
" tudinis, et erga me modum caritatis. Tu-
" multûs proximi initium, non cupiditate,
" vel odio, quæ multos exercitus in discor-
" diam egere, ac ne detrectatione quidem

ces plaintes tomboient sur lui, et témoignant la plus grande soumission, demanda lui-même le supplice des auteurs de la révolte.

LXXXIII. Othon réfléchit en lui-même que, malgré le trouble et la division des partis, les militaires les plus sensés s'accordoient à solliciter une prompte réforme : que, d'un autre côté, le vulgaire et la multitude, voulant des maîtres qui les flattent, se laissent entraîner plus facilement dans une guerre civile par l'espoir de la licence et du pillage ; que d'ailleurs la conservation d'un empire, obtenu par un crime, ne peut se concilier avec une réforme subite des mœurs et l'austérité de l'ancienne discipline ; néanmoins, alarmé du danger que couroient la ville et le sénat, il tint enfin ce discours :

« Je ne viens point solliciter votre zèle en
» ma faveur, ni ranimer votre courage ( on
» ne peut rien ajouter ni à l'un ni à l'autre );
» mais vous prier d'en contenir les effets dans
» de justes bornes. Ce n'est ni la cupidité ni
» la haine, source ordinaire de discorde dans
» les armées, ni la crainte du danger, ou le
» refus de vous y exposer, qui ont fait naître
» le dernier tumulte ; c'est un excès d'atta-
» chement dont vous avez plus écouté la voix
» que celle de la raison ; mais les meilleures

» aut formidine periculorum ; nimia pietas
» vestra, acriùs quàm consideratiùs, excitavit.
» Nam saepe honestas rerum causas, ni judi-
» cium adhibeas, perniciosi exitus conse-
» quuntur. Imus ad bellum ; num omnes
» nuncios palam audiri, omnia consilia cunctis
» praesentibus tractari, ratio rerum, aut oc-
» casionum velocitas patitur ? Tam nescire
» quaedam milites, quàm scire oportet. Ita
» se ducum auctoritas, sic rigor disciplinae
» habet, ut multa etiam centuriones tribu-
» nosque tantùm juberi expediat. Si, ubi ju-
» beantur, quaerere singulis liceat; pereunte
» obsequio, etiam imperium intercidit. An et
» illic nocte intempestâ rapientur arma ; unus
» alterve perditus ac temulentus ( neque enim
» plures consternatione proximâ insanisse cre-
» diderim ) centurionis, ac tribuni sanguine
» manus imbuet ? imperatoris sui tentorium
» inrumpet ?

» LXXXIV. Vos quidem istud pro me ;
» sed in discursu ac tenebris, et rerum om-
» nium confusione, patefieri occasio etiam
» adversùs me potest. Si Vitellio et satellitibus

» intentions ont des suites pernicieuses, quand
» elles ne sont pas réglées par la sagesse. Nous
» allons à l'ennemi ; la nature des circons-
» tances, la célérité si souvent requise, souf-
» friront-elles que nous attendions chacun de
» vous pour délibérer, ou pour être informé
» de ce qui se passera ? Il est des choses que
» le soldat doit ignorer, comme il en est
» qu'il doit savoir. L'autorité des chefs et
» l'exactitude de la discipline exigent quelque-
» fois que les tribuns et les centurions ne sa-
» chent pas eux-mêmes les motifs de leurs
» ordres. Permettre à chaque soldat de ques-
» tionner sur ce qu'on leur commande, c'est
» anéantir l'obéissance, et par conséquent l'au-
» torité. Compte-t-on, en présence de l'en-
» nemi, courir aux armes, au milieu de la
» nuit, selon son caprice ? Un ou deux scé-
» lérats ( je veux croire qu'il ne s'en est pas
» trouvé davantage dans le dernier tumulte ),
» un ou deux scélérats, dans l'ivresse, trem-
» peront-ils encore leurs mains dans le sang
» du centurion et du tribun ? Forceront-ils la
» tente de l'empereur ?

» LXXXIV. Vous suiviez votre zèle pour
» moi; mais les ténèbres, le trouble, le ren-
» versement de toute discipline, peuvent aussi
» fournir une occasion contre moi. Si Vitel-
» lius et ses partisans étoient maîtres de nous

„ ejus eligendi facultas detur, quem nobis
„ animum, quas mentes imprecentur, quid
„ aliud quàm seditionem et discordiam opta-
„ bunt! Ne miles centurioni, ne centurio
„ tribuno obsequatur : hinc confusi, pedites
„ equitesque, in exitium ruamus. Parendo
„ potiùs, Commilitones, quàm imperia du-
„ cum sciscistando, res militares continentur : et
„ fortissimus in ipso discrimine exercitus est,
„ qui ante discrimen quietissimus. Vobis arma
„ et animus sit : mihi consilium, et virtutis
„ vestræ regimen relinquite. Paucorum culpa
„ fuit, duorum pœna erit : ceteri abolete
„ memoriam fædissimæ noctis : nec illas ad-
„ versùs senatum voces ullus umquam exer-
„ citus audiat. Caput imperii, et decora om-
„ nium provinciarum, ad pœnam vocare,
„ non Hercle illi, quos quum maximè Vitel-
„ lius in nos ciet, Germani audeant. Ulline
„ Italiæ alumni, et Romana verè juventus, ad
„ sanguinem et cædem deposcerent Ordinem
„ cujus splendore et gloriâ, sordes et obscuri-
„ tatem Vitellianarum partium perstringimus?
„ Nationes aliquas occupavit Vitellius, ima-
„ ginem quamdam exercitus habet : Senatus

» inspirer au gré de leur haine, souffleroient-
» ils un autre esprit parmi nous ? Ne souhai-
» teroient-ils pas que le soldat s'armât contre
» le centurion, le centurion contre le tribun,
» et que les cavaliers, mêlés parmi les fan-
» tassins, courussent tous ensemble à leur
» perte ? On réussit bien plus en guerre, par
» l'obéissance aux ordres des chefs, que par
» la curiosité d'approfondir leurs motifs. L'ar-
» mée la plus brave dans l'action est celle
» qui s'y est préparée dans le repos. Tenez
» vos armes en état ; laissez à ma prudence
» le soin d'en diriger l'emploi. Peu sont cou-
» pables ; deux seront punis. Que tous les
» autres perdent à jamais le souvenir de cette
» nuit honteuse. Aux dieux ne plaise qu'au-
» cune armée apprenne ces funestes impréca-
» tions contre le sénat ! Les Germains même,
» quoique suscités contre nous par Vitellius,
» n'oseroient demander la perte d'un Ordre
» que l'empire respecte comme son chef, et
» iquel les provinces empruntent leur éclat.
» Est-il possible que des nourrissons de l'Ita-
» lie, vraiment Romains, aient souhaité la
» destruction d'un corps auguste, dont la
» splendeur et la gloire éclipse et fait rentrer
» dans le néant le parti de Vitellius ? Ce chef
» de rebelles à soulevé quelques nations : il
» a une apparence d'armée ; mais nous avons
» pour nous le sénat. Dès-lors notre parti est

» nobiscum est. Sic ut, ut hinc Respublica
» inde hostes Reipublicæ constiterint. Quid ?
» vos pulcherrimam hanc urbem, domibus,
» et tectis, et congestu lapidum, stare creditis?
» Muta ista et inanima intercidere, ac repa-
» rari promiscua sunt : æternitas rerum, et
» pax gentium, et mea cum vestra salus,
» incolumitate senatus firmatur. Hunc auspi-
» cato à Parente et Conditore urbis nostræ
» institutum, et à regibus usque ad principes
» continuum et immortalem, sicut à majoribus
» accepimus, sic posteris tradamus. Nam ut
» ex vobis senatores, ita ex senatoribus prin-
» cipes nascuntur ».

LXXXV. Et oratio ad perstringendos mul-
cendosque militum animos, et severitatis modus ( neque enim in plures quàm in
animadverti jusserat ) grate accepta; com
sitique ad præsens, qui coerceri non pote
Non tamen quies urbi redierat : strepitus te-
lorum, et facies belli erat : militibus, ut nihil in commune turbantibus, ita sparsis per
domos, occulto habitu, et malignâ curâ in
» celui

» celui de la République : le sien en est l'en-
» nemi. Croyez-vous que la vraie beauté de
» Rome consiste dans un assemblage d'édifices,
» dans des pierres et d'autres matériaux di-
» versement combinés ? Ces êtres muets et
» inanimés peuvent se détruire et se réparer.
» C'est de la conservation du sénat que dépend
» l'éternité de l'empire, la paix des nations,
» votre sécurité et la mienne. Établi sous d'heu-
» reux auspices par le Père et le Fondateur de
» notre ville, il a persévéré dans son éclat
» et son immortalité depuis les rois jusqu'aux
» empereurs. Conservons-le à la postérité,
» tel que nous l'avons reçu de nos ancêtres :
» on parvient, d'entre vous, à l'ordre des
» sénateurs, et de l'ordre des sénateurs à
» l'empire ».

LXXXV. La modération d'Othon, qui ne punissoit que deux coupables, et son discours également propre à flatter et à convaincre, firent une impression avantageuse. Les esprits les plus indomptables se contraignirent pour un tems. Cependant le calme n'étoit pas rétabli dans la ville : on avoit sous les yeux l'image de la guerre, le tumulte des armes. Les soldats ne s'assembloient plus pour causer du trouble ; mais ils se déguisoient pour s'insinuer séparément dans les maisons, et prenoient un intérêt fort suspect à ce qu'on disoit des

omnes, quos nobilitas, aut opes, aut aliqua insignis claritudo rumoribus objecerat. Vitellianos quoque milites venisse in urbem, ad studia partium noscenda, plerique credebant. Unde plena omnia suspicionum, et vix secreta domuum sine formidine. Sed plurimum trepidationis in publico. Ut quemque nuncium fama attulisset, animum vultumque conversi, ne diffidere dubiis, ac parum gaudere prosperis viderentur. Coacto verò in curiam senatu, arduus rerum omnium modus, ne contumax silentium, ne suspecta libertas. Et privato Othoni nuper, atque eadem dicenti, nota adulatio. Igitur versare sententias, et huc atque illuc torquere, *hostem et parricidam* Vitellium vocantes: providentissimus quisque vulgaribus conviciis; quidam vera probra jacere, in clamore tamen, et ubi plurimæ voces, aut tumultu verborum sibi ipsi obstrepentes.

LXXXVI. Prodigia insuper terrebant, diversis auctoribus vulgata. « In vestibulo Ca-

personnes renommées à cause de leurs richesses, de leur naissance ou de quelque autre distinction. Le bruit commun étoit que Vitellius avoit aussi ses émissaires, pour savoir le parti que chacun embrassoit. Par-tout des sujets de défiance : à peine osoit-on s'expliquer dans l'intérieur des maisons. La gêne redoubloit en public. A chaque nouvelle qu'annonçoit la renommée, on composoit son visage, on s'étudioit à ne pas marquer trop d'abattement dans les revers, trop peu de joie dans les succès. Le comble de l'embarras étoit dans le sénat : on n'y pouvoit observer un milieu si juste, que le silence ne fût point taxé d'opiniâtreté, ou la liberté, d'indépendance. Le prince, avant son élévation récente, avoit recouru lui-même à la flatterie : il en connoissoit les ruses ; on tournoit et retournoit sa pensée, pour donner à Vitellius les noms d'ennemi de l'état et de parricide (1). Les politiques ne l'attaquoient que par de vagues déclamations : quelques-uns hasardoient contre lui de vraies injures ; mais c'étoit lorsque plusieurs parloient à-la-fois, dans des instans de tumulte, ou bien ils précipitoient tellement leurs paroles, qu'on n'y pouvoit rien comprendre.

LXXXVI. Une foule de prodiges, annoncés de divers endroits, redoubloient la terreur.

" pitolii omissas habenas bigæ, cui Victoria
" institerat: erupisse cellâ, Junonis majorem
" humanâ speciem: statuam divi Julii, in
" insulâ Tiberini amnis, sereno et immoto
" die, ab occidente in orientem conversam:
" prolocutum in Etruriâ bovem: insolitos
" animalium partus ": et plura alia, rudibus
sæculis etiam in pace observata, quæ nunc
tantùm in metu audiuntur. Sed præcipuus,
et cum præsenti exitio, etiam futuri pavor,
subitâ inundatione Tiberis, qui immenso
auctu, proruto ponte sublicio, ac strage obstantis molis refusus, non modò jacentia et
plana urbis loca, sed secura ejusmodi casuum
implevit. Rapti è publico plerique, plures in
tabernis, et cubilibus intercepti. Fames in
vulgus, inopiâ quæstûs, et penuriâ alimentorum: corrupta stagnantibus aquis insularum
fundamenta, dein remeante flumine dilapsa.
Utque primùm vacuus à periculo animus fuit,

« On disoit qu'une Victoire dans le vestibule
» du capitole, avoit laissé tomber les rênes
» de deux chevaux qu'elle conduisoit ; qu'un
» spectre, au-dessus de la taille humaine, étoit
» sorti précipitament de la chapelle de Junon ;
» qu'une statue du divin Jules, dans une île
» du Tibre, s'étoit tournée de l'occident à
» l'orient, par un tems calme et serein ; qu'un
» bœuf avoit parlé dans l'Étrurie ; qu'il étoit né
» une quantité de monstres ». Joignez à cela
une multitude d'événemens que l'antiquité
crédule observoit, même en tems de paix, et
auxquels on ne fait maintenant attention que
dans les calamités publiques : mais le principal prodige qui, outre les malheurs dont on
le croyoit le présage, en causa de bien réels,
fut une subite inondation du Tibre. Étant
grossi considérablement, il rompit le pont de
bois, et combla son lit de ses ruines, ce qui
le fit refluer dans la partie basse de la ville,
et monter jusqu'à des endroits où il n'étoit
jamais parvenu. Les torrens entraînèrent la
plupart de ceux qui se trouvoient dans les
rues, en submergèrent d'autres dans leurs
boutiques et dans leurs lits. La rareté des vivres (1), le manque de moyens pour en gagner, mirent la famine parmi le peuple. Les
maisons ou les eaux avoient séjourné, minées
par les fondemens, s'écroulèrent quand le
fleuve se retira. Sitôt que le danger eut cessé d'a-

id ipsum, quòd paranti expeditionem Othoni campus Martius, et via Flamina, iter belli esset obstructum, à fortuitis vel naturalibus causis, in prodigium et omen imminentium cladium vertebatur.

LXXXVII. Otho, lustratâ urbe, et expensis belli consiliis, quando Peninæ Cottiæque Alpes, et ceteri Galliarum aditus Vitellianis exercitibus claudebantur, narbonensem Galliam adgredi statuit; classe validâ, et partibus fidâ, quòd reliquos cæsorum ad pontem Milvium et sævitiâ Galbæ in custodiam habitos, in numeros legionis composuerat; facta et ceteris spes honoratioris in posterum militiæ. Addidit classi urbanas cohortes, et plerosque è prætorianis, vires et robur exercitûs, atque ipsis ducibus consilium et custodes. Summa expeditionis Antonio Novello, Suedio Clementi, primipilaribus, Æmilio Pacensi, cui ademptum à Galbâ tribunatum reddiderat, permissa. Curam navium Oscus libertus retinebat, ad observandam honestiorum fidem

larmer les esprits, on observa que le champ-de-Mars et la voie Flaminia étoient fermés à Othon pour l'expédition à laquelle il se préparoit. Cet effet du hasard ou des causes naturelles, fut interprété comme un présage envoyé du ciel pour annoncer de sanglantes défaites.

LXXXVII. L'empereur, après avoir purifié la ville, tint un conseil de guerre. Les armées de Vitellius fermoient les passages des Alpes Pennines et Cottiennes, et des autres entrées des Gaules; ainsi il résolut d'attaquer la Gaule narbonnoise avec sa flotte, qui étoit très-forte, et vraiment affectionnée à son parti; car, sur ce qu'il avoit fait légionnaires les malheureux échappés du massacre au pont Milvius, et détenus depuis en prison par la cruauté de Galba, les autres soldats de la marine espéroient de parvenir comme eux à un service plus honorable. Il joignit les cohortes de la ville et la plupart des prétoriens à sa flotte, en vue de lui donner de l'ame et de la vigueur, en même tems qu'un conseil et des surveillans aux chefs. Antonius Novellus, Suedius Clemens, primipilaires, et Emilius Pacensis, tribun destitué par Galba, et rétabli par Othon, furent chargés de l'expédition. Mais on laissa l'intendance des vaisseaux à l'affranchi Oscus, en l'invitant à veiller sur les démarches et la fidélité de gens qui valoient

invitatus. Peditum equitumque copiis Suetonius Paullinus, Marius Celsus, Annius Gallus, rectores destinati. Sed plurima fides Licinio Proculo, prætorii præfecto: is urbanæ militiæ impiger, bellorum insolens, auctoritatem Paullini, vigorem Celsi, maturitatem Galli, ut cuique erat, criminando, quod facillimum factu est, pravus et callidus, bonos et modestos anteibat.

LXXXVIII. Sepositus per eos dies Cornelius Dolabella in coloniam Aquinatem, neque arctâ custodiâ, neque obscurâ: nullum ob crimen, sed vetusto nomine, et propinquitate Galbæ monstratus. Multos è magistratibus, magnam consularium partem, Otho, non participes aut ministros bello, sed comitum specie, secum expedire jubet. In quîs et Lucium Vitellium, eodem quo cæteros cultu, nec ut imperatoris fratrem, nec ut hostis. Igitur motæ urbis curæ; nullus ordo metu, aut periculo vacuus: primores senatûs ætate invalidi, et longâ pace desides; segnis et oblita bellorum nobilitas; ignarus militiæ eques; quantò magis oc-

mieux que lui. Suetonius Paulinus et Annius Gallus commandoient la cavalerie et l'infanterie. Licinius Proculus, préfet du prétoire, étoit le chef de confiance : il gouvernoit très-bien les troupes en tems de paix, et n'avoit aucun usage de la guerre ; mais il avoit su faire un crime à Paulin de son empire sur le soldat ; à Marius, de son activité ; à Gallus, de la maturité de son jugement. Avec beaucoup de ruse et de méchanceté, il effaçoit ( chose facile ) des hommes pleins de droiture et de modestie.

LXXXVIII. On enleva dans ce même tems Dolabella qui fut gardé à vue dans la colonie d'Aquin ; son crime étoit d'être d'une ancienne noblesse, et parent de Galba. Plusieurs magistrats et un grand nombre de consulaires eurent ordre de suivre Othon, sans être chargés de rien ni pour l'action ni pour le conseil, mais sous le prétexte de grossir son cortège. Parmi eux se trouvoit L. Vitellius, non comme le frère d'un empereur, ni comme le frère d'un ennemi, mais sur le même pied que tous les autres. Alors il ne resta dans Rome livrée à ses inquiétudes, aucun rang, aucun état à l'abri de la crainte et du danger, que des sénateurs illustres, appesantis par l'âge, amollis par la longueur de la paix : une noblesse oisive qui avoit oublié la guerre ; des

cultare et abdere pavorem nitebantur, manifestiùs pavidi. Nec deerant è contrario, qui ambitione stolidâ, conspicua arma, insignes equos, quidam luxuriosos apparatus conviviorum, et irritamenta libidinum, ut instrumenta belli mercarentur. Sapientibus quietis et Reipub. cura : levissimus quisque, et futuri improvidus, spe vanâ tumens : multi adflictâ fide in pace, ac turbatis rebus alacres, et per incerta tutissimi.

LXXXIX. Sed vulgus, et magnitudine nimiâ communium curarum expers populus, sentire paullatim belli mala, conversâ in militum usum omni pecuniâ, intentis alimentorum pretiis : quae, motu Vindicis, haud perinde plebem attriverant, securâ tum urbe, et provinciali bello, quod inter legiones Galliasque velut externum fuit. Nam ex quo divus Augustus res Caesarum composuit, procul, et in unius sollicitudinem aut decus, populus romanus bellaverat. Sub Tiberio et Caio, tantùm pacis adversa pertimuere. Scri-

chevaliers qui ne l'avoient jamais sue. Leur frayeur se manifestoit par les efforts qu'ils faisoient pour la dissimuler. D'autres, au contraire, par une sotte vanité, faisoient emplette de belles armes, de superbes chevaux : quelques-uns achetoient, comme instrumens de la guerre, de somptueux ameublemens de table, et tout ce qui est capable d'enflammer les passions. Les sages pensoient à leur propre repos et à celui de la République : les gens légers, et hors d'état de prevoir l'avenir, s'enfloient de vaines espérances : plusieurs, ayant perdu tout crédit pendant la paix, se réjouissoient du trouble : la tempête faisoit leur sécurité.

LXXXIX. Mais le vulgaire et le peuple, depuis long-tems à l'abri des sollicitudes publiques, à cause de l'immensité de l'état, commencoient à souffrir de cette guerre ; on détournoit l'argent à l'entretien des troupes ; les vivres haussoient de prix. La révolte de Vindex ne leur avoit pas causé le même tort ; cette guerre, concentrée dans la province entre les légions et les Gaules, avoit été comme une guerre étrangère. En général, depuis qu'Auguste avoit affermi la domination des Césars, les armes du peuple romain, employées au loin, ne procuroient d'alarmes ni de gloire qu'à un seul homme : on n'avoit appréhendé que les maux de la paix sous Tibère et sous Caius ;

boniani contra Claudium incepta simul audita et coercita. Nero nunciis magis et rumoribus, quàm armis depulsus. Tum legiones classesque, et quod raro aliàs, prætorianus urbanusque miles, in aciem deducti: Oriens Occidensque, et quidquid utrimque virium est à tergo: si ducibus aliis bellatum foret, longo bello materia. Fuere qui proficiscenti Othoni moras, religionemque nondum conditorum ancilium afferrent. Adspernatus est omnem cunctationem, ut Neroni quoque exitiosam: et Cecina, jam Alpes transgressus, exstimulabat.

XC. Pridie idus martias, commendatâ patribus Repub. reliquias Neronianarum sectionum, nondum in fiscum conversas, revocatis ab exsilio concessit: justissimum donum, et in speciem magnificum, sed festinatâ jam pridem exactione, usu sterile. Mox vocatâ concione, majestatem urbis, et consensum populi ac senatûs pro se attollens, adversum Vitellianas partes modestè disseruit: inscitiam potiùs legionum, quàm audaciam increpans,

l'entreprise de Scribonianus, contre Claude, avoit été étouffée presqu'aussitôt que formée; le récit de quelques nouvelles, de simples rumeurs et non les armes, avoient chassé Néron. Mais alors on entraînoit aux combats les légions, les flottes, les soldats du prétoire, ceux de la ville ( chose presqu'inouie ), l'Orient, l'Occident, et toutes les forces que les partis avoient pu réunir; aliment d'une très-longue guerre, si elle eut été conduite par d'autres chefs. Quelques-uns engageoient Othon à différer son départ, dont on lui faisoit un scrupule, parce que les boucliers sacrés n'étoient pas renfermés (1). Il rejeta tous les délais, comme ayant été funestes à Néron. D'ailleurs Cecina, déja descendu des Alpes, étoit un puissant aiguillon pour lui.

XC. La veille des ides de mars, après avoir recommandé la République au sénat, il rendit à ceux qu'on avoit rappelés d'exil, la partie de leurs biens, qui, ayant été confisquée par Néron, n'étoit pas encore réunie au fisc, restitution très-juste et considérable en apparence; mais l'empressement des exacteurs l'avoit depuis long-tems réduite presqu'à rien. Ayant ensuite convoqué l'assemblée, il fit valoir l'accord du peuple, du sénat et de la capitale en sa faveur, parla du parti contraire avec retenue, accusant les légions d'erreur plutôt que

nullâ Vitellii mentione; sive ipsius ea moderatio, seu scriptor orationis, sibi metuens, contumeliis in Vitellium abstinuit; quandò, ut in consiliis militiæ Suetonio Paullino, et Mario Celso, ita in rebus urbanis Galerii Trachali ingenio Othonem uti credebatur; et erant qui genus ipsum orandi noscerent, crebro fori usu celebre, et, ad implendas aures, latum et sonans. Clamor vocesque vulgi, ex more adulandi, nimiæ et falsæ; quasi dictatorem Cæsarem, aut imperatorem Augustum prosequerentur, ita studiis votisque certabant; nec metu, aut amore, sed ex libidine servitii, ut in familiis, privata cuique stimulatio, et vile jam decus publicum. Profectus Otho, quietem urbis, curasque imperii, Salvio Titiano fratri permisit.

*Finis primi Libri.*

d'audace, et ne fit aucune mention de son concurrent. On ignore si ce fut un effet de sa modération, ou si l'auteur de sa harangue, craignant pour lui-même, n'osa point hasarder d'invectives contre Vitellius (1). Comme Othon se régloit, pour les affaires de la guerre, sur les conseils de Paulin et de Marius, on croit qu'il se servoit de même de la plume et du génie de Trachalus, à l'égard des affaires civiles. Plusieurs prétendoient reconnoître dans ses harangues, l'éloquence nombreuse et cadencée de cet orateur qu'ils avoient entendu souvent au barreau, où il s'étoit fait un nom célèbre. Les acclamations du peuple, monté depuis long-tems à flatter ses maîtres, furent outrées et fausses; mêmes vœux, même empressement que si on eut conduit le dictateur César ou l'empereur Auguste; ce n'étoit ni amour, ni crainte, mais fureur de se précipiter dans la servitude, jalousie de se surpasser les uns les autres en bassesses, comme au milieu d'une famille d'esclaves, et la décence publique n'étoit plus comptée pour rien. Othon, à son départ, laissa le soin de la ville et de l'empire à Titien son frère.

*Fin du premier Livre.*

# NOTES

## SUR LE

## PREMIER LIVRE

## DE L'HISTOIRE

## DE TACITE.

CH. I. *page* 24 *et* 25. (¹) *Octingentos et viginti.* Assez d'historiens ont décrit les huit cent vingt années précédentes ). Il s'est écoulé sept cent vingt-trois ans depuis la fondation de Rome jusqu'à la bataille d'Actium, et huit cent ving-deux jusqu'au second consulat de Galba. Il est clair que Tacite a pu supprimer deux ou trois ans, pour faire un nombre rond. Les manuscrits et l'*Éditio princeps* portent *octingentos* en toutes lettres. Le sens paroît le demander. Ryckius, MM. Ernesti et Brotier prouvent qu'on doit lire ainsi, et que c'est l'imprimeur de Rhenanus, qui, par mégarde, avoit introduit DCC.

Cette

Cette note, qui se trouvoit dans la première édition, n'a pas empêché un critique de me dire dans une lettre imprimée en 1780 : « *Vous lisez* OCTOGINTOS (1) PRIORIS ÆVI ANNOS : *il falloit lire, comme porte le manuscrit de la bibliothèque du roi : Les sept cent vingt précédentes années* ». J'ignore quel est ce manuscrit dont on cite des mots français; mais je puis assurer que le Tacite manuscrit de la bibliothèque du roi, ainsi que l'*Editio princeps*, portent OCTINGENTOS. M. Bejot et M. l'abbé Desaunays m'ont permis de m'appuyer de leur témoignage l'un pour le manuscrit, l'autre pour l'imprimé. L'assertion contraire auroit lieu de surprendre de la part d'une personne qui a fait une étude particulière de Tacite, et qui en a donné des preuves.

Cʜ.ᵉʳ I. page 24 et 25. (2) *Dum res populi romani. Tant qu'ils eurent à rapporter les actions du peuple romain, ils le firent avec autant d'éloquence que de liberté*). Au lieu que, depuis Auguste, ce n'étoient plus RES POPULI ROMANI, mais RES AUGUSTI, TIBERII, etc. PRINCIPATUS DIVI NERVÆ, IMPERIUM TRAJANI.

Cʜ. I. *Idem.* (3) *Postquam bellatum. Lorsque la bataille d'Actium eut terminé la guerre*). BELLATUM est mis ici pour DEBELLATUM, de même que nous verrons ensuite AD BELLANDUM PROFECTI. La République n'avoit plus d'armées à elle, depuis la défaite de Brutus et de Cassius; mais le parti pouvoit renaître. La guerre ne fut vraiment terminée qu'à la bataille d'Actium.

(1) OCTOGINTOS est sans doute une double faute d'impression, pour OCTINGENTOS.

*Tome VI.*             T

Ch. I. *page* 24 *et* 25. (4) *Ut alienæ. On connoissoit mal un état où l'on étoit comme étranger*). Le Romain n'étoit plus dans une République qui fût à lui ; elle appartenoit aux empereurs, qui se la transmettoient comme un bien héréditaire : UNIUS FAMILIAE QUASI HEREDITAS FUIMUS. Chacun s'instruisoit des affaires de l'état, tant que son suffrage y fut compté pour quelque chose. Depuis qu'il eut fallu, pour jouir de la paix, laisser toute l'autorité dans les mains d'un seul homme, les secrets du ministère furent impénétrables au vulgaire. Il devint le jouet de tous les bruits semés par les esprits oisifs. D'ailleurs une histoire fidèle sous un mauvais prince, est un crime d'état.

Ch. I. *page* 26 *et* 27. (5) *J'avoue que Vespasien, Titus et Domitien ont contribué successivement à mon élévation*). Plus littéralement : *Je conviens que Vespasien m'a ouvert la carrière des honneurs ; que Titus m'y a fait avancer, et que Domitien m'y a conduit plus loin.* Tacite reçut de Vespasien la questure et le rang de sénateur ; de Titus, l'édilité ; de Domitien, le quindecimvirat et la préture. Il ne parvint au comble des honneurs, qui étoit le consulat, que sous Nerva.

Ch. I. *page* 26. (6) *Divi Nervæ*). Nerva étoit déja mort, puisqu'il est nommé *Divus*. Tacite étoit né avant l'an 816, et Nerva mourut en 851. Ainsi Tacite avoit au moins trente-cinq ans, lorsqu'il écrivit cette histoire.

Ch. II. *page* 26. (1) *Plenum variis casibus*). C'est ainsi que portent les anciennes éditions et quelques manuscrits. M. Ernesti lit : OPIMUM CASIBUS.

Ch. II. *page 26 et 27.* (2) *Perdomita Britannia et statim missa. La Bretagne conquise et perdue presque aussitôt ).* La Bretagne dont il est question ici et dans tout le reste de cette histoire, est l'Angleterre.

Ch. II. *page 28.* (3) *Falsi Neronis ludibrio ).* Ce peu de lignes contient l'abrégé de toute l'histoire entreprise par Tacite jusqu'en 849. Les quatre empereurs égorgés sont Galba, Othon, Vitellius et Domitien. Quelques uns comptent Pison à la place d'Othon, qui se tua lui-même. Les trois guerres civiles sont celles de Vindex, de Vitellius et de Vespasien. Plusieurs, au lieu de la guerre de Vindex, que Tacite ne fait qu'indiquer, et qui d'ailleurs précéda le second consulat de Galba, en mettent une de L. Antonius contre Domitien. Une guerre étrangère, où les citoyens se mêlèrent avec les Barbares, fut celle de Civilis, dans laquelle des légions romaines s'engagèrent à servir l'empire des Gaules. Enfin, le faux Néron est celui dont Suétone ne nous dit qu'un mot : *Le nom de Néron étoit si cher aux Barbares, qu'un inconnu l'ayant pris dans ma jeunesse, vingt ans après la mort de ce prince, ils le soutinrent de tout leur pouvoir, et ne le livrèrent qu'à regret.* Le manuscrit de l'institution porte LUDIBRIA. En lisant ainsi, il faudroit mettre deux points après ARMA. Divers imposteurs se donnèrent en effet pour Néron.

Ch. II. *page 28 et 29.* (4). *Urbes. Fecundissima. Des villes renversées, d'autres englouties, les fertiles contrées de la Campanie, et Rome même ravagées, etc. ).* Il y eut sous le règne de Titus des villes englouties ailleurs que dans la Campanie. C'est ce qui m'a déterminé pour la ponctuation de Juste-Lipse. Voici celle de M. Ernesti. OBRUTAE URBES, FECUNDISSIMA CAMPANIAE ORA : ET URBS, etc.

CH. II. *page* 28 (5) *Procurationes* ). C'étoient des espèces d'intendances, inventées par les empereurs, pour restreindre le pouvoir des proconsuls. Le proconsul étoit l'homme de la République ; le *procurateur*, celui du prince.

CH. II. *page* 28. (6) *Interiorem potentiam* ). POTENTIA INTERIOR désigne ceux qui entroient dans le conseil secret du prince, tels que Mecène sous Auguste, Salluste sous Tibère, qui, sans titre apparent, avoient plus de pouvoir que les consuls.

CH. II. *page* 28. (7) *Agerent, verterent cuncta* ). Cette leçon est autorisée par d'anciennes éditions et des manuscrits. M. Ernesti lit : *Agerent ferrent*.

CH. III. *page* 31. (1) *Ce siècle ne fut cependant pas si fécond en crimes, qu'il ne produisît aussi de bons exemples* ). On trouve une observation semblable dans les Annales, liv. XVI, chap. XXXIII. Tacite, après avoir fait le récit de plusieurs crimes, ajoute : IDEM TAMEN DIES ET HONESTUM EXEMPLUM TULIT, CASSII ASCLEPIODOTI, QUI MAGNITUDINE OPUM PRAECIPUUS INTER BITHYNOS, QUO OBSEQUIO FLORENTEM SORANUM CELEBRAVERAT, LABENTEM NON DESERUIT, EXUTUSQUE FORTUNIS OMNIBUS, ET IN EXILIUM ACTUS. Voilà NECESSITAS CLARI VIRI FORTITER TOLERATA, placée ailleurs par Tacite, parmi les bons exemples ; d'où il conclut : AEQUITATE DEUM ERGA BONA MALAQUE DOCUMENTA : *effet de l'atten-*

tion des dieux à tempérer par de bons exemples la force des mauvais. Je prie le lecteur de comparer avec soin ces deux passages. Ils me paroissent s'éclaircir mutuellement. Je suis convaincu qu'on sera surpris que des hommes célèbres, dont je respecte les lumières, aient vu un blasphême horrible dans ces mots : AEQUITATE DEUM ERGA BONA MALAQUE DOCUMENTA. Il y auroit de la folie a s'en rapporter à moi, plutôt qu'à ceux qui jusqu'à présent ont traduit ou commenté Tacite ; mais je demande qu'on s'en rapporte à Tacite lui-même.

CH. III. page 30. (2) *Supremæ clarorum virorum necessitates : ipsa necessitas fortiter tolerata* ). Je dois la correction de cet endroit, à la judicieuse observation de MM. du journal des savans. Je n'ai cependant pas osé suivre tout-à-fait le sens qui m'étoit indiqué, parce que j'ai de la peine à croire que NECESSITAS et NECESSITATES, si près l'un de l'autre, n'aient pas le même sens.

CH. III. page 30. (3) *Magisve justis indiciis approbatum est* ). Un critique a fait observer que MAGIS JUSTIS INDICIIS, peut signifier littéralement *par des indices plus complets*.

CH. III. page 30. (4) *Non esse curæ* ). 1°. J'avoue que je ne conçois rien au raisonnement que presque tous les commentateurs prêtent à Tacite en cet endroit. *Les dieux ont une fois puni Rome ; par conséquent ils ne récompensent jamais.*

2°. Il est faux que Tacite n'ait pas cru à la providence. Il dit clairement dans le troisième livre de l'histoire, que les Romains, sans leurs crimes, n'auroient reçu des dieux que des faveurs : PROPITIIS, SI PER MORES

NOSTROS LICERET, DIIS. Dans le quatrième livre, il attribue à leur protection la victoire de Cerialis sur les Germains. NEC SINE OPE DIVINA MUTATIS REPENTE ANIMIS TERGA VICTORES VERTERE. Ailleurs il parle à l'égard de Vespasien de COELI FAVOR et INCLINATIO NUMINUM. Il n'avoit pas changé de sentiment lorsqu'il composa ses Annales. On y lit, liv. XII, Chap. XLIII, QUINDECIM DIERUM ALIMENTA URBI NON AMPLIUS SUPERFUISSE CONSTITIT ; MAGNAQUE DEUM BENIGNITATE et MODESTIA HIEMIS REBUS EXTREMIS SUBVENTUM. Ainsi, outre qu'on fait déraisonner Tacite, on lui prête un sentiment contradictoire au sien. S'il y a des reproches à lui faire, c'est plutôt d'avoir été quelquefois trop crédule.

3º. Suivant les règles de la syntaxe, tant en latin qu'en français, ce qu'on appèle *présent de l'infinitif*, désigne un tems imparfait, lorsque cet infinitif est régi par un parfait. Exemple *latin* : TE ERRARE CREDIDI : Exemple français : *Je vis hier deux hommes se battre*. Ainsi APPROBATUM EST NON ESSE ne veut pas dire, *il fut prouvé qu'il n'est pas* ; encore moins, *qu'il n'est jamais* : mais qu'il n'étoit pas alors dans l'intention des dieux de nous récompenser, mais de nous punir. L'importance de cette note m'en fera pardonner la longueur. Quoique la divinité n'ait pas besoin du suffrage de Tacite, tout homme de lettres ne doit-il pas voir avec plaisir qu'il en a pensé sensément à cet égard ?

CH. IV. *page* 32. (1) *Pars populi integra*). ID EST, dit Juste Lipse, SINCERA, ATQUE LASCIVIA TEMPORUM NON CORRUPTA. Peut-être pourroit-on entendre par ces mots : QUAE INTEGRAM LIBERTATEM SERVAVERAT, par opposition à la partie QUAE ERAT MAGNIS DOMIBUS ANNEXA.

Сн. IV. *page* 33. ( 2 ) *Que Néron avait fait subsister à sa honte* ). Néron s'étoit emparé des biens des grands de Rome, pour les prodiguer en superfluités, qui n'enrichissoient que des gladiateurs, des comédiens, des joueurs de flûte, et autres gens encore plus méprisables.

Сн. V. *page* 33. ( 1 ) *Les prétoriens* ). Il y en avoit de deux sortes : les prétoriens qui composoient la garde de l'empereur, et les soldats du guet qui formoient celle de la ville. Il est principalement question ici des prétoriens. C'étoient eux qui avoient abandonné Néron.

Сн. VI. *page* 36 *et* 37. ( 1 ) *Formidolosus. Ceux qui lui avoient servi d'exécuteurs* ). Je présume qu'avant de lire cette Histoire, on aura jeté un coup-d'œil sur le supplément qui la précède : c'est pourquoi je me dispense d'en rien citer.

Il se fit un tremblement de terre, accompagné de bruits sourds, semblables à des mugissemens, au moment où l'empereur entra dans son palais, suivant le rapport de Suétone. Ce qui redoubla la terreur dans l'esprit de ce peuple superstitieux.

Сн. VIII. *page* 38 *et* 39. ( 1 ) *Tributi levamento* ). Galba avoit exempté d'un quart des impôts, toute la partie des Gaules qui s'étoit déclarée pour Vindex.

Сн. IX *page* 40 *et* 41. ( 1 ) *Id satis videbatur* ). D'autres lisent FATIS. La différence est trop légère pour en juger sur les manuscrits, et les deux sens me paroissent également dans le goût de Tacite. *Vitellius y fut envoyé : ainsi l'ordonnoient les destinées.*

Ch. XI. *page* 45. (1) *Tibère Alexandre*). Il étoit né en Égypte, Juif de race sacerdotale, et neveu de Philon, connu par le récit de sa députation vers Caius et d'autres écrits. Voyant que sa nation se perdoit par sa discorde et ses fureurs, il quitta le culte de ses pères, pour servir les dieux des Romains, ou plutôt son ambition.

Ch. XII. *page* 48. (1) *In T. Vinium diverterant*). C'est ainsi qu'on lit dans les manuscrits, et je ne vois pas nécessité d'y rien changer. Texte d'Ernesti. ETIAM IN T. VINII ODIUM.

Ch. XV. *page* 54 *et* 55. (1) *Lege curiatâ. Si, comme simple particulier, je vous adoptois, en vertu d'une loi des curies, sous les yeux des pontifes*). Un citoyen ne pouvoit changer son état sans la permission du peuple. Les prêtres examinoient si les causes de l'adoption étoient légitimes, et le peuple assemblé par curies, la ratifioit.

Ch. XV. *page* 56. (2) *Retinebis*). Tacite met RETINEBIS EADEM CONSTANTIA, et non, RETINERE TENTABIS. En effet, les princes ont rarement intérêt de tromper leurs courtisans. Ils agissent envers eux avec assez de liberté, de bonne-foi et même d'amitié. Mais il n'en est pas ainsi des courtisans à leur égard. Cependant j'avoue que j'ai contre moi la plupart des commentateurs et des traducteurs. Ils ont entendu le texte comme s'il y avoit CETERI IMMINUENT TUAM FIDEM; et moi je sous-entends SUAM, au lieu de TUAM. On choisira.

Ch. XVI. *page* 60. (1) *Tanquam principem faceret*). On lit PRINCEPS dans le manuscrit de l'institution, ce qui

ce qui change le sens : *Galba conservoit cet air de majesté qui sied à un prince. Les autres rampoient déja devant Pison.*

Cн. XVIII. *page* 62 *et* 63. (1) *Vir virum legeret. Suivant la coutume militaire, où chacun se choisit un second* ). C'étoit une manière de former des troupes d'élite : le premier se choisissoit un second ; le second un autre, et ainsi de suite, jusqu'à ce que le nombre désiré fût complet.

Quatre lignes plus haut j'ai mis VERTANTUR sur l'autorité du manuscrit du roi et de l'*Editio princeps*, au lieu de VITANTUR qu'on lit dans M. Ernesti.

Cн. XIX. *page* 64 *et* 65. (1) *Medii ac plurimi. Les indifférens ( c'étoit le très-grand nombre ) se souciant peu de l'état, lui firent des offres de service pour leur propre intérêt* ). M. Ernesti met MEDIÈ. J'ai cru devoir lire avec Freinshemius, MEDII, ID EST, INTER EOS QUI VOLEBANT, ET EOS QUI NOLUERANT. Voici comme j'entends cette phrase. Tacite après avoir dit FAVOR PATRUM ADERAT, explique de quelle manière chacun témoignoit cette faveur, MULTI, VOLUNTATE. QUI NOLUERANT, EFFUSIUS. Enfin, MEDII AC PLURIMI, OBVIO OBSEQUIO. Est-il à croire que des hommes qui fondoient leurs espérances sur l'élévation de Pison, PRIVATAS SPES AGITANTES, lui fissent leur cour d'un air indifférent, MEDIÈ ?

Cн. XX. *page* 66. (1) *Inde repeti unde* ). On lit ainsi dans de bonnes éditions. M. Ernesti met INDE REPETI UBI.

Ch. XXI. page 70. (1) *Acrioris viri esse meritò perire* ). Comme cette sentence est atroce, j'ai pensé qu'il valoit mieux ne la pas présenter dans tout son jour au plus grand nombre des lecteurs pour lesquels j'écris.

Ch. XXV. page 76. (1) *Tesserarium* ). Le tesseraire étoit un soldat chargé de notifier à sa compagnie le mot du guet ( *Tessera* ) qu'il avoit reçu du tribun.

Ch. XXV. page 76. (2) *Optionem* ). L'option étoit une espèce de sergent.

Ch. XXVI. page 79. (1) *Othon auroit été proclamé empereur, au sortir de son souper, si quelques difficultés ne les en eussent détournés* ). Suétone y joint une autre considération. La cohorte en faction auprès de l'empereur étoit la même qui avoit vu tuer Caius, et qui avoit abandonné Néron. Elle craignit qu'un troisième attentat de sa part n'excitât l'indignation publique.

Ch. XXVII. page 80. (1) *Milliarium aureum* ). Il y avoit des milles numérotés sur les grands chemins d'Italie. Ils aboutissoient à une colonne posée devant le temple de Saturne, appelé *Milliarium aureum*.

Ch. XXVII. page 81. (2) *Mais ils le jètent promptement dans une litière, et l'enlèvent en tirant l'épée* ). Cette marche criminelle d'Othon fut accompagnée de circonstances mortifiantes. La litière dans laquelle on le jeta étoit une litière de femme. Il crioit le long de la route, *je suis perdu*, et tous les passans l'entendirent. Les porteurs, excédés de fatigue, le laissèrent à moitié chemin. Il voulut courir à pied, un de ses souliers se rompit. Enfin les soldats le prirent sur leurs épaules.

CH. XXXI. page 88. (1) *Nullo adhuc consilio*). Les manuscrits sont inintelligibles en cet endroit. Je lis dans celui de l'institution : UT TURBIDIS REBUS EVECTIOR RE MAGIS, ET NONNULLO ADHUC CONSILIO PARAT SIGNA QUOD POSTEA CREDITUM EST. M. Ernesti met : UT TURBIDIS REBUS EVENIT, FORTÈ MAGIS ET NONNULLO ADHUC CONSILIO, PARAT SIGNA, QUOD POSTEA CREDITUM EST. J'ai suivi l'édition *de Delatour*. J'aimerois cependant mieux MORE que FORTÈ, suivant la correction de Freinshemius : *prépare ses drapeaux par habitude et sans dessein prémédité.*

CH. XXXI. page 91. (2) *Les soldats de Germanie hésitèrent long-tems*). Suétone dit qu'ils volèrent au secours de Galba, mais que, s'étant égarés en chemin, ils arrivèrent trop tard. Il est singulier que, dans cette conjoncture critique, il ne soit fait aucune mention de la légion que Galba avoit amenée d'Espagne.

CH. XXXIII. page 92. (1) *Dùm egregius imperator, cum fortibus amicis, januá, ac limine tenus domum cludit*). Il me paroît que ceci ne doit pas moins se prendre ironiquement que ET PRAECLARUM IN SERVIS AUXILIUM qui suit.

CH. XXXIII. page 92 et 93. (2) *Proinde intuta quæ indecora. Le parti le plus honteux étoit par conséquent le moins sûr*). PROINDE, indique une conséquence, et comme elle est tirée ici d'un cas particulier, on ne peut en faire une maxime générale. Elle seroit d'ailleurs fausse. Combien de gens n'ont dû leur conservation qu'à leur lâcheté.

Ch. XXXIV. *page 94.* ( 1 ) *Seu quia erat, seu quia irati ita volebant, et facilius de odio creditur ).* Je défère avec plaisir au sentiment du journaliste des Savans, sur l'interprétation de cette phrase. Cependant, comme je tiens encore un peu pour celle que j'avois donnée d'abord, on me permettra de la transcrire ici : *Soit que cette haine fût réelle, ou simplement supposée par les ennemis du consul ; il est plus à croire que Pison haïssoit en effet Vinius.*

Ch. XXXVI. *page 98 et 99.* ( 1 ) *Nec deerat Otho, protendens manus, adorare vulgum, jacere oscula et omnia serviliter pro dominatione.* Othon, de son côté, étendant les mains vers le peuple, le saluoit et s'abaissoit devant lui jusqu'à ramper en esclave, pour devenir le maître ). « Il y avoit plusieurs manières d'applaudir, comme de se lever, de porter les deux mains à la bouche, de les avancer vers ceux à qui on vouloit faire honneur ; ce qu'on appeloit ADORARE OU BASIA JACTARE ». *Mémoire de l'académie des belles-lettres, tome premier, page* 116. On y peut ajouter JACERE OSCULA, qui est la même chose.

Tandis que je m'attendois à des reproches sur ce que j'avois abrégé cet endroit, qui me paroissoit trop éloigné de nos manières, un critique a prétendu que je l'avois paraphrasé. De la façon dont il arrange le texte, il a raison ; car il n'en prend que les quatre derniers mots, auxquels il en a ajouté un cinquième de sa composition ( FACIENS ) qui change absolument la phrase. Des critiques qui se donnent pour impartiaux, devroient éviter avec soin d'altérer les textes ; car ils s'exposent à être accusés de mauvaise foi, tandis qu'on ne doit, peut-être, s'en prendre qu'à leur inadvertance.

Ch. XXXVII. *page* 100 *et* 101. (1) *Hanc solam Gallæ victoriam*). Galba avoit fait la guerre avec succès en Germanie : il avoit reçu les ornemens du triomphe pour ses exploits en Afrique. On ne doit point prendre à la lettre les reproches que Tacite met dans la bouche d'un ennemi.

Ch. XXXVIII. *page* 103. (1) *Lorsqu'elle aura reçu mon signal*). Ce signal fut, je crois, de faire arracher d'une enseigne l'image de Galba. Dès-lors toute la cohorte abandonna son empereur.

Ch. XLI. *page* 108. (1) *Crura brachiaque fœdè laniavere*). Laniare signifie proprement déchirer ; mais Tacite veut faire entendre plus, puisqu'il ajoute immédiatement après : Pleraque vulnera trunco jam corpori adjecta.

Ch. XLIII. *page* 111. (1) *Sempronius Densus*). Ce brave officier y fut tué. Plutarque et Xiphilin disent que ce fut en défendant Galba, ce qui peut se concilier avec le récit de Tacite. Sempronius vola peut-être au secours de l'empereur après la retraite de Pison. Il n'avoit aucune obligation particulière ni à l'un ni à l'autre, et ne considéra que son honneur et son devoir dans cette généreuse défense.

Ch. XLIV. *page* 113. (1) *Formát une triste image*). Othon fut si troublé dans son sommeil pendant la nuit qui suivit cet attentat, qu'il ne cessa de pousser des gémissemens, et se jeta hors de son lit. S'imaginant être poursuivi par les mânes de Galba, il offrit une multitude de sacrifices pour les appaiser. Au lieu de cette joie que chacun se flatte de goûter après avoir obtenu ce qu'il a vivement desiré, on l'entendit répéter souvent un proverbe grec qui reviendroit fort bien à celui-ci : *Qn'allois-je faire en cette galère ?* si le nôtre n'étoit pas du genre comique.

CH. XLIV. *page* 112. (2) *In posterum ultionem*). Voici, je crois, la construction de cette phrase : TRADITO PRINCIPIBUS MORE ULTIONEM IN POSTERUM ESSE MUNIMENTUM AD PRAESENS.

CH. XLVIII. *page* 120 *et* 121. (1) *Piso meliore famâ uàm fortunâ. Pison, toujours estimé, jamais heureux*). Il me semble qu'en rendant littéralement *Pison dont la fortune n'égala jamais la renommée*, on répondroit mal à l'intention de Tacite, qui prouve ensuite en détail que Pison ne fut jamais heureux.

J'ai mis qu'il perdit deux de ses frères, et non ses deux frères, parce qu'il lui en restoit au moins un. Tacite le dit clairement une ligne plus bas : MAJORI PRAELATUS EST ; et dans le discours de Galba, prononcé quatre jours auparavant, on lit : EST TIBI FRATER NATU MAJOR.

CH. XLVIII. *page* 120. (2) *Principiis*). PRINCIPIA, dans les camps romains, étoit l'endroit où se déposoient les Aigles, espèces de divinités.

CH. XLIX. *page* 124 *et* 125. (1) *Nisi imperasset. Tout le monde l'auroit jugé digne de l'empire, s'il n'y fût point parvenu*). On m'a presque fait un crime d'avoir négligé les antithèses PRIVATO PRIVATUS, IMPERIO IMPERASSET. Je n'ai pas cru que Tacite y mît une grande importance. Néanmoins, pour donner le moins de mécontentement qu'il me sera possible, je vais insérer ici la phrase qu'on désire de substituer à la mienne : *Dans une condition privée, il parut au-dessus d'un particulier, et d'un commun accord on l'eût jugé digne de l'empire, s'il n'eût point été empereur.*

Cн. LI. *page* 128. (1) *Ad decus supererant* ). Les manuscrits du roi et de l'institution, portent AD DEDECUS, *pour le déshonneur.* Cette pensée ne me paroît pas éloignée de la manière de Tacite. Certaines superfluités font le déshonneur d'une armée.

Cн. LII. *page* 133. (1) *Substituant un désintéressement louable à la sordide avarice de Capiton* ). Ce désintéressement étoit d'autant plus louable dans Vitellius, que l'argent lui manquoit. Il avoit été contraint, en partant de Rome pour son gouvernement, d'engager sa maison et jusqu'aux boucles d'oreilles de sa mère.

Cн. LVI. *page* 140 *et* 141. (1) *Non cohortari bonos ausus. Sans employer ni menaces, ni exhortations, ni réprimandes* ). Littéralement : *N'osant retenir les emportés, fixer les indécis, animer les gens de bien.* J'ai abrégé cet endroit, ne pouvant le rendre français sans le paraphraser.

Cн. LXII. *page* 153. (1) *Quant au nom de César, il n'en voulut pas même après sa victoire* ). C'est pour cela que le nom de César ne se trouve pas sur les médailles de Vitellius. La superstition le lui fit cependant accepter quelques jours avant sa mort. Il crut qu'un nouveau nom lui procureroit une nouvelle destinée.

Ch. LXIV. *page* 157. (1) *Cohortem duodevicesimam. Valens ne laissa que la dix-huitième cohorte dans ses quartiers d'hiver* ). De bonnes éditions portent COHORTES XVIII, dix-huit cohortes. C'est beaucoup; mais une seule est bien peu. Nous verrons chapitre 74, qu'Othon envoya des ambassadeurs au nom du sénat, vers les troupes campées dans Lyon. Auroit-il eu cette considération pour une cohorte unique ? On objecte que le parti de Vitellius n'a pas dû laisser dans Lyon tant de troupes nécessaires ailleurs. Mais qu'on me permette une observation. Lorsque les Romains avoient besoin de soldats, ils enlevoient quelquefois des quartiers d'hiver tout ce que les légions avoient de meilleur. Elles n'étoient plus composées alors que de vieillards et de gens infirmes, et conservoient cependant leur nom. De-là plusieurs légions sous le même numéro. On complétoit à loisir les unes et les autres. C'est ainsi que nous verrons les légions subsister en Germanie, VACUA LEGIONUM NOMINA, quoique presque tous les soldats qui les composoient, eussent été conduits à Rome. Il en pouvoit être de même de ces dix-huit cohortes.

Ch. LXV. *page* 158 *et* 159. (1) *Uno amne discretis connexum odium. Nouveau motif de haine et de jalousie entre deux peuples qui, n'étant séparés que par un fleuve, ne se perdoient jamais de vue* ). Lyon est à la droite du Rhône, Vienne à la gauche, cinq lieues plus bas. Le fleuve bornoit vraisemblablement leur territoire respectif.

Ch. LXVI. *page* 158. (1) *Velamenta et infulas* ). VELAMENTA ET INFULAE, étoient des ornemens dont les prêtres se revêtoient pour fléchir les dieux. On en couvroit aussi les victimes. Les supplians avoient coutume de les employer pour marquer leur entière soumission.

Ch. LXX. *page* 166. (1) *Alam Syllanam*). Les différentes ailes de cavalerie prenoient, de même que nos régimens, des noms quelquefois de pays, *ala Taurina*, quelquefois de celui qui les avoit levées, *ala Scriboniana*. J'ignore quel Sylla avoit donné son nom à celle-ci. Il ne me paroît guère croyable qu'un corps formé sous le vainqueur de Marius, ait subsisté jusqu'au règne d'Othon. La milice romaine avoit subi trop de changemens.

Ch. LXXI. *page* 170 *et* 171. (1) *Exemplum ultrò imputavit. Marius.... lui fournit l'exemple qu'il cherchoit*). Comme je m'écarte beaucoup en cet endroit du sens qu'on y donne communément, je soupçonne moi-même que je pourrois avoir tort. Je me suis laissé entraîner par ce qui précède, croyant que le meilleur commentaire de Tacite est Tacite lui-même : Petebatur titulus clementiae è viro claro.... Celsus ( vir clarus ) imputavit exemplum, imputavit illum titulum. *On vouloit un titre, Celsus eut le mérite de le fournir.* Je ne blâme cependant pas l'interprétation ordinaire. *Il fit valoir sa constance à Othon, comme un gage de ce que lui-même il devoit se promettre.* Traduction de M. Guerin, page 110. Il paroît même que Plutarque expliquoit ainsi ce passage ; mais il avoue qu'il entendoit fort peu la langue latine.

Ch. LXXI. *page* 170. (2) *Adhiberet*). Le texte est fort suspect en cet endroit. Je vais citer les deux manuscrits que j'ai sous les yeux, afin qu'on voie si on en pourra tirer un meilleur parti. Celui du roi : Sed hostes metuere conciliationes adhibens. Celui de l'institution : Sed ne hostes metueret consolationes adhibens. Juste-Lipse lit : Sed ne hostis metu reconciliationi se adhiberet, *pour qu'on ne dit pas qu'il lui pardonnoit, parce qu'il craignoit l'ennemi* Ryckius : Sed ne hostes metueret, conciliationes adhibens, qui est presque la leçon du manuscrit de l'institution, *cherchant à se faire des amis, pour se mettre en état de ne pas craindre ses ennemis.*

Ch. LXXI. page 170. (3) *Læta primoribus civitatis, celebrata in vulgus Celsi salus*). Les manuscrits du roi et de l'institution, portent pro moribus. Le peuple, suivant son inconstance ordinaire, se réjouit de la conservation de Marius. Ce sens ne me paroît point absurde.

Ch. LXXII. page 173. (1) *Vinius l'avoit défendu de leurs poursuites auprès de Galba*). Tigellinus sentit que la reconnoissance ne suffisoit pas pour intéresser Vinius en sa faveur. Il lui faisoit de tems en tems des présens considérables.

Ch. LXXVIII. page 182. (1) *Lingonibus*). Juste-Lipse remarque qu'il est singulier que la cité de Langres, d'ailleurs ennemie d'Othon, soit nommée ici entre deux nations espagnoles. Il soupçonne quelque altération dans le texte ; mais les manuscrits n'autorisent point à le changer.

Ch. LXXXV. page 203. (1) *On tournoit et retournoit sa pensée, pour donner à Vitellius les noms d'ennemi de l'état et de parricide.*). Il étoit difficile en effet à l'éloquence la plus déliée, d'empêcher les sénateurs de s'appercevoir qu'Othon méritoit encore mieux ces reproches.

Ch. LXXXVI. *page* 205. ( 1 ) *La rareté des vivres* ). L'inondation avoit submergé le marché au bled, et fait périr une quantité de provisions.

Ch. LXXXIX. *page* 213. ( 1 ) *Les boucliers sacrés n'étoient pas renfermés* ). On les tiroit du temple de Mars le premier de Mars, et on ne les renfermoit qu'à la fin du mois. Il n'y en avoit proprement qu'un de sacré. Il étoit tombé du ciel, disoit-on, sous Numa, pour guérir Rome de la peste, et devoit causer la félicité de la ville qui le garderoit. On y en avoit joint onze autres entièrement semblables, afin qu'il fût plus difficile de le dérober.

Ch. XC. *page* 215. ( 1 ) *L'auteur de sa harangue, craignant pour lui-même, n'osa point hasarder d'invectives contre Vitellius* ). Malgré cette précaution, il en auroit coûté la vie à Trachalus, s'il n'eût trouvé une puissante protection dans la personne de Galeria, femme de Vitellius, sa parente.

*Fin des Notes du premier Livre.*

# C. CORNELII TACITI HISTORIARUM LIBER SECUNDUS.

I. Struebat jam fortuna, in diversâ parte terrarum, initia causasque imperio, quod variâ sorte, lætum Reip. aut atrox, ipsis principibus prosperum, vel exitio fuit. Titus Vespasianus è Judæâ, incolumi adhuc Galbâ, missus à patre, causam profectionis, officium erga principem et maturam petendis honoribus juventam ferebat. Sed vulgus fingendi avidum disperserat, accitum in adoptionem; materia sermonibus, senium et orbitas principis, et intemperantia civitatis, donec unus

# HISTOIRE

## DE TACITE,

### LIVRE DEUXIÈME.

I. LA fortune, dans une autre partie de l'Univers, jetoit déja les fondemens d'une élévation qui fit successivement le bonheur et le malheur de l'état, et de la nouvelle maison qu'elle appeloit à l'empire (1). Titus, envoyé de Judée par son père vers Galba, qui régnoit encore, venoit en effet pour faire sa cour et solliciter les dignités auxquelles il étoit en âge de parvenir (2); mais le peuple, avide de fictions, publioit qu'on l'avoit mandé pour l'adopter. La vieillesse d'un prince sans enfans, et la démangeaison d'annoncer de nouveaux compétiteurs, jusqu'à ce que le choix soit fixé, avoient donné naissance à ce bruit, que

eligatur, multos destinandi. Augebat famam ipsius Titi ingenium, quantæcumque fortunæ capax, decor oris cum quâdam majestate, prosperæ Vespasiani res, præsaga responsa, et inclinatis ad credendum animis, loco ominum etiam fortuita. Ubi Corinthi, Achaiæ urbe, certos nuncios accepit de interitu Galbæ, et aderant, qui arma Vitellii, bellumque adfirmarent, anxius animo, paucis amicorum adhibitis, cuncta utrimque perlustrat. « Si » pergeret in urbem, nullam officii gratiam, » in alterius honorem suscepti; ac se Vitel- » lio, sive Othoni, obsidem fore. Sin redi- » ret, offensam haud dubiam victoris; sed » incertâ adhuc victoriâ, et concedente in » partes patre, filium excusatum. Sin Vespa- » sianus Rempub. susciperet, obliviscendum » offensarum, de bello agitantibus ».

II. His ac talibus inter spem metumque jactatum, spes vicit. Fuere, qui accensum desiderio Berenices reginæ, vertisse iter crederent. Neque abhorrebat à Berenice juvenilis animus; sed gerendis rebus nullum ex eâ impedimentum : lætam voluptatibus adoles-

rendoient encore plus vraisemblable le génie de Titus, nullement au-dessous de la plus haute fortune, sa beauté jointe à un air majestueux, les exploits de son père, des prédictions, et à leur défaut, le hasard même, à des esprits déja prévenus en sa faveur. Il apprit avec certitude, à Corinthe en Achaïe, la mort de Galba; on l'assuroit en même tems que Vitellius s'armoit et commençoit la guerre. Alors il tint conseil avec un petit nombre de ses amis sur cette conjoncture embarrassante. « S'il continue sa route, quel gré lui saura-t-on d'une démarche entreprise par considération pour un autre? Othon ou Vitellius le garderont en ôtage. S'il s'en retourne, le vainqueur en sera sûrement choqué. Mais tant que la victoire demeurera incertaine, Vespasien obtiendra facilement la grace de son fils auprès de celui dont il secondera le parti; et, s'il garde l'empire pour lui-même, qu'importe d'offenser un ennemi qu'on veut combattre ».

II. Ces espérances l'emportèrent enfin sur sa crainte. Quelques-uns ont cru que son amour pour Bérénice fut le vrai motif de ce retour. Il étoit jeune, il aimoit Bérénice; mais sa passion ne le détourna jamais de ses affaires. Il donna sa jeunesse aux plaisirs, et s'observa plus pendant son propre règne que sous celui

centiam egit, suo quàm patris imperio modestior. Igitur oram Achaiæ, et Asiæ, ac læva maris prævectus, Rhodum et Cyprum insulas, inde Syriam audentioribus spatiis (1) petebat. Atque illum cupido incessit, adeundi visendique templum Paphiæ Veneris, inclytum per indigenas advenasque. Haud fuerit longum initia religionis (2) templi situm, formam deæ, neque enim alibi sic habetur (3), paucis disserere.

III. *Conditorem templi regem Aërian* vetus memoria, quidam *ipsius deæ nomen id perhibent.* Fama recentior tradit. *à Cinyrâ sacratum templum, deamque ipsam conceptam mari, huc appulsam. Sed scientiam artemque* (1) *aruspicum accitam ; et Cilicem Thamiram intulisse. Atque ita pactum, ut familiæ utriusque posteri cærimoniis præsiderent. Mox, ne honore nullo regium genus peregrinam stirpem antecelleret, ipsâ, quam intulerant, scientiâ hospites cessere.* Tantùm Cinirades sacerdos consulitur. Hostiæ, ut quisque vovit ; sed mares deliguntur. Certissima fides hædorum fibris.

de

de son père. Ayant côtoyé l'Achaïe et les contrées de l'Asie, sur la gauche, pour passer à Rhodes et en Chypre, il revint en Syrie par la pleine mer. En passant à l'île de Chypre, il fut curieux de visiter la Vénus de Paphos, célèbre par le culte de ses habitans et par le concours des étrangers. Disons un mot sur l'établissement de cette dévotion (2), la situation du temple, et la forme de la déesse, dont la singularité me fera pardonner cette courte digression.

III. Une ancienne tradition porte *que ce temple fut fondé par le roi Aërias.* D'autres disent qu'*Aërias est le nom de la déesse.* Une opinion plus récente est *que Cinyras a consacré le temple à l'endroit où Vénus vint aborder, après avoir été conçue dans le sein de la mer. On fit venir ensuite Thamiras de Cilicie, pour y établir la science et l'art des aruspices* (1). Il avoit été convenu, dit-on, que le sacerdoce seroit également exércé par les maisons de Cinyras et de Thamiras; mais la maison des rois, jalouse d'avoir quelque prérogative sur des étrangers, se fit céder les fonctions d'aruspices. On ne consulte aujourd'hui que le descendant de Cinyras; le choix des victimes, pourvu que ce soit des mâles, est libre; cependant le prêtre lit plus sûrement dans les

*Tome VI.* X

Sanguinem aræ obfundere vetitum: precibus et igne puro altaria adolentur, nec ullis imbribus, quamquam in aperto, madescunt. Simulacrum deæ non effigie humanâ: continuus orbis latiore initio tenuem in ambitum metæ modo, exsurgens: et ratio in obscuro.

IV. Titus, spectatâ opulentiâ donisque regum, quæque alia lætum antiquitatibus Græcorum genus incertæ vetustati adfingit, de navigatione primùm consuluit. Postquam pandi viam, et mare prosperum accepit, de se per ambages interrogat, cæsis compluribus hostiis: Sostratus (sacerdotis id nomen erat) ubi læta et congruentia exta, magnisque consultis annuere deam videt, pauca in præsens et solita respondens, petito secreto, futura aperit. Titus, aucto animo, ad patrem provectus, suspensis provinciarum et exercituum mentibus, ingens rerum fiducia accessit. Profligaverat bellum judaicum Vespasianus, oppugnatione Hierosolymorum reliquâ, duro magis et arduo opere, ob ingenium montis, et per-

entrailles du bouc. Il est défendu de verser du sang sur l'autel ; on n'y présente qu'un feu pur et des prières ; et quoiqu'en plein air, il reste sec par les plus grandes pluies. Le simulacre de la déesse n'a rien de la forme humaine ; c'est un cône. La raison en reste cachée (2).

IV. Titus, après avoir considéré les richesses du temple, les offrandes des rois, et tout ce que les Grecs, suivant leur goût, vantent comme des raretés fort antiques, consulta d'abord sur sa navigation. Lorsqu'on lui eut répondu que la voie lui étoit ouverte, et que la mer le favoriseroit, il interrogea d'une manière ambiguë sur sa destinée et ses projets, et fit immoler un grand nombre de victimes. Sostrate ( c'étoit le nom du prêtre ) voyant toutes les entrailles annoncer, de concert, d'heureux présages, conçut que le projet auquel s'intéressoit la déesse, étoit au-dessus des entreprises ordinaires. Il répondit d'abord en peu de mots, et dans les termes usités (1) : puis prenant Titus en particulier, il lui dévelopa l'avenir. Titus, encouragé, vint retrouver son père. Sa présence en un tems où les armées et les provinces étoient en suspens, inspira beaucoup de confiance. Vespasien avoit presque terminé la guerre des Juifs ; il ne restoit que Jérusalem à prendre, conquête

vicaciam superstitionis, quàm quò satis virium obsessis ad tolerandas necessitates superesset. Tres, ut suprà memoravimus, ipsi Vespasiano legiones erant, exercitæ bello: quatuor Mucianus obtinebat in pace: sed æmulatio, et proximi exercitûs gloria repulerat segnitiam: quantùmque illis roboris discrimina et labor, tantùm his vigoris addiderat integra quies, et inexpertus belli labor: auxilia utrique cohortium alarumque, et classes regesque, ac nomen dispari famâ celebre.

V. Vespasianus acer militiæ, anteire agmen, locum castris capere, noctu diuque consilio, ac si res posceret, manu hostibus obniti, cibo fortuito, veste habituque vix à gregario milite discrepans: prorsùs, si avaritia abesset, antiquis ducibus par. Mucianum è contrario magnificentia, et opes, et cuncta privatum modum supergressa extollebant: aptior sermone, dispositu provisuque civilium rerum peritus (1): egregium principatûs temperamentum, si demptis utriusque vitiis, solæ vir-

périlleuse et difficile, à cause de la nature de la montagne, et de l'entêtement des habitans; mais ils n'étoient plus assez forts pour triompher de toutes les attaques. Vespasien avoit, comme nous l'avons dit, trois légions aguerries contre l'ennemi. Mucien en commandoit quatre, que la gloire de l'armée voisine, et la rivalité tenoient en haleine malgré la paix. Le repos, l'exemption de toute fatigue, leur donnoit autant de vigueur, que les dangers et les travaux avoient procuré de force aux autres. Des auxiliaires, infanterie et cavalerie, des flottes, des rois, un nom célèbre, quoique par des qualités différentes, concouroient à l'appui des deux chefs.

V. Vespasien, guerrier plein d'activité, marchant à la tête des troupes, traçant lui-même les retranchemens, déconcertant nuit et jour l'ennemi par sa prudence, et, dans l'occasion par des coups de main, se nourrissant de ce que présentoit le hasard, différant à peine du simple soldat par sa manière de vivre et de se vêtir, étoit, à l'avarice près, comparable à nos anciens généraux. Mucien, au contraire, se faisoit valoir par sa magnificence, ses richesses, et par un luxe fort au-dessus d'un homme privé. Plus éloquent que Vespasien, il savoit préparer les affaires civiles (1), et les tourner au gré de

tutes miscerentur. Ceterùm hic Syriæ, illæ Judææ præpositus: vicinis provinciarum administrationibus, invidiâ discordes, exitu demum Neronis, positis odiis, in medium consuluere: primùm per amicos; dein præcipua concordiæ fides Titus, prava certamina communi utilitate aboleverat: naturâ atque arte compositus adliciendis etiam Muciani moribus (2). Tribuni centurionesque, et vulgus militum, industriâ, licentiâ, per virtutes, per voluptates, ut cuique ingenium, adsciscebantur.

VI. Antequàm Titus adventaret, sacramentum Othonis acceperat uterque exercitus, præcipitibus, ut adsolet, nunciis, et tardâ mole civilis belli, quod longâ concordiâ quietus oriens, tunc primùm parabat. Namque olim validissima inter se civium arma, in Italiâ, Galliâve, viribus occidentis cœpta. Et Pompeio, Cassio, Bruto, Antonio, quos omnes trans mare secutum est civile bellum haud prosperi exitus fuerant. Auditique sæpius in Syriâ Ju-

sa politique. Des belles qualités de l'un et de l'autre, séparées de leurs défauts, se seroit formé le mélange le plus heureux pour l'empire. Comme l'un gouvernoit la Syrie; l'autre la Judée, la jalousie les avoit brouillés par rapport à l'administration de ces provinces voisines. La mort de Néron ayant éteint leur haine, ils délibérèrent de concert, d'abord par l'entremise de leurs amis; ensuite Titus, que la nature et l'art sembloient avoir formé pour plaire à Mucien même (2), leur inspirant, plus que tout autre, une confiance mutuelle, les fit renoncer pour toujours à des débats nuisibles à leurs intérêts. L'exactitude de la discipline, son relâchement furent mis en œuvre, afin de gagner, suivant le goût d'un chacun pour la volupté ou l'industrie, le tribun le centurion et le simple soldat.

VI. Avant l'arrivée de Titus, les deux armées avoient prêté serment à Othon. Son élévation, suivant l'usage, avoit été publié très-promptement, et l'on ne pouvoit donner que lentement le branle à la première guerre civile, que l'orient, depuis si long-tems paisible, entreprît de faire naître; en effet les guerres les plus considérables entre les citoyens ne s'étoient faites jusqu'alors que dans l'Italie ou la Gaule, avec les forces de l'occident. Pompée, Cassius, Brutus et Antoine, qui avoient tous

dæáque Cæsares, quàm inspecti. Nulla seditio legionum : tantùm adversùs Parthos minæ, vario eventu. Et proximo civili bello, turbatis aliis, inconcussa ibi pax : dein fides erga Galbam. Mox, ut Othonem ac Vitellium scelestis armis res romanas raptum ire vulgatum est, ne penes ceteros imperii præmia, penes ipsos tantùm servitii necessitas esset, fremere miles, et vires suas circumspicere. Septem legiones statim, et cum ingentibus auxiliis Syria Judæaque : indè continua Ægyptus, duæque legiones : hinc Cappadocia Pontusque, et quidquid castrorum Armeniis prætenditur. Asia, et ceteræ provinciæ, nec virorum inopes, et pecuniæ opulentæ : quantùm insularum mari cingitur, et parando interim bello secundum tutumque ipsum mare.

VII. Non fallebat duces impetus militum. Sed bellantibus aliis placuit exspectari belli eventum: « victores victosque numquam solida fide coalescere : nec referre, Vitel-

transporté

transporté leurs armes au-delà des mers, avoient eu lieu de s'en repentir; et si la Syrie et la Judée entendoient parler des Césars, elles les voyoient rarement. Nulle sédition parmi les légions; quelques escarmouches seulement contre le Parthe, avec des succès divers; une paix profonde pendant la dernière guerre civile, quoique tout le reste s'émût; ensuite de la fidélité envers Galba. Mais quand on apprit que tout étoit en proie aux armes criminelles d'Othon et de Vitellius, le soldat, qui craignit de n'avoir que l'asservissement pour ressource, tandis que d'autres jouiroient des récompenses, se mit à murmurer et à considérer ses forces. D'abord sept légions, la Syrie, la Judée, soutenues d'un nombre prodigieux d'auxiliaires; ensuite l'Égypte avec deux légions : de l'autre côté, la Cappadoce, le Pont, toutes les troupes campées dans les deux Arménies : l'Asie et les autres provinces bien pourvues d'hommes et de richesses : une multitude d'îles; une mer dont on étoit maître, et qui, séparant l'orient du reste de l'empire, facilitoit les préparatifs de la guerre.

VII. Les chefs n'ignoroient pas l'impatience de leurs troupes; mais ils résolurent de différer la guerre tant que les deux compétiteurs se battroient. « Jamais la confiance » ne se rétablit pleinement entre des vainqueurs

„ lium an Othonem superstitem fortuna faceret. Rebus secundis etiam egregios duces insolescere, discordiam his, ignaviam, luxuriem: et suismet vitiis alterum bello, alterum victoriâ periturum ". Igitur arma in occasionem distulere, Vespasianus Mucianusque nuper, ceteri olim mixtis consiliis: optimus quisque amore Reipublicæ multos dulcedo prædarum stimulabat; alios ambiguæ domi res. Ita boni malique causis diversis, studio pari, bellum omnes cupiebant.

VIII. Sub idem tempus Achaia atque Asia falsò exterritæ, velut Nero adventaret: vario super exitu ejus rumore, eòque pluribus vivere eum fingentibus, credentibusque. Ceterorum casus, conatusque in contextu operis dicemus; tunc servus è Ponto, sive, ut alii tradidere, libertinus ex Italiâ, citharæ et cantûs peritus ( unde, illi super similitudinem oris, propior ad fallendum fides ) adjunctis, desertoribus, quos inopiâ vagos ingentibus

» et des vaincus. Il importoit peu que le sort
» se décidât pour Othon ou pour Vitellius. Le
» succès enivre les plus grands généraux ;
» ceux-ci n'étoient que des lâches, livrés à
» la débauche ; leurs vices ne pouvoient man-
» quer de les entraîner à leur perte, l'un par
» sa défaite, l'autre par sa victoire ». Mucien
et Vespasien convinrent donc alors d'attendre
le moment d'agir, de même que leurs amis
communs l'avoient déja projeté dans des entrevues. Les uns avoient pour motif le bien de
l'état ; plusieurs l'amour du pillage ; d'autres
le dérangement de leurs propres affaires. Ainsi,
quoique par des vues différentes, les bons et
les méchans se réunissoient à désirer également la guerre.

VIII. Vers ce même tems, l'Asie et l'A-
chaïe reçurent une fausse alarme ; Néron,
disoit-on, alloit y venir. Sa mort avoit été
racontée diversement ; de-là, plusieurs pu-
blièrent qu'il vivoit encore, et trouvèrent des
gens qui les crurent. Nous rapporterons, en
leur lieu, différentes tentatives à ce sujet ;
celle dont je parle ici fut formée par un esclave du Pont, ou, selon d'autres, par un
affranchi d'Italie, qui savoit chanter et jouer
de la guitare ; ce qui, joint à une grande
ressemblance de visage avec Néron, contribuoit à favoriser son imposture. Il s'associe

promissis corruperat, mare ingreditur; ac vi tempestatum in Cythnum insulam detrusus, et militum quosdam ex oriente commeantium adscivit, vel abnuentes interfici jussit, et spoliatis negociatoribus, mancipiorum valentissimum quemque armavit. Centurionemque Sisennam dextras, concordiæ insignia, Syriaci exercitûs nomine ad prætorianos ferentem, variis artibus adgressus est, donec Sisenna, clam relictâ insulâ, trepidus et vim metuens aufugeret; inde latè terror, multis ad celebritatem nominis erectis, rerum novarum cupidine, et odio præsentium.

IX. Gliscentem in dies famam fors discussit. Galatiam ac Pamphiliam provincias, Calpurnio Asprenati regendas Galba permiserat; datæ è classe Misenensi duæ triremes ad prosequendum, cum quibus Cythnum insulam tenuit. Nec defuere, qui trierarchos nomine Neronis accirent; is in mœstitiam compositus, et fidem suorum quondam militum invocans, ut eum in Syriâ, aut Egypto sisterent orabat.

quelques déserteurs, que la misère contraignoit d'errer, et qu'il corrompt à force de promesses, s'embarque, et la tempête le jète dans l'île de Cythne. Il y trouve des soldats d'orient qui prenoient leur congé, en séduit une partie, fait tuer les autres, dépouille les commerçans, donne des armes aux esclaves les plus courageux, et tente différens moyens pour gagner Sisenna, centurion qui portoit aux prétoriens, de la part de l'armée de Syrie, en symbole d'union, deux mains droites entrelacées. Sisenna, craignant enfin quelque violence, se sauve secrètement de l'île, et la terreur se répand au loin; tandis que, sur la célébrité du nom, plusieurs, mécontens du présent, et par amour de la nouveauté, forment des espérances.

IX. Ce bruit se fortifioit de jour en jour, lorsqu'un hasard le détruisit en un instant. Galba, qui venoit de donner le gouvernement de la Galatie et de la Pamphilie à Calpurnius Asprenas, l'avoit fait escorter par deux galères de la flotte de Misène, avec lesquelles le gouverneur vint relâcher à Cythne. On ne manqua pas d'inviter les commandans des galères à prendre les ordres de l'empereur Néron. L'imposteur, affectant un air de tristesse, les supplie, « par la fidélité qu'ils lui ont autrefois jurée, de le conduire en Syrie ou en

Trierarchi nutantes, seu dolo, adloquendos sibi milites, et paratis omnium animis reversuros firmaverunt. Sed Asprenati cuncta ex fide nunciata: cujus cohortatione expugnata navis, et interfectus quisquis illæ erat. Corpus insigne oculis, comâque et torvitate vultûs, in Asiam, atque inde Romam pervectum est.

X. In civitate discordi, et, ob crebras principum mutationes, inter libertatem ac licentiam incertâ, parvæ quoque res magnis motibus agebantur. Vibius Crispus, pecuniâ, potentiâ, ingenio inter claros magis, quàm inter bonos, Annium Faustum equestris ordinis, qui temporibus Neronis delationes factitaverat, ad cognitionem senatûs vocabat. Nam recens, Galbæ principatu, censuerant patres, ut accusatorum causæ noscerentur. Id senatusconsultum, variè jactatum, et prout potens vel inops reus inciderat, infirmum aut validum, retinebatur adhuc. Terrore et propriâ vi Crispus incubuerat, delatorem fratris

Égypte ». Ces officiers ébranlés, ou feignant de l'être, disent « qu'ils ne peuvent se dispenser d'en prévenir leurs soldats, et qu'ils reviendront sitôt qu'ils auront disposé les esprits ». Mais ils rapportent fidèlement le tout à Calpurnius. Aussitôt le gouverneur engage l'escorte à fondre sur le prétendu prince, quel qu'il soit, et le fait tuer. Il avoit les yeux, la chevelure et l'air féroce de Néron. Son corps fut d'abord porté en Asie, ensuite à Rome.

X. Dans une ville mal d'accord, errante entre la licence et la liberté, à cause des fréquentes mutations de ses princes, tout, jusqu'aux moindres affaires, s'opéroit par des mouvemens violens. Vibius Crispus, que ses richesses, sa puissance et ses talens plaçoient entre les citoyens célèbres, plutôt que parmi les gens de bien, citoit devant le sénat Annius Faustus, chevalier romain, qui avoit fait le métier de délateur sous Néron. Il avoit été réglé, dès le commencement du règne de Galba, qu'on instruiroit contre les délateurs. Ce sénatusconsulte, tantôt suivi, tantôt négligé, selon le crédit ou la pauvreté des accusés, malgré ces variations, avoit encore force de loi. Comme Vibius l'appuyoit alors de la terreur qu'inspiroit sa faction, et de tout son pouvoir, pour perdre Annius, déla-

sui pervertere: traxeratque magnam senatûs partem, ut indefensum et inauditum dedi ad exitium postularent. Contra apud alios nihil æquè reo proderat, quàm nimia potentia accusatoris: dari tempus, edi crimina, et quamvis invisum ac nocentem, more tamen audiendum censebant. Et valuere primò, dilataque in paucos dies cognitio: mox damnatus est Faustus, nequaquam eo assensu civitatis, quem pessimis moribus meruerat: quippe ipsum Crispum easdem accusationes cum præmio exercuisse meminerant: nec pœna criminis, sed ultor displicebat.

XI. Læta interim Othoni principia belli, motis ad imperium ejus è Dalmatiâ Pannoniâque exercitibus: fuere quatuor legiones, è quibus bina millia præmissa: ipsæ modicis intervallis sequebantur: septima à Galbâ conscripta; veteranæ undecima, ac tertiadecima, et præcipuâ famâ quartadecumani, rebellione Britanniæ compressâ. Addiderat gloriam Nero,

teur de son frère ; une grande partie du sénat se laissoit entraîner, jusqu'à demander la mort de l'accusé, sans l'entendre ni permettre qu'on parlât pour lui. La puissance énorme de l'accusateur étoit, au contraire, ce qui portoit principalement les autres à soutenir Faustus. Ils opinoient qu'on lui donnât du tems, qu'on détaillât les griefs, et qu'il fût entendu suivant l'usage, quelque odieux ou coupable qu'il pût être. Ils l'emportèrent d'abord : l'instruction du procès fut renvoyée à quelques jours de là ; ensuite on condamna Faustus. Mais la ville en parut moins satisfaite que ne le demandoit le souvenir de sa méchanceté. N'ayant pas oublié que Vibius lui-même avoit reçu des récompenses pour des délations, elle approuvoit la punition de Faustus, et blâmoit celui qui l'avoit obtenue.

XI. Cependant les premières tentatives d'Othon lui réussissoient. A ses ordres s'avançoient les troupes de Dalmatie et de Pannonie, consistant en quatre légions, de chacune desquelles on avoit détaché deux mille hommes qui précédoient. Les légions suivoient à peu de distance : c'étoit la seconde, nouvellement levée par Galba, et trois anciennes, l'onzième, la treizième et la quatorzième. Cette dernière étoit la plus célèbre, parce qu'elle

eligendo, ut potissimos : unde longa illis erga Neronem fides, et erecta in Othonem studia. Sed quò plus virium ac roboris, è fiduciâ tarditas inerat. Agmen legionum alæ cohortesque præveniebant. Ex ipsâ urbe haud spernenda manus, quinque prætoriæ cohortes, et equitum vexilla cum legione primâ : ac deforme insuper auxilium, duo millia gladiatorum, sed per civilia arma etiam severis ducibus usurpatum. His copiis rector additus Annius Gallus, cum Vestricio Spurinnâ ad occupandas Padi ripas præmissus : quoniam prima consiliorum frustrà ceciderant, transgresso jam Alpes Cæcinâ, quem sisti intra Gallias posse speraverat. Ipsum Othonem comitabantur speculatorum lecta corpora, cum ceteris prætoriis cohortibus, veterani è prætorio, classicorum ingens numerus. Nec illi segne aut corruptum luxu iter : sed loricâ ferreâ usus est, et ante signa pedester, horridus, incomptus, famæque dissimilis.

avoit soumis les révoltés de Bretagne. Néron avoit accru sa gloire, en la choisissant comme les meilleures troupes de l'empire : de-là, sa fidélité constante envers ce prince, et son zèle pour Othon. Mais plus elle se sentoit de force, plus sa confiance lui donnoit de lenteur. La cavalerie et les cohortes marchoient avant les bataillons des légions. Partoient en même tems de Rome d'autres corps formidables ; cinq cohortes prétoriennes, plusieurs gros de cavalerie, la première légion, et deux mille gladiateurs ; secours abject, mais que nos plus sévères généraux n'ont pas dédaigné dans les guerres civiles. Annius Gallus fut envoyé à la tête de ces troupes, avec Vestricius Spurinna, pour s'emparer au moins des rives du Pô (1), puisqu'il n'étoit plus tems d'exécuter le premier plan, ni d'arrêter dans les Gaules, comme on s'en étoit flatté d'abord, Cecina, qui venoit de passer les Alpes. Othon commandoit en personne l'élite des gardes, les prétoriens vétérans, le reste des cohortes du prétoire, et un nombre prodigieux de soldats de la marine. Sa marche n'étoit point celle d'un voluptueux : il précédoit les drapeaux, à pied, couvert d'une cuirasse de fer, sans aucune parure, et méconnoissable à quiconque eût jugé de lui sur sa renommée (2).

XII. Blandiebatur cœptis fortuna, possessâ per mare et naves majore Italiæ parte, penitus usque ad initium maritimarum Alpium: quibus tentandis, adgrediendæque provinciæ narbonensi, Suedium Clementem, Antonium Novellum, Æmilium Pacensem duces dederat. Sed Pacensis per licentiam militum vinctus: Antonio Novello nulla auctoritas: Suedius Clemens ambitioso imperio regebat, ut adversùs modestiam disciplinæ corruptus, ita prœliorum avidus. Non Italia adiri, nec loca sedesque patriæ videbantur: tamquam externa littora, et urbes hostium, urere, vastare, rapere; eò atrociùs, quòd nihil usquam provisum adversùm metus; pleni agri, apertæ domus; occursantes domini juxta conjuges et liberos, securitate pacis, et belli malo circumveniebantur. Maritimas tum Alpes tenebat procurator Marius Maturus. Is concitâ gente ( nec deest juventus ) arcere provinciæ finibus Othonianos intendit. Sed primo impetu cæsi disjectique montani, ut quibus, temere collectis, non castra, non ducem noscitantibus, neque in victoriâ decus esset, neque in fugâ flagitium.

XII. La fortune favorisoit ses entreprises : ses vaisseaux le rendoient maître de la plus grande partie de l'Italie jusqu'à l'entrée des Alpes maritimes. Il avoit chargé ses généraux, Suedius Clemens, Antonius Novellus, et Emilius Pacensis, d'essayer de les lui soumettre, et d'attaquer la Gaule narbonnoise. Mais Pacensis venoit d'être mis aux fers par ses propres soldats, Novellus restoit sans autorité, et Suedius uniquement avide de combattre, et cherchant à plaire aux troupes, toléroit toutes les infractions à la discipline. On oublia qu'on marchoit en Italie, sur les terres et dans les villes de la patrie. La dévastation, l'incendie, le pillage, auroient même été moins cruels sur des rives étrangères, et dans des places ennemies ; car personne ne s'étoit précautionné contre une armée dont on croyoit n'avoir rien à craindre. La récolte restoit dans les champs ; les maisons étoient ouvertes ; les possesseurs, accompagnés de leurs femmes et de leurs enfans, se présentoient avec cette sécurité qu'inspire la paix, et on leur faisoit éprouver les maux de la guerre. Marius Maturus, intendant des Alpes maritimes, résolut d'en chasser le parti d'Othon. Il se vit bientôt à la tête d'une milice nombreuse ; mais elle fut tuée ou dispersée dès le premier choc, parce que ces montagnards, levés sans choix, ne connoissant ni camps, ni chefs, n'attachoient

XIII. Inritatus eo proelio Othonis miles, vertit iras in municipium Albium Intemelium; quippe in acie nihil praedae: inopes agrestes, et vilia arma; nec capi poterant, pernix genus, et gnari locorum; sed calamitatibus insontium expleta avaritia. Auxit invidiam praeclaro exemplo femina Ligus, quae filio abdito, quum simul pecuniam occultari milites credidissent, eoque per cruciatus interrogarent ubi filium occuleret? uterum ostendens, latere respondit. Nec ullis deinde terroribus, aut morte, constantiam vocis egregiae mutavit.

XIV. Imminere provinciae narbonensi, in verba Vitellii adactae, classem Othonis, trepidi nuncii Fabio Valenti attulere. Aderant legati coloniarum auxilium orantes. Duas Tungrorum cohortes, quatuor equitum turmas, universam Treverorum alam, cum Julio Classico, praefecto, misit; è quibus pars

point d'honneur à la victoire, point de honte à la fuite.

XIII. Le soldat d'Othon outré de ce combat, tourna sa rage contre la municipalité de Vintimille. Il n'avoit fait aucun butin sur le champ de bataille ; car c'étoient des campagnards qui ne possédoient que leurs corps et des armes d'aucun prix, et il n'avoit même pu les atteindre, parce qu'ils étoient agiles et au fait du pays. Mais il satisfit pleinement son avidité aux dépens des innocens. Un bel exemple de tendresse maternelle de la part d'une femme ligurienne rendit leurs forfaits encore plus odieux. Elle avoit caché son fils ; des soldats la tourmentèrent pour savoir en quel endroit, parce qu'ils espéroient y trouver de l'argent. « C'est ici », leur dit-elle en montrant son sein. Les plus cruelles tortures n'en arrachèrent pas d'autre réponse, et la mort même n'ébranla pas sa constance.

XIV. On annonçoit en grande hâte à Valens que la flotte d'Othon menaçoit la Gaule narbonnoise, soumise à Vitellius, et les colonies imploroient son secours par leurs députés. Il leur envoie deux cohortes Tungres, quatre escadrons de cavalerie, et l'aile entière des Trévirs, sous la conduite du préfet Julius Classicus. On en retint une partie dans le port

in coloniâ Forojuliensi retenta, ne, omnibus copiis in terrestre iter versis, vacuo mari classis adceleraret. Duodecim equitum turmæ, et lecti è cohortibus, adversùs hostem iêre; quibus adjuncta Ligurum cohors, vetus loci auxilium, et quingenti Pannonii, nondum sub signis. Nec mora prœlio; sed acie ita instructâ, ut pars classicorum, mixtis paganis, in colles mari propinquos exsurgeret; quantum inter colles ac littus æqui loci, prætorianus miles expleret; in ipso mari ut adnexa classis, et pugnæ parata, conversâ, et minaci fronte prætenderetur. Vitelliani, quibus minor peditum vis, in equite robur, Alpinos proximis jugis, cohortes densis ordinibus post equitem locant. Treverorum turmæ obtulere se hosti incautè, quum exciperet contrà veteranus miles, simul à latere saxis urgeret apta ad jaciendum etiam paganorum manus; qui sparsi inter milites, strenui ignavique, in victoriâ idem audebant. Additus perculsis terror, invectâ in terga pugnantium classe. Ita undique clausi; delētæque omnes copiæ forent, ni victorem exercitum attinuisset obscurum noctis, obtentui fugientibus.

de

de Fréjus, de peur que, si toutes les troupes s'avançoient par terre, la flotte, devenue maîtresse de la mer, ne les prévînt. Douze escadrons de cavalerie, et l'élite des cohortes, allèrent vers l'ennemi. On leur joignit une cohorte de Liguriens depuis long-tems en garnison à Fréjus, et cinq cents Pannoniens, qui ne marchoient pas encore sous le drapeau. On ne tarda pas à en venir aux mains, et tel fut l'ordre de la bataille (1). Une partie des soldats de la flotte d'Othon, mêlés avec des frondeurs du pays, occupoient des collines proches de la mer : les prétoriens remplissoient ce qui se trouvoit de plaine entre la mer et les collines : la flotte, rangée à côté, et prête à combattre, sembloit ne former qu'un corps avec eux. Les chefs de Vitellius, plus foibles en infanterie, et dont la cavalerie faisoit la principale force, postent leurs montagnards sur les collines les plus proches, et entassent les cohortes derrière leurs escadrons. La cavalerie des Trévirs s'offrit inconsidérément à l'ennemi, de manière que les prétoriens les accueillirent en tête, tandis que les paysans, frondeurs habiles, mêlés parmi les fantassins, les accabloient en flanc d'une grêle de pierres, et braves ou lâches osoient autant que les autres dans la victoire. Les Vitelliens étoient défaits, lorsque, pour redoubler leur terreur, la flotte vint les reprendre en queue. Alors enveloppés

XV. Nec Vitelliani, quamquam victi, quievere; accitis auxiliis, securum hostem, ac successu rerum socordiùs agentem invadunt: cæsi vigiles, perrupta castra, trepidatum apud naves; donec, sidente paullatim metu, occupato juxtà colle defensi, mox irrupere: atrox ibi cædes, et Tungrarum cohortium præfecti, sustentatâ diu acie, telis obruuntur. Ne Othonianis quidem incruenta victoria fuit, quorum improvidè secutos, conversi equites circumvenerunt. Ac velut pactis induciis, ne hinc classis, inde eques subitam formidinem inferrent, Vitelliani retro Antipolim, Narbonensis Galliæ municipium; Othoniani Albingaunum, interioris Liguriæ, revertêre.

XVI. Corsicam ac Sardiniam, ceterasque proximi maris insulas, fama victricis classis

de toute part, nul n'auroit échappé, si la nuit, qui favorisoit leur fuite, n'eût empêché les vainqueurs de les poursuivre.

XV. Les Vitelliens ne restèrent pas dans l'inaction malgré cette défaite : ils ramassent du secours, surprennent l'ennemi, qui se croit en sûreté, et que le succès rend plus négligent. Les sentinelles sont égorgées, le camp forcé ; tout est en tumulte autour des vaisseaux. Mais la frayeur se calmant insensiblement, les Othoniens se défendent à la faveur d'une colline dont ils s'emparent, puis ils attaquent. Là se fait un carnage horrible. Les préfets des cohortes Tungres, après avoir long-tems soutenu les leurs, sont accablés de traits. La victoire même fit couler du sang parmi les vainqueurs ; car la cavalerie, faisant tout-à-coup volte-face, enveloppa ceux qui la poursuivoient inconsidérément. Il sembla depuis ce jour que les deux partis eussent fait une trêve, et, comme pour éviter que la flotte et la cavalerie ne se causassent des frayeurs mutuelles, les Vitelliens se retirèrent vers Antibes, municipe de la Gaule narbonnoise ; les Othoniens du côté d'Albenga dans la Ligurie.

XVI. Le bruit de cette victoire d'Othon lui conserva la Corse, la Sardaigne et les îles

in partibus Othonis tenuit. Sed Corsicam propè adflixit Decimi Pacarii procuratoris temeritas, tantâ mole belli, nihil in summam profutura, ipsi exitiosa. Namque, Othonis odio, juvare Vitellium Corsorum viribus statuit, inani auxilio, etiamsi provenisset. Vocatis principibus insulae, consilium aperit: et contradicere ausos, Claudium Phirricum, trierarchum liburnicarum ibi navium, Quinctium Certum, equitem romanum, interfici jubet: quorum morte exterriti, qui aderant, simul ignara et alieni metûs socia imperitorum turba, in verba Vitellii juravere. Sed ubi delectum agere Pacarius, et inconditos homines fatigare militiæ muneribus occœpit, laborem insolitum perosi, infirmitatem suam reputabant: « insulam esse, quam incolerent, » et longè Germaniam viresque legionum: » direptos vastatosque classe, etiam quos co- « hortes alæque protegerent ». Et aversi repente animi: nec tamen apertâ vi: aptum tempus insidiis legêre, digressis, qui Pacarium frequentabant, nudus et auxilii inops,

des environs. Mais Decimus Pacarius pensa lui faire perdre la Corse, et se perdit lui-même par un projet téméraire, dont le succès n'eût rien décidé dans une guerre de cette importance. Sa haine contre Othon lui suggère d'armer les Corses en faveur de Vitellius, à qui ce médiocre secours étoit superflu. Ayant assemblé les principaux de l'île, il expose son dessein, et fait tuer Claudius Phirricus, chef des galères du pays, et Quinctius Certus, chevalier romain, parce qu'ils osent le contredire. Le reste de l'assemblée, intimidé de leur supplice, et une multitude sans expérience, à qui la frayeur se communique, sachant à peine ce qu'elle fait, prêtent serment à Vitellius. Mais quand Pacarius eut commencé à faire ses levées, et à fatiguer, par une quantité d'exercices militaires, des gens qui n'avoient aucune idée de discipline, la haine qu'ils en conçurent leur donna lieu de réfléchir sur leur foiblesse. « Ils habitoient une île : ils étoient fort loin » de la Germanie, source des forces de Vi- » tellius. Une flotte venoit de dévaster les » pays même défendus par la cavalerie et » l'infanterie de ce prince »; ils changent donc tout-à-coup. Mais au lieu d'éclater, ils épient une occasion, et saisissant l'instant où la garde de Pacarius s'est écartée, ils l'attaquent, nud et sans défense dans le bain, et

balneis interficitur: trucidati et comites. Capita, ut hostium, ipsi interfectores ad Othonem tulere: neque eos aut Otho præmio affecit, aut punivit Vitellius, in multâ colluvie rerum majoribus flagitiis permixtos.

XVII. Aperuerat jam Italiam, bellumque transmiserat, ut suprà memoravimus, ala Syllana, nullo apud quemquam Othonis favore: nec quia Vitellium mallent; sed longa pax ad omne servitium fregerat, faciles occupantibus, et melioribus incuriosos. Florentissimum Italiæ latus, quantùm inter Padum Alpesque camporum et urbium, armis Vitellii (namque et præmissæ à Cæcinâ cohortes advenerant) tenebatur. Capta Pannoniorum cohors apud Cremonam. Intercepti centum equites, ac mille classici, inter Placentiam Ticinumque: quo successu Vitellianus miles, non jam flumine aut ripis arcebatur. Inritabat quinetiam Batavos Transrhenanosque Padus ipse; quem repentè, contra Placentiam, transgressi, raptis quibusdam exploratoribus,

l'y massacrent, lui et ceux qui l'accompagnent. Leurs têtes furent présentées à Othon, comme un trophée, par les assassins eux-mêmes. Ils ne furent ni récompensés par Othon, ni punis par Vitellius. Le souvenir de cet attentat se perdit dans la foule des crimes plus importans qui se commettoient alors.

XVII. La cavalerie de Sylla venoit d'ouvrir l'Italie et d'y faire entrer la guerre, comme nous l'avons dit, parce qu'Othon n'avoit aucun partisan dans ce corps. Ce n'est pas que Vitellius semblât préférable; mais la longueur de la paix étoit cause qu'on plioit sans résistance, et sans choix, sous le joug qui se présentoit. La partie la plus florissante de l'Italie, les villes, les campagnes entre les Alpes et le Pô, étoient au pouvoir de Vitellius; car le détachement envoyé par Cecina y étoit déja parvenu. Une cohorte de Pannoniens fut prise proche de Crémone: cent cavaliers et mille soldats de la marine furent enlevés entre Plaisance et Pavie, et le fleuve n'étoit plus capable d'arrêter les Vitelliens, enhardis par ce succès. Il devint même une amorce pour les Bataves et les Belges, qui le passèrent précipitamment à la vue de Plaisance. Quelques espions des Othoniens furent pris, et les autres, effrayés, annoncèrent faussement que l'armée entière étoit arrivée.

ita ceteros terruere, ut, adesse omnem Cæcinæ exercitum, trepidi ac falsi nunciarent.

XVIII. Certum erat Spurinnæ ( is enim Placentiam obtinebat ) necdum venisse Cæcinam, et, si propinquaret, coercere intra munimenta militem, nec trîs prætorias cohortes, et mille vexillarios, cum paucis equitibus, veterano exercitui objicere. Sed indomitus miles, et belli ignarus, correptis signis vexillisque ruere, et retinenti duci tela intentare, spretis centurionibus tribunisque, providentiam ducis laudantibus: quin proditionem, et accitum Cæcinam clamitabant. Fit temeritatis alienæ comes Spurinna, primò coactus, mox velle simulans, quò plus auctoritatis inesset consiliis, si seditio mitesceret.

XIX. Postquam in conspectu Padus, et nox appetebat; vallari castra placuit. Is labor, urbano militi insolitus, contudit animos. Tum vetustissimus quisque castigare credulitatem suam, metum ac discrimen ostendere, si cum exercitu Cæcina, patentibus campis, tam paucas cohortes circumfudisset. Jamque totis cas-

XVIII. Spurinna savoit certainement qu'il n'en étoit rien. Il avoit résolu d'enfermer ses troupes dans Plaisance, à l'approche de Cecina, n'ayant garde, avec trois cohortes prétoriennes, mille fantassins et peu de cavaliers, de braver une armée bien aguerrie. Mais ses soldats, indisciplinés et sans expérience, s'emparent des drapeaux et des étendards, se jètent hors de la ville, menacent de leurs armes leur général (1) qui les veut retenir, insultent les centurions et les tribuns qui vantent sa prudence, et crient même qu'on les trahit, et qu'on a fait venir Cecina. Spurinna, forcé d'user de condescendance, marche avec ces téméraires, et feint ensuite d'entrer dans leurs vues, pour se ménager du crédit s'ils viennent à s'appaiser.

XIX. On s'étoit avancé jusqu'à la vue du Pô, et la nuit approchoit : on fut d'avis de construire un camp. Ce travail abat le soldat, fait à l'oisiveté de Rome. Alors les plus anciens blâment leur propre crédulité, et témoignent de la frayeur en dépeignant le danger qu'auroit couru ce petit nombre de cohortes, si Cecina les eût enveloppées au milieu de la plaine. On parle avec retenue

tris modesti sermones, et inserentibus se centurionibus tribunisque, laudari providentia ducis, quòd coloniam, virium et opum validam, robur ac sedem bello legisset. Ipse postremò Spurinna, non tam culpam exprobrans, quàm ratione ostendens, relictis exploratoribus, ceteros Placentiam reduxit, minùs turbidos, et imperia accipientes. Solidati muri, propugnacula addita, auctæ turres, provisa parataque non arma modò, sed obsequium, et parendi amor, quod solum illis partibus defuit, quum virtutis haud pœniteret.

XX. At Cæcina, velut relictâ post Alpes sævitiâ ac licentiâ, modesto agmine per Italiam incessit. Ornatum ipsius municipia et coloniæ in superbiam trahebant, quòd versicolore sagulo, bracchas (1), tegmen barbarum, indutus, togatos adloqueretur. Uxorem quoque ejus Saloninam, quamquam in nullius injuriam, insigni equo ostroque veheretur, tamquam læsi gravabantur: insitâ mortalibus naturâ, recentem aliorum felicitat m

dans tout le camp. Les tribuns et les centurions s'insinuent parmi les soldats, et louent le choix que leur chef avoit prudemment fait d'une ville opulente et forte, comme d'un boulevart dans lequel il établiroit le siége de la guerre. Enfin Spurinna lui-même leur fait sentir leur faute, plus par des raisons que par des reproches, et laissant quelques camps volans, il ramène ses troupes, moins turbulentes et plus soumises. Il fit réparer les murs de Plaisance : ajouta des nouvelles fortifications, exhaussa les tours, et se munit d'armes. Mais le préparatif qu'il eut le plus à cœur, fut d'inspirer au soldat l'amour du devoir et de l'obéissance, avantage unique dont fut privé ce parti, qui n'avoit que trop d'ardeur.

XX. Cecina, semblant avoir laissé la licence et la cruauté par-delà les Alpes, observoit une exacte discipline dans sa marche en Italie. Les municipes et les colonies le taxoient d'arrogance, parce qu'il portoit un manteau rayé et un vêtement semblable à celui des Germains, et qu'il parloit ainsi vêtu à des citoyens habillés à la romaine (1). Salonina, sa femme, montoit un superbe cheval couvert d'une housse de pourpre : ils prenoient pour une insulte ce luxe, qui ne faisoit tort à qui que ce fût. Tel est l'homme :

ægris oculis introspicere, modumque fortunæ à nullis magis exigere, quàm quos in æquo vidêre. Cæcina Padum transgressus, tentatâ Othonianorum fide per colloquium et promissa, iisdem petitus, postquam pax et concordia speciosis et inritis nominibus jactata sunt, consilia curasque in oppugnationem Placentiæ magno terrore vertit: gnarus, ut initia belli provenissent, famam in cetera fore.

XXI. Sed primus dies, impetu magis, quàm veterani exercitûs, artibus, transactus: aperti incautique muros subiêre, cibo, vinoque prægraves. In eo certamine, pulcherrimum amphitheatri opus, situm extra muros, conflagravit: sive ab oppugnatoribus incensum, dum faces, et glandes, et missilem ignem in obsessos jaculantur; sive ab obsessis, dum regerunt. Municipale vulgus, pronum ad suspiciones, fraude illata ignis alimenta credidit à quibusdam è vicinis coloniis, invidiâ et æmulatione, quòd nulla in Italiâ moles tam capax foret. Quocumque casu acci-

ne pouvant voir sans envie une fortune récente, il n'est personne dont il exige plus de modestie que de celui qu'il a vu son égal. Après le passage du Pô, Cecina tâcha d'ébranler la fidélité des Othoniens dans des entrevues et par des promesses. Ils lui répondirent par de semblables tentatives. Après qu'on eut fait sonner bien haut et fort inutilement de part et d'autre les noms spécieux de paix et de concorde, il tourna son attention et ses soins pour former contre Plaisance, l'appareil le plus formidable, sachant que la renommée dépend à la guerre de la manière dont on y débute.

XXI. L'assaut fut vigoureux dès le premier jour : mais on n'y reconnoissoit pas la prudence d'une armée expérimentée : ils s'avancèrent au pied des murs à découvert et sans précaution, échauffés par les fumées du vin et de la bonne chère. Pendant cette attaque, un superbe amphithéâtre, situé hors des murs, périt par les flammes. On ne sait si le feu y fut mis par les assiégeans, qui lançoient des torches et d'autres matières embrasées, ou par les assiégés qui les rejetoient. Le vulgaire, naturellement soupçonneux, prétendit que quelques citoyens des colonies voisines, jaloux de ce monument, le plus vaste de l'Italie, avoient eu la méchanceté d'y faire porter sé-

dit; dum atrociora metuebantur, in levi habitum : redditâ securitate, tamquam nihil gravius pati potuissent, mœrebant. Ceterùm multo suorum cruore pulsus Cæcina : et nox parandis operibus absumpta. Vitelliani pluteos, cratesque, et vineas (1) suffodiendis muris, protegendisque oppugnatoribus; Othoniani sudes, et immensas lapidum ac plumbi ærisque moles, perfringendis obruendisque hostibus expediunt. Utrimque pudor, utrimque gloria, et diversæ exhortationes: hinc legionum et germanici exercitûs robur, inde urbanæ militiæ, et prætoriarum cohortium decus attollentium : illi ut segnem ac desidem, et circo ac theatris corruptum (2) militem; hi peregrinum et externum increpabant: simul Othonem, ac Vitellium, celebrantes culpantesve, uberioribus inter se probris, quàm laudibus stimulabantur.

XXII. Vix dum orto die, plena propugnatoribus mœnia : fulgentes armis virisque campi,

crètement des matières combustibles. Quelle qu'ait été la cause de cet accident, les habitans le regardèrent comme léger, tant qu'ils craignirent de plus grands maux ; mais ils s'en affligèrent, comme du malheur le plus affreux, sitôt que le danger fut passé. Cecina, chassé des murs avec beaucoup de perte, employa la nuit à disposer des machines. Les Vitelliens préparent des mantelets, des claies, et tout ce qu'il faut pour saper les murs et couvrir les assiégeans (1) ; les Othoniens font des amas de pieux, de masses énormes de pierres, de plomb et d'airain, afin d'entr'ouvrir les rangs et d'écraser l'ennemi. La gloire, la honte de céder, animent également les deux partis : mais les exhortations sont différentes ; les uns vantent la valeur des légions et des armées germaniques ; les autres l'honneur des troupes de la ville et des cohortes prétoriennes. Ceux-ci sont traités de fainéans, de lâches amollis au cirque et dans les théâtres ; ceux-là de barbares absolument étrangers aux Romains. Othon et Vitellius ont aussi part aux éloges et aux insultes ; et chacun trouve bien plus de matière pour injurier le parti ennemi que pour louer le sien.

XXII. Le jour paroissoit à peine, que les remparts furent remplis de combattans, et

densum legionum agmen, sparsa auxiliorum manus, altiora murorum sagittis aut saxis incessere; neglecta aut ævo fluxa cominus aggredi; ingerunt desuper Othoniani pila, librato magis et certo ictu, adversùs temerè subeuntes cohortes Germanorum, cantu truci, et, more patrio, nudis corporibus, super humeros scuta quatientium. Legionarius, pluteis et cratibus tectus, subruit muros, instruit aggerem, molitur portas. Contrà prætoriani dispositos ad id ipsum molares, ingenti pondere ac fragore, provolvunt: pars subeuntium obruti: pars confixi, et exsangues aut laceri, quum augeret stragem trepidatio; eòque acriùs è mœnibus vulnerarentur, rediêre, infractâ partium famâ. Et Cæcina, pudore cœptæ temerè oppugnationis, ne inrisus ac vanus iisdem castris adsideret, trajecto rursùs Pado, Cremonam petere intendit. Tradidere sese abeunti Turullius Cerialis, cum compluribus classicis; et Julius Briganticus, cum paucis equitum: hic præfectus alæ, in Batavis genitus; ille primipilaris, et Cæcinæ haud alienus, quòd ordines in Germaniâ duxerat.

que la campagne brilla de tous côtés de l'éclat des armes. Les légions en bataillons serrés, les auxiliaires par pelotons, lancent des flèches et des pierres contre le haut des murs, attaquent de près les endroits moins solides ou plus mal gardés. Les assiégés tirent d'en-haut avec plus de justesse et de force, sur-tout contre les Germains, qui s'avançoient témérairement en faisant retentir l'air de leurs chansons barbares, et en tenant, à la manière du pays, le bouclier sur les épaules; en sorte qu'ils présentoient le reste du corps à découvert. Les légionnaires, sous les claies et les mantelets, sapent la muraille, élèvent des terrasses, ébranlent les portes. Les prétoriens font rouler sur eux les énormes masses de pierres qu'ils ont préparées : elles tombent avec un fracas horrible. Les assiégeans, blessés la plupart, déchirés, meurtris de coups, voyant que leur trouble redouble le carnage et l'ardeur de l'ennemi, se retirent malgré le déshonneur qui en résulte. Cecina, honteux de la témérité de son entreprise, ne s'obstina point à rester dans un camp où il se seroit fait insulter à pure perte. Il repasse le Pô, résolu d'aller à Crémone. Comme il se mettoit en marche, il reçut dans son parti Turullius Cerialis, primipilaire déja connu de lui pour avoir servi comme premier centurion en Germanie, et Junius Briganticus, né chez les Bataves : l'un amenoit un grand

XXIII. Spurinna, comperto itinere hostium, defensam Placentiam, quæque acta, et quid Cæcina pararet, Annium Gallum per litteras docet. Gallus legionem primam in auxilium Placentiæ ducebat, diffisus paucitate cohortium, ne longius obsidium, et vim germanici exercitûs parum tolerarent. Ubi pulsum Cæcinam pergere Cremonam accepit, ægrè coërcitam legionem, et pugnandi ardore usque ad seditionem progressam, Bedriaci sistit. Inter Veronam Cremonamque situs est vicus, duabus jam Romanis cladibus notus, infaustusque. Iisdem diebus, à Martio Macro, haud procul Cremonâ, prosperè pugnatum: namque promptus animi Martius transvectos navibus gladiatores, in adversam Padi ripam, repentè effudit. Turbata ibi Vitellianorum auxilia, et ceteris Cremonam fugientibus, cæsi qui restiterant: sed repressus vincentium impetus, ne novis subsidiis firmati hostes, fortunam prœlii mutarent. Suspectum id Othonianis fuit, omnia quæcumque facta pravè æstimantibus. Certatim, ut quisque animo

nombre de soldats de la marine, l'autre quelque peu de cavalerie.

XXIII. Spurinna, sachant le départ de l'ennemi, mande à Gallus que Plaisance est hors de danger, et l'instruit de son succès et des projets de Cecina. Gallus menoit la première légion au secours de Plaisance, appréhendant que la ville ne pût tenir long-tems, avec si peu de cohortes, contre la valeur des troupes germaniques. Lorsqu'il se fut répandu que Cecina, forcé de lever le siége, marchoit vers Crémone, il contint à peine sa légion, que l'ardeur de combattre emportoit jusqu'à la révolte. Il la fit arrêter entre Vérone et Crémone, à Bedriac, bourg malheureux, déja trop connu par deux batailles funestes aux Romains. Dans ce même tems, le parti d'Othon remportoit un second avantage proche de Crémone. Martius Macer, général plein d'activité, ayant fait monter les gladiateurs sur des bateaux, les débarque tout-à-coup à l'autre rive. Ils jètent le trouble parmi les auxiliaires de Vitellius, et tuent ceux qui résistent, tandis que le reste fuit vers Crémone. Mais Martius craignant que de nouveaux renforts ne fissent changer la fortune, arrêta l'ardeur de ses troupes. Cette démarche le rendit suspect au parti d'Othon, qui interprétoit en mal tout ce qui se faisoit. Des discoureurs insolens à

ignavus, procax ore, Annium Gallum, et Suetonium Paullinum, et Marium Celsum (nam eos Otho quoque præfecerat) variis criminibus incessebant. Acerrima seditionum ac discordiæ incitamenta, interfectores Galbæ: scelere et metu vecordes, miscere cuncta, modò palam turbidis vocibus, modò occultis ad Othonem litteris: qui humillimo cuique credulus, bonos metuens, trepidabat; rebus prosperis incertus, et inter adversa melior. Igitur Titianum, fratrem accitum, bello præposuit. Intereà, Paullini et Celsi ductu, res egregiæ gestæ.

XXIV. Angebant Cæcinam, nequidquam omnia cœpta, et senescens exercitûs sui fama: pulsus Placentiâ, cæsis nuper auxiliis, etiam per concursum exploratorum, crebra magis quàm digna memoratu prœlia, inferior propinquante Fabio Valente, ne omne belli decus illuc concederet, reciperare gloriam, avidiùs quàm consultiùs, properabat. Ad duo-

proportion qu'ils étoient plus lâches, inventoient à l'envi diverses accusations contre Annius Gallus, Suetonius Paulinus et Marius Celsus, autres généraux d'Othon. Les meurtriers de Galba souffloient principalement la méfiance et la discorde. Transportés de frayeur et de cette frénésie qu'inspire le crime, ils mettoient tout en combustion, tantôt ouvertement, par des propos séditieux, tantôt en secret, par des lettres à l'empereur. Othon s'en alarmoit, parce qu'il se fioit aux rapports des personnes les plus abjectes, et qu'il craignoit les gens de mérite. Indécis dans la prospérité, il n'avoit de résolution que dans la mauvaise fortune. Il fit donc venir Titien son frère, pour lui donner l'administration de toute la guerre. Cependant la conduite de Paulin et de Marius se justifioit par des succès.

XXIV. Cecina, chagrin de ce que rien ne lui réussissoit, voyoit dépérir la réputation de son armée : on l'avoit chassé des murs de Plaisance ; ses auxiliaires venoient d'être défaits ; ses camps volans même recevoient tous les jours du désavantage dans une multitude de petits combats, peu dignes d'être rapportés. Consultant plus son ardeur que la prudence, il voulut se hâter de rétablir la renommée de son parti, pour ne pas laisser tout l'honneur de la guerre à Valens qui s'appro-

decimum à Cremonâ, locus Castorum vocatur, ferocissimos auxiliarium, imminentibus viæ lucis occultos, componit : equites procedere longius jussi, et irritato prœlio sponte refugi, festinationem sequentium elicere, donec insidiæ coorirentur. Proditum id Othonianis ducibus : et curam peditum Paullinus, equitum Celsus, sumpsere. Tertiædecimæ legionis vexillum, quatuor auxiliorum cohortes, et quingenti equites in sinistro locantur : aggerem viæ tres prætoriæ cohortes, altis ordinibus obtinuere : dextrâ fronte, prima legio incessit, cum duabus auxiliaribus cohortibus, et quingentis equitibus. Super hos è prætorio auxiliisque mille equites, cumulus prosperis, aut subsidium laborantibus, ducebantur.

*

XXV. Antequam miscerentur acies, terga vertentibus Vitellianis, Celsus doli prudens, repressit suos. Vitelliani temerè exsurgentes, cedente sensim Celso, longius secuti, ultro in insidias præcipitantur : nam à lateribus legiones, cohortes adversâ fronte, et subito discursu terga cinxerant equites. Signum pugnæ non statim à Suetonio Paullino pediti datum,

choit. A douze milles de Crémone est un endroit nommé les Castors (1) : il y cache dans des bois qui bordoient le chemin, les plus braves des auxiliaires ; fait marcher en avant sa cavalerie pour amorcer l'ennemi en feignant de fuir, et retomber sur lui en même tems que les troupes embusquées. Ce projet ayant été révélé aux généraux d'Othon, Paulin se charge de l'infanterie, et Marius de la cavalerie. Ils placent à l'aile gauche l'étendard de la treizième légion, quatre cohortes auxiliaires et cinq cents cavaliers; au milieu, sur la chaussée, trois cohortes prétoriennes, formant un front de bataille profond et serré ; à l'aile droite, la première légion, avec deux cohortes auxiliaires et cinq cents cavaliers. De plus un corps de mille hommes de cavalerie, choisi parmi les auxiliaires et les prétoriens, étoit destiné à soutenir ceux qui plieroient, ou à mettre le comble à la victoire.

XXV. A l'approche de Marius, la cavalerie de Vitellius, au lieu d'en venir aux mains, prend la fuite. Marius sent leur ruse, il arrête les siens. Les troupes embusquées, sorties inconsidérément, voyant Marius reculer à petit pas, le poursuivent et tombent dans le piége. Elles trouvent en flanc les légions, en face les cohortes, et la cavalerie se hâte de les envelopper par derrière. Paulin ne fit pas

cunctator naturâ, et cui cauta potiùs consilia cum ratione, quàm prospera ex casu placerent, compleri fossas, aperiri campum, pandi aciem jubebat; satis citò incipi victoriam, ubi provisum foret ne vincerentur. Eâ cunctatione, spatium Vitellianis datum, in vineas, nexu traducum impeditas, refugiendi : et modica silva adhærebat, unde rursùs ausi, promptissimos prætorianorum equitum interfecêre; vulneratur rex Epiphanes, impigrè pro Othone pugnam ciens.

XXVI. Tum Othonianus pedes erupit : protritâ hostium acie, versi in fugam, etiam qui subveniebant; nam Cæcina non simul cohortes, sed singulas acciverat; quæ res in prœlio trepidationem auxit, quum dispersos, nec usquam validos, pavor fugientium abriperet. Orta et in castris seditio, quòd non universi ducerentur; vinctus præfectus castrorum, Julius Gratus, tanquam fratri, apud Othonem militanti, proditionem ageret; quum fratrem ejus, Julium Frotonem, tribunum, Othoniani, sub eodem crimine, vin-

*donner*

donner l'infanterie à l'instant même Lent de son naturel, il aimoit mieux se mettre en état d'agir en sûreté, que de vaincre par hasard. Il fait combler les fossés, applanir le terrein; puis il donne une juste étendue à son corps de bataille, persuadé qu'il est assez tems de commencer à vaincre, quand on s'est précautionné pour n'être pas vaincu. Dans ces retardemens, les ennemis se sauvent à travers une vigne entrelacée de provins; elle tenoit à un petit bois, d'où ils osèrent faire une sortie, tuèrent quelques-uns des plus braves cavaliers prétoriens, et blessèrent le roi Epiphanes, qui combattoit avec courage pour Othon.

XXVI. Alors l'infanterie d'Othon vient à la charge; elle écrase le corps de bataille. Ceux qui marchoient à son secours prennent la fuite; car Cecina, au lieu de mander toutes ses cohortes ensemble, les faisoit venir par détachemens, manœuvre qui augmentoit le trouble, parce que les fuyards entraînoient tous ces corps dispersés, et nulle part en force suffisante. Elle excita même une sédition dans le camp. Les soldats, choqués de ce qu'on ne les menoit pas tous au combat, chargèrent de chaînes le préfet Julius Gratus, l'accusant de trahir Vitellius par considération pour Julius Fronto son frère (Les Othoniens avoient enchaîné le tribun Julius Fronto sur de sem-

xissent. Ceterùm ea ubique formido fuit apud fugientes, occursantes, in acie, pro vallo, ut deleri cum universo exercitu Cæcinam potuisse, ni Suetonius Paullinus receptui cecinisset, utrisque in partibus percrebuerit. " Timuisse se Paullinus ferebat, tantum insuper laboris atque itineris, ne Vitellianus miles, recens è castris, fessos aggrederetur, et perculsis nullum retro subsidium foret "; apud paucos ea ducis ratio probata, in vulgus adverso rumore fuit.

XXVII. Haud perindè id damnum Vitellianos in metum compulit, quàm ad modestiam composuit; nec solùm apud Cæcinam, qui culpam in militem conferebat, seditioni magis quàm prœlio paratum; Fabii quoque Valentis copiæ ( jam enim Ticinum venerat ) posito hostium contemptu, et recuperandi decoris cupidine, reverentiùs et æqualiùs duci parebant. Gravis alioquin seditio exarserat, quam altiore initio ( neque enim rerum à Cæcinâ gestarum ordinem interrumpi oportuerat ) repetam. Cohortes Batavorum, quas

blables soupçons ). La frayeur des Vitelliens fut telle de tous les côtés, sur le champ de bataille, parmi les fuyards, parmi ceux qui venoient à leur secours, et autour des retranchemens, qu'on publia dans les deux partis que Cecina seroit péri avec toute son armée, si Paulin n'avoit pas fait sonner la retraite. Ce général disoit pour sa défense, « que voyant combien il auroit encore fallu marcher et combattre, il avoit craint d'exposer à des troupes fraîchement sorties de leur camp, des soldats déja excédés, qui n'avoient rien par-derrière pour les soutenir en cas d'échec ». Le petit nombre goûta ces raisons; le vulgaire demeura persuadé que Paulin avoit eu tort.

XXVII. Cette défaite, au lieu d'intimider le parti de Vitellius, le rendit plus soumis et plus retenu. Ce ne fut pas seulement à l'égard de Cecina; l'armée même de Valens, nouvellement arrivée à Ticinum ( Pavie ), cessant de mépriser l'ennemi, et jalouse de réparer ce déshonneur, étoit plus respecteuse envers son général, et plus obéissante (1). Elle venoit de se livrer à une violente sédition. En voici l'origine, que j'avois différé de rapporter pour ne point interrompre ce qui regardoit Cecina. Huit cohortes Bataves s'étoient séparées de la quatorzième légion dans la guerre de Vindex : se trouvant en chemin pour la

bello Neronis, à quartâdecimâ legione disgressas, quum Britanniam peterent, audito Vitellii motu, in civitate Lingonum Fabio Valenti adjunctas retulimus, superbè agebant; ut cujusque legionis tentoria accessissent, « coërcitos à se quartadecimanos, ablatam » Neroni Italiam, atque omnem belli fortu- » nam in ipsorum manu sitam » jactantes. Contumeliosum id militibus, acerbum duci ; corrupta jurgiis aut rixis disciplina; ad postremum Valens è petulantiâ etiam perfidiam suspectabat.

XXVIII. Igitur nuncio allato, pulsam Treverorum alam Tungrosque à classe Othonis, et Narbonensem Galliam circumiri : simul curâ socios tuendi, et militari astu, cohortes turbidas, ac, si unâ forent, praevalidas, dispergendi, partem Batavorum ire in subsidium jubet : quod ubi auditum, vulgatumque, mœrere socii, fremere legiones ; « orbari se for- » tissimorum virorum auxilio ; veteres illos » tot bellorum victores, postquam in cons-

Bretagne, lorsqu'elles avoient appris à Langres l'entreprise de Vitellius, elles s'étoient jointes, comme nous l'avons dit, à l'armée de Valens. Elles se vantoient insolemment, de tentes en tentes, « d'avoir fait la loi à la » quatorzième légion, et enlevé l'Italie à » Néron : le sort de cette guerre étoit tout » entier dans leurs mains ». Ces propos choquans pour le soldat inquiétoient Valens. Les querelles et les disputes qu'ils faisoient naître altéroient la discipline : enfin leur arrogance les lui rendit suspects de perfidie.

XXVIII. Ayant appris que la flotte d'Othon venoit de défaire les Trévirs et les Tungres, et qu'elle infestoit les côtes de la Gaule Narbonnoise, il enjoignit à une partie des Bataves de marcher au secours de la province : c'étoit le moyen de satisfaire à ce qu'il devoit aux alliés, et de séparer habilement des gens remuans, que leur union rendoit trop forts. Sitôt que le bruit s'en fut répandu, les auxiliaires firent paroître de la tristesse, et les légions se répandirent en murmures. « On les privoit du » secours des plus braves guerriers. On avoit » attendu la présence de l'ennemi, pour enle- » ver du milieu des rangs, ceux que la vic- » toire avoit le plus souvent couronnés. Si la

" pectu sit hostis, velut ex acie abduci: si
" provincia urbe et salute imperii potior sit,
" omnes illuc sequerentur: sin victoriæ sani-
" tas, sustentaculum, columen in Italiâ ver-
" teretur, non abrumpendos, ut corpori, va-
" lidissimos artus ».

XXIX. Hæc ferociter jactando, postquam, immissis lictoribus, Valens coërcere seditionem cœptabat, ipsum invadunt, saxa jaciunt, fugientem sequuntur. Spolia Galliarum, et Viennensium aurum, et pretia laborum suorum occultare clamitantes, direptis sarcinis, tabernacula ducis, ipsamque humum pilis et lanceis rimabantur: nam Valens, servili veste, apud decurionem equitum tegebatur. Tum Alphenus Varus, præfectus castrorum, deflagrante paulatim seditione, addit consilium, vetitis obire vigilias centurionibus, omisso tubæ sono, quo miles ad belli munia cietur. Igitur torpere cuncti, circumspectare inter se attoniti: et id ipsum, quòd nemo regeret, paventes, silentio, patientiâ, postremò precibus ac lacrymis veniam quærebant. Ut verò defor-

» province étoit préférable à Rome et à l'em-
» pire, que n'y menoit-on toute l'armée ?
» Mais si l'Italie donnoit seule de la solidité,
» de l'éclat et une renommée constante à la
» victoire, falloit-il arracher à l'armée les
» membres qui faisoient sa principale force » ?

XXIX. Comme ils répétoient insolemment
ces plaintes, Valens envoya ses licteurs pour
appaiser les séditieux : ils l'attaquent lui-même,
lui jètent des pierres, le poursuivent dans sa
fuite. Ils pillent ensuite ses effets, visitent
son pavillon, et en sondent la terre même
avec leurs lances et leurs piques, en criant :
« qu'il y a caché les dépouilles des Gaules,
l'or des Viennois, et le prix de leurs travaux ».
Cependant Valens, déguisé en esclave, se tenoit
caché dans la tente d'un décurion de cavalerie.
Alors Varus, préfet du camp, voyant que
l'émeute diminuoit insensiblement, s'avise d'un
moyen pour la terminer. Il défend aux centurions de faire leur ronde, aux trompettes
de sonner aucun exercice. Cette inaction en-
gourdit les soldats ; ils se regardent entr'eux
d'un air étonné ; et craignant leurs chefs, parce
qu'ils n'en reçoivent plus d'ordre, ils tâchent
de les fléchir par leur silence, leur retenue,
puis par leurs prières et leurs larmes. Mais
sitôt que Valens se fut avancé vers eux, en

mis, et flens, et præter spem incolumis Valens processit, gaudium, miseratio, favor: versi in lætitiam ( ut est vulgus utroque immodicum ) laudantes gratantesque; circumdatum aquilis signisque, in tribunal ferunt. Ille utili moderatione, non supplicium cujusquam poposcit: ac ne dissimulans suspectior foret, paucos incusavit: gnarus civilibus bellis plus militibus, quàm ducibus, licere.

XXX. Munientibus castra apud Ticinum, de adversâ Cæcinæ pugnâ allatum et propè renovata seditio, tanquam « fraude et cuncta» tionibus Valentis prœlio defuissent ». Nolle requiem, non exspectare ducem, anteire signa, urgere signiferos: rapido agmine Cæcinæ junguntur. Improspera Valentis fama apud exercitum Cæcinæ erat; « expositos se tantò pau» ciores integris hostium viribus quereban» tur »; simul in suam excusationem, et adventantium robur per adulationem attollentes, ne ut victi et ignavi despectarentur. Et quam-
pleurant

pleurant et presque méconnoissable (1), ravis de voir qu'il n'étoit point blessé, ils se livrent à des sentimens de commisération et de tendresse. Le vulgaire ne connoît point de milieu entre les excès opposés. Tout occupés de leur joie, ils louent Valens, le félicitent; et l'environant avec les aigles et les drapeaux, ils le portent sur son tribunal. Valens, par une modération qu'exigeoit son intérêt, ne demanda le supplice de personne. Il se plaignit cependant de quelques-uns, pour n'être pas suspect de dissimulation. Il savoit que, dans la guerre civile, les soldats jouissent de plus de licence que leurs chefs.

XXX. L'armée construisoit un camp proche de Ticinum, lorsqu'elle apprit la défaite de Cecina. La sédition pensa recommencer. « C'étoit Valens », disoient-ils, « qui, par sa trahison et ses délais, les avoit empêchés de se trouver au combat ». Il n'est plus question de se reposer, ni d'attendre le général; on précède les drapeaux; on fait hâter ceux qui les portent; une marche rapide joint toute l'armée à celle de Cecina. Les soldats y parloient fort mal de Valens. « Il avoit laissé, disoient-ils, une poignée de monde en butte à toutes les forces de l'ennemi ». Ils tendoient par ces plaintes à se justifier eux-mêmes, et à flatter les troupes nouvellement arrivées, craignant

quam plus virium, propè duplicatus legionum auxiliorumque numerus erat Valenti, studia tamen militum in Cæcinam inclinabant; super benignitatem animi, quâ promptior habebatur: etiam vigore ætatis, proceritate corporis, et quodam inani favore. Hinc emulatio ducibus. Cæcina ut fœdum et maculosum, ille ut vanum ac tumidum, inridebant. Sed condito odio, eamdem utilitatem fovere, crebris epistolis, sine repectu veniæ, probra Othoni objectantes; quum duces partium Othonis, quamvis uberrimâ conviciorum in Vitellium materiâ, abstinerent.

XXXI. Sanè antè utriusque exitum, quo egregiam Otho famam, Vitellius flagitiosissimam, meruere, minùs Vitellii ignavæ voluptates, quàm Othonis flagrantissimæ libidines timebantur. Addiderat huic terrorem atque odium cædes Galbæ; contra illi initium belli nemo imputabat. Vitellius ventre et gulâ sibi ipsi hostis; Otho luxu, sævitiâ, audaciâ, Reipub. exitiosior ducebatur. Conjunctis Cæcinæ

d'en être méprisés comme des lâches qui s'étoient laissé vaincre. Quoique Valens commandât une armée plus forte, qu'il eût presque le double de légions et d'auxiliaires, on inclinoit davantage pour Cecina. Ce dernier passoit pour plus généreux ; d'ailleurs il avoit de la jeunesse, une taille avantageuse, et les autres qualités qui suppléent au mérite. Cette préférence fit naître la jalousie entre les deux chefs. L'orgueil fastueux de l'un, la rapacité sordide de l'autre, occasionnoient des railleries réciproques. Mais ils dissimulèrent leur haine, pour travailler à l'intérêt commun, et déchirèrent fréquemment Othon par des lettres qui les mettoient dans l'impossibilité de se réconcilier avec lui ; tandis que le parti contraire, malgré l'ample matière que fournissoit Vitellius, s'abstenoit de l'insulter.

XXXI. La mort des deux contendans combla l'un de gloire, l'autre d'ignominie ; mais, de leur vivant, on redoutoit bien plus les passions impétueuses d'Othon, que la nonchalante volupté de Vitellius. Le premier s'étoit fait craindre et détester par le meurtre de Galba ; personne n'accusoit le second d'avoir allumé la guerre (1). La gourmandise de celui-ci ne faisoit tort qu'à lui-même ; le luxe, l'audace et la cruauté de l'autre étoient regardés comme bien plus funestes à l'état. Depuis

ac Valentis copiis, nulla ultra penes Vitellianos mora, quin totis viribus certarent. Otho consultavit, trahi bellum, an fortunam experiri placeret. Tum Suetonius Paullinus, dignum famâ suâ ratus, quâ nemo illâ tempestate militaris rei callidior habebatur, de toto genere belli censere, festinationem hostibus, moram ipsis utilem disseruit.

XXXII. « Exercitum Vitellii universum
» advenisse: nec multum virium à tergo, quo-
» niam Galliæ tumeant, et deserere Rheni ri-
» pam, inrupturis tam infestis nationibus, non
» conducat: Britannicum militem hoste et
» mari distineri: Hispanias armis non ita re-
» dundare: provinciam Narbonnensem incursu
» classis et adverso prœlio contremuisse: clau-
» sam Alpibus, et nullo maris subsidio, Trans-
» padanam Italiam, atque ipso transitu exer-
» citûs vastam: non frumentum usquam exer-
» citui: nec exercitum sine copiis retineri
» posse. Jam Germanos, quod genus militum
» apud hostes atrocissimum sit, tracto in æs-

la jonction des troupes de Valens et de Cecina, le parti de Vitellius ne demandoit pas mieux que d'en venir à une action décisive. Othon délibéra s'il en falloit courir le risque, ou traîner la guerre en longueur. Paulin, qui passoit pour le plus habile général de ce temslà, voulut soutenir sa réputation, en prouvant par un détail circonstancié, que l'intérêt de Vitellius étoit de se hâter, et celui d'Othon de temporiser.

XXXII. « Vitellius avoit en Italie tout ce
» qu'il pouvoit y faire entrer de troupes, puis-
» que ses forces, par-derrière, étoient mé-
» diocres; que les Gaules s'ébranloient; qu'il
» n'oseroit dégarnir les rives du Rhin, à cause
» de la haine des peuples voisins, toujours
» prêts à y fondre; que le soldat de Bretagne
» étoit retenu par la mer et par l'ennemi;
» que les Espagnes avoient peu de combat-
» tans; que la Gaule Narbonnoise étoit infes-
» tée par un flotte, et consternée de sa dé-
» faite; que la partie de l'Italie au-delà du
» Pô étoit fermée par les Alpes, sans res-
» source du côté de la mer, et déjà dévastée
» par le simple passage d'une armée. Il ne
» pouvoit tirer des convois d'aucun endroit;
» or, qui manque de vivres n'a bientôt plus
» de soldats. D'ailleurs le tempérament des
» Germains, troupes les plus redoutables

« tatem bello fluxis corporibus, mutationem
» soli cœlique haud toleraturos. Multa bella
» impetu valida, per tædia et moras evanuisse.
» Contra ipsis omnia opulenta et fida: Pannoniam, Mœsiam, Dalmatiam, Orientem,
» cum integris exercitibus; Italiam, et caput
» rerum urbem; senatumque et populum,
» numquam obscura nomina, et si aliquando
» obumbrentur (1); publicas privatasque opes,
» et immensam pecuniam, inter civiles discordias ferro validiorem; corpora militum
» aut Italiæ sueta, aut, æstibus. Objacere flumen Padum, tutas viris murisque urbes, è
» quibus nullam hosti cessuram, Placentiæ defensione exploratum. Proinde duceret bellum: paucis diebus quartamdecimam legionem, magnâ ipsam famâ, cum Mœsiacis copiis
» affore; tum rursùs deliberaturum, et si prœlium placuisset, auctis viribus certaturos ».

» dans une action, ne supportera ni le chan-
» gement de climat, ni les chaleurs, si l'on
» prolonge la guerre jusqu'à l'été. Sou-
» vent l'ennui et des délais ont dissipé des ar-
» mées capables de tout forcer au premier
» choc. Dans le parti d'Othon, au contraire,
» de l'opulence de tous côtés et une fidélité
» inébranlable : la Pannonie, la Mésie, la Dal-
» matie, l'Orient avec des armées florissantes,
» l'Italie, la capitale de l'empire, le sénat et
» le peuple romain, noms dont la splendeur,
» quoiqu'interceptée de tems en tems, ne s'al-
» tère jamais (1); des richesses en public et
» chez les particuliers; un argent immense,
» dont la force prévaut sur celle du fer pen-
» dant les guerres civiles; des soldats accou-
» tumés à l'Italie, ou du moins à la chaleur;
» pour remparts, le fleuve du Pô, des places
» défendues par leurs murs et leurs combat-
» tans. L'exemple de Plaisance donnoit à juger
» que l'ennemi n'en forceroit aucune ». Paulin concluoit qu'il falloit faire durer la guerre.
« Au surplus », ajoutoit-il, « les troupes de
» Mésie arrivent dans peu de jours avec la
» quatorzième légion, qui jouit aussi d'une
» grande renommée. On pourra délibérer de
» nouveau, et si l'on veut combattre, le faire
» alors avec plus d'avantage ».

XXXIII. Accedebat sententiæ Paullini Marius Celsus; idem placere Annio Gallo, paucos ante dies lapsu equi adflicto, missi, qui consilium ejus sciscitarentur, retulerant. Otho pronus ad decertandum; frater ejus Titianus, et præfectus prætorii Proculus, imperitiâ properantes, « fortunam, et deos, et numen Othonis adesse consiliis, affore conatibus » testabantur; neu quis obviam ire sententiæ auderet, in adulationem concesserant. Postquam pugnari placitum, interesse pugnæ imperatorem, an seponi meliùs foret, dubitavere. Paullino et Celso jam non adversantibus, ne principem objectare periculis viderentur, iidem illi deterioris consilii auctores perpulere, ut Brixellum concederet, ac dubiis prœliorum exemptus, summæ rerum et imperii se ipsum reservaret. Is primus dies Othonianas partes adflixit; namque et cum ipso prætoriarum cohortium, et speculatorum, equitumque, valida manus discessit; et remanentium fractus animus, quando suspecti duces, et Otho, cui uni apud militem fides, dum et ipse non nisi militibus credit, imperia ducum in incerto reliquerat.

XXXIII. Marius se rangeoit à l'avis de Paulin. Ceux qu'on avoit envoyés vers Annius Gallus, incommodé depuis quelques jours d'une chûte de cheval, rapportèrent qu'il pensoit de même. Mais Othon inclinoit pour le combat. Titien son frère, et Proculus préfet du prétoire, s'écrièrent avec une précipitation fondée sur leur inexpérience, que « la fortune, les dieux et le génie tutélaire du prince présidoient à ses conseils, et seconderoient ses entreprises ». Ils recouroient à la flatterie, pour que personne n'osât les contredire. Quand il fut décidé qu'on livreroit la bataille, on examina si l'empereur y devoit assister ou se tenir à l'écart. Ceux dont les conseils pernicieux venoient de prévaloir, le poussèrent à se retirer à Bersello, et « à se réserver pour les besoins urgens de l'empire, sans s'exposer aux dangers d'un combat ». Paulin et Marius n'osèrent cette fois les contredire, de peur d'être accusés de chercher à risquer la vie du prince. Ce fut l'époque de la décadence d'Othon. Un corps considérable, tiré des cohortes prétoriennes, des gardes et de la cavalerie, partit pour accompagner l'empereur; les autres perdirent courage; car les chefs étoient suspects, et Othon, le seul à qui fût attaché le soldat, ne se fiant lui-même qu'au soldat, n'avoit pas décidé qu'on leur dût obéir.

XXXIV. Nihil eorum Vitellianos fallebat, crebris, ut in civili bello, transfugiis; et exploratores curâ diversâ sciscitandi, sua non occultabant. Quieti intentique Cæcina ac Valens, quando hostis imprudentiâ rueret, quod loco sapientiæ est, alienam stultitiam opperiebantur, inchoato ponte transitum Padi simulantes, adversùs oppositam gladiatorum manum, ac ne ipsorum miles segne otium tereret. Naves pari inter se spatio, validis utrimque trabibus connexæ, adversum in flumen dirigebantur, jactis super ancoris, quæ firmitatem pontis continerent. Sed ancorarum funes non extenti fluitabant, ut, augescente flumine, inoffensus ordo navium attolleretur. Claudebat pontem imposita turris, et in extremam navem educta, unde tormentis ac machinis hostes propulsarentur.

XXXV. Othoniani (1) in ripâ turrim struxerant, saxaque et faces jaculabantur. Et erat insula amne medio, in quam gladiatores navibus molientes, Germani nando prælabebantur. Ac fortè plures transgressos, completis Liburnicis, per promptissimos gladiatorum Ma-

XXXIV. Les Vitelliens n'ignoroient aucune partie de ces détails; car il arrive fréquemment des transfuges dans une guerre civile, et d'ailleurs les espions révèlent leurs propres secrets, pour apprendre ceux des autres. Cecina et Valens observoient tranquillement un ennemi dont l'imprudence les dispensoit d'habileté, puisqu'il couroit de lui-même à sa perte. Pour ne pas laisser le soldat s'engourdir dans l'inaction, ils commencèrent un pont, comme à dessein d'attaquer les gladiateurs sur l'autre rive. Ils joignirent, à distance égale, par deux rangs de fortes poutres, des bateaux dont la proue étoit tournée contre le courant du fleuve, et les fixèrent avec des ancres, donnant aux cables assez de jeu pour laisser le pont s'élever ou s'abaisser aux gré des eaux. Le dernier bateau portoit une tour, afin de fermer le pont, et d'en écarter l'ennemi à coups de béliers et d'autres machines.

XXXV. Les Othoniens (1) avoient élevé de leur côté, sur le rivage, une tour, de laquelle on lançoit des pierres et des torches allumées. Au milieu du fleuve étoit une île ou les Germains alloient à la nage, et les gladiateurs en bateau. Un jour qu'un grand nombre de Germains y étoit arrivé, Macer, pour leur donner la chasse, fit monter ses plus braves

cer aggreditur. Sed neque ea constantia gladiatoribus ad proelia, quæ militibus; nec perinde nutantes è navibus, quàm stabili gradu è ripâ, vulnera dirigebant. Et quum variis trepidantium inclinationibus mixti remiges propugnatoresque turbarentur, desilire in vada ultro Germani, retentare puppes, scandere foros, aut cominùs mergere: quæ cuncta in oculis utriusque exercitûs, quantò lætiora Vitellianis, tantò acriùs Othoniani causam auctoremque cladis detestabantur.

XXXVI. Et proelium quidem, abruptis quæ supererant navibus, fugâ diremptum; Macer ad exitium poscebatur. Jamque vulneratum eminùs lanceâ, strictis gladiis invaserant, quum intercursu tribunorum centurionumque protegitur. Nec multò post, Vestricius Spurinna, jussu Othonis, relicto Placentiæ modico præsidio, cum cohortibus subvenit. Dein Flavium Sabinum, consulem designatum, Otho rectorem copiis misit, quibus Macer præfuerat; læto milite ad mutationem ducum, et

gladiateurs sur des barques; mais les gladiateurs n'ont pas dans une action, la constance du soldat. Leurs coups d'ailleurs, à cause des mouvemens du bateau, n'avoient ni la justesse ni la force de ceux d'un ennemi qui combattoit sur un terrein solide. Dans les divers déplacemens occasionnés par la frayeur, les rameurs et les combattans se mêlent ensemble, se troublent réciproquement. Les Germains se jetant à la nage, saisissent les barques, entrent dedans, ou les submergent. L'action se passoit sous les yeux des deux armées. Plus la joie des Vitelliens redoubloit, plus le parti d'Othon faisoit d'imprécations contre celui qu'il regardoit comme la cause et l'auteur de cette défaite.

XXXVI. Le combat finit par la fuite des bateaux qui purent s'arracher aux vainqueurs. On demandoit la mort de Macer. Un soldat l'ayant atteint de sa lance, d'autres l'épée à la main, l'environnoient déja, lorsque les tribuns et les centurions le sauvèrent. Quelque tems après, Vestricius Spurinna, laissant une foible garnison à Plaisance, eut ordre d'amener ses cohortes pour renforcer cette armée; ensuite Flavius Sabinus, désigné consul, y fut envoyé pour remplacer Macer. Chaque mutation de chef étoit un sujet de joie pour le soldat. Mais les chefs prenoient à

ducibus, ob crebras seditiones tam infestam militiam adspernantibus.

XXXVII. Invenio apud quosdam auctores, « pavore belli, seu fastidio utriusque princi- » pis quorum flagitia ac dedecus apertiore in » dies famâ noscebantur, dubitasse exercitus, » num, posito certamine, vel ipsi in medium » consultarent, vel senatui permitterent le- » gere imperatorem. Atque eò duces Otho- » nianos spatium ac moras suasisse; præci- » puè Paullinum; quod vetustissimus consu- » larium, et militiâ clarus, gloriam nomen- » que Britannicis expeditionibus meruisset ». Ego ut concesserim apud paucos, tacito voto, quietem pro discordiâ, bonum et innocentem principem, pro pessimis ac flagitiosissimis expetitum; ita neque Paullinum, quâ prudentiâ fuit, sperasse, corruptissimo sæculo, tantam vulgi moderationem, reor, ut qui pacem belli amore turbaverant, bellum pacis caritate deponerent; neque aut exercitus, linguis moribusque dissonos, in hunc consensum potuisse coalescere; aut legatos ac duces, magnâ ex parte luxûs, egestatis, scelerum sibi conscios,

contre-cœur un commandement que tant de séditions rendoient si dangereux.

XXXVII. Je lis dans quelques auteurs, que « les armées craignant la guerre, ou dé-
» goûtées de deux princes dont l'indignité se
» manifestoit de plus en plus, pensèrent, au
» lieu d'en venir aux mains, à nommer entre
» elles un autre empereur, où à en laisser
» le choix au sénat ; que le conseil de traî-
» ner la guerre en longueur avoit été donné
» dans cette vue, sur-tout de la part de Pau-
» lin, guerrier consommé dans son art, le
» plus ancien des consulaires, et célèbre par
» ses expéditions en Bretagne ». Le petit nombre souhaitoit en effet dans son cœur le rétablissement de la concorde ; ils auroient voulu qu'un prince vertueux prît la place de ces deux scélérats. Mais, selon moi, Paulin étoit trop expérimenté pour se flatter que, dans un siècle si pervers, l'amour de la paix désarmeroit une populace dont la licence avoit introduit la guerre. Des armées qui n'avoient ni les mêmes mœurs ni le même langage, n'auroient pu réunir leur choix sur une seule personne ; et la plupart des chefs, ruinés par le luxe, la débauche et les crimes, ne pouvoient consentir qu'à l'élévation d'un homme corrompu comme eux, qui dût tout à leur faveur.

nisi pollutum obstrictumque meritis suis principem passuros.

XXXVIII. Vetus, ac jam pridem insita mortalibus potentiæ cupido, cum imperii magnitudine adolevit, erupitque. Nam rebus modicis, æqualitas facilè habebatur; sed ubi, subacto orbe, et æmulis urbibus regibusque excisis, securas opes concupiscere vacuum fuit, prima inter patres plebemque certamina exarsere. Modò turbulenti tribuni, modò consules prævalidi: et in urbe ac foro tentamenta civilium bellorum. Mox è plebe infimâ C. Marius, et nobilium sævissimus L. Sulla, victam armis libertatem in dominationem verterunt. Post quos Cn. Pompeius occultior, non melior. Et nunquam postea, nisi de principatu quæsitum. Non discessere ab armis in Pharsaliâ ac Philippis civium legiones; nedum Othonis ac Vitellii exercitus sponte posituri bellum fuerint: eadem illos deûm ira, eadem hominum rabies, eædem scelerum causæ in discordiam egere. Quòd singulis velut ictibus transacta sunt bella, ignaviâ principum factum est.

XXXVIII.

XXXVIII. La passion de dominer, introduite depuis si long-tems sur la terre, qu'elle est comme naturelle à l'homme, s'accrut et éclata parmi nous avec l'agrandissement de l'empire. L'équilibre se maintenoit aisément entre les citoyens dans un état médiocre. Mais lorsque Rome eut subjugué l'Univers, et qu'elle eut écrasé les nations et les rois ses rivaux, l'ambition eut le loisir de porter ses vues sur une République qui n'avoit plus d'ennemis extérieurs à craindre. Les premiers combats s'allumèrent entre le peuple et la noblesse ; c'étoient tantôt des tribuns séditieux, tantôt des consuls trop puissans. L'essai des guerres civiles se fit au milieu de la ville, dans le forum. Ensuite Marius du dernier rang, s'éleva par ses armes jusqu'à la domination, sur les ruines de la liberté. Sylla, le plus cruel des nobles, vint après ; puis Pompée, non moins ambitieux, mais plus dissimulé. La domination devint depuis le but unique. Les légions des citoyens n'avoient pas hésité de se battre entr'elles à Pharsalle ni à Philippes. Les satellites d'un Othon et d'un Vitellius devoient-ils être plus modérés ? La discorde avoit pour principe la même colère des dieux, la même frénésie des hommes et le même attrait pour les crimes. S'il ne fallut qu'un seul coup pour terminer chaque guerre, c'est que les deux princes étoient des lâches (1). Reprenons le fil

Sed me veterum novorumque morum reputatio longiùs tulit: nunc ad rerum ordinem venio.

XXXIX. Profecto Brixellum Othone, honor imperii penes Titianum fratrem, vis ac potestas penes Proculum præfectum. Celsus et Paullinus, quum prudentiâ eorum nemo uteretur, inani nomine ducum, alienæ culpæ prætendebantur: tribuni centurionesque ambigui, quòd spretis melioribus deterrimi valebant: miles alacer; qui tamen jussa ducum interpretari, quàm exsequi mallet. Promoveri ad quartum à Bedriaco castra placuit; adeo imperitè, ut quamquam verno tempore anni, et tot circùm amnibus, penuriâ aquæ fatigarentur. Ibi de prælio dubitatum, Othone per litteras flagitante ut maturarent; militibus, ut imperator pugnæ adesset, poscentibus; plerique copias trans Padum agentes acciri postulabant. Nec perinde dijudicari potest, quid optimum factu fuerit, quàm pessimum fuisse, quod factum est.

XL. Non ut ad pugnam, sed ad bellandum profecti, confluentes Padi et Adduæ

de notre histoire, que ces considérations sur nos mœurs, anciennes et nouvelles, m'ont trop fait interrompre.

XXXIX. Depuis le départ d'Othon, Titien son frère avoit les honneurs du commandement : le préfet Proculus, la vraie puissance et l'autorité : Marius et Paulin, dont personne n'écoutoit la prudence, une vaine dénomination de chefs pour autoriser les fautes d'autrui : les centurions et les tribuns, du crédit à proportion qu'ils en étoient indignes : les soldats, de l'ardeur, mais avec la résolution de ne suivre aucun ordre sans l'interpréter. Il fut décidé d'avancer un camp à quatre milles de Bedriac. On s'y prit si mal-adroitement, qu'on manqua d'eau dans une saison humide, au milieu d'un pays environné de rivières. Ils y délibérèrent s'ils en viendroient à une action. L'empereur écrivoit qu'on se hâtât : les soldats vouloient qu'Othon assistât à la bataille : le plus grand nombre demandoit qu'on fît venir des troupes d'au-delà du Pô. Il n'est pas facile de décider quel étoit le meilleur parti ; mais ils n'en pouvoient choisir un plus mauvais que celui qu'ils prirent.

XL. Ils partirent, moins en vue de combattre que de terminer la guerre, se proposant de marcher jusqu'au confluent du Pô et de

fluminum, sedecim inde millium spatio distantes, petebant. Celso et Paullino abnuentibus, « militem itinere fessum, sarcinis gravem, objicere hosti, non admissuro, quominùs expeditus (2), et vix quatuor millia passuum progressus, aut incompositos in agmine, aut dispersos, et vallum molientes adgrederetur ». Titianus et Proculus, ubi consiliis vincerentur, ad jus imperii transibant. Aderat sanè citus equo Numida, cum atrocibus mandatis, quibus Otho, increpitâ ducum segnitiâ, rem in discrimen mitti jubebat; æger morâ, et spei impatiens.

XLI. Eâdem die, ad Cæcinam, operi pontis intentum, duo prætoriarum cohortium tribuni, colloquium ejus postulantes, venerunt. Audire conditiones, ac reddere parabat, quum præcipites exploratores adesse hostem nunciavere. Interruptus tribunorum sermo: eòque incertum fuit, insidias, an proditionem vel aliquod honestum consilium cœptaverint. Cæcina, dimissis tribunis, revectus in castra, datum jussu Fabii Valentis pugnæ signum, et militem in armis invenit. Dum legiones

l'Adda (1), distant de seize milles. Marius et Paulin refusoient « d'exposer une armée fatiguée d'une longue route, et chargée de bagages, à un ennemi qui, n'ayant fait que quatre milles au plus, sans rien porter que ses armes (1), ne manqueroit pas de l'attaquer dans sa marche avant qu'elle se ralliât, ou lorsqu'elle construiroit son camp ». Titien et Proculus, au défaut de raisons, répondoient par des ordres. En effet, un cavalier numide arrivoit en diligence, portant le très-exprès commandement de l'empereur, « qui se plaignoit amèrement de la lenteur de ses chefs, et vouloit qu'on risquât tout ». Un délai le mettoit hors de lui-même. L'espérance lui étoit insupportable.

XLI. Ce même jour, deux tribuns des gardes prétoriennes demandèrent une entrevue à Cecina, qui faisoit achever le pont. Tandis qu'il leur donnoit audience, on lui annonce en grande hâte l'arrivée de l'ennemi. Comme les tribuns n'avoient pas fini leur discours, on ignore s'ils vouloient trahir Cecina ou leur propre parti, ou faire quelque proposition honnête. Cecina les ayant congédiés, retourne promptement au camp (1). Valens avoit déjà donné le signal du combat : le soldat étoit en armes. Pendant que les légions tiroient leurs places au sort, la cavalerie se mit en avant.

de ordine agminis sortiuntur, equites prorupere, et mirum dictu, à paucioribus Othonianis quominùs in vallum impingerentur; italicæ legionis virtute deterriti sunt; ea, strictis mucronibus, redire pulsos, et pugnam resumere coëgit. Disposita Vitellianarum legionum acies, sine trepidatione: etenim quamquam vicino hoste, adspectus armorum densis arbustis prohibebatur: apud Othonianos pavidi duces, miles ducibus infensus; mixta vehicula et lixæ, et præruptis utrimque fossis, via quieto quoque agmini angusta. Circumsistere alii signa sua: quærere alii; incertus undique clamor, accurrentium, vocitantium: et ut cuique audacia vel formido, in primam postremamve aciem prorumpebant, vel revehebantur.

XLII. Attonitas subito terrore mentes falsum gaudium in languorem vertit, repertis, qui descivisse à Vitellio exercitum ementirentur. Is rumor ab exploratoribus Vitellii dispersus, an in ipsâ Othonis parte, seu dolo, seu forte surrexit, parum compertum. Omisso pugnæ ardore, Othoniani ultro salutavere; et

On fut très-surpris de la voir repoussée par un ennemi bien inférieur en nombre. Elle se seroit même culbutée dans ses propres retranchemens, si la légion italique, lui présentant la pointe de l'épée, ne l'eût forcée de retourner au combat. L'armée de Vitellius s'arrangea sans trouble. L'ennemi cependant étoit proche; mais des arbres touffus en déroboient la vue. Tout contribuoit au désordre de celle d'Othon : la frayeur des chefs, la défiance des soldats, le mélange des voitures et des vivandiers avec les troupes, une chaussée bordée de deux fossés escarpés, trop étroite même pour une armée qui n'eût pas dû combattre : de tous côtés des cris confus de gens qui accourent ou qui s'appèlent : les uns sont autour de leurs drapeaux, d'autres cherchent les leurs. Chacun, suivant sa peur ou son audace, s'avance aux premiers rangs ou recule aux derniers.

XLII. Ils n'étoient pas remis de cette terreur subite, lorsqu'une fausse joie leur fit perdre toute activité : des gens annoncent que l'armée de Vitellius vient de l'abandonner. On ne sait si ce bruit dut son origine aux partisans d'Othon ou de Vitellius, ni s'il se répandit à dessein ou par hasard. Une partie des Othoniens, ne pensant plus à combattre, salue l'ennemi, qui répond par un murmure. Le reste,

hostili murmure excepti, plerisque suorum ignaris, quæ causa salutandi, metum proditionis fecere. Tum incubuit hostium acies integris ordinibus, robore et numero præstantior. Othoniani quamquam dispersi, pauciores, fessi, prœlium tamen acriter sumpsere: et per locos arboribus ac vineis impeditos, non una pugnæ facies: cominùs eminùsque, catervis et cuneis concurrebant: in aggere viæ, collato gradu, corporibus et umbonibus niti; omisso pilorum jactu, gladiis et securibus galeas loricasque perrumpere: noscentes inter se, ceteris conspicui, in eventum totius belli certabant.

XLIII. Fortè inter Padum viamque, patenti campo, duæ legiones congressæ sunt: pro Vitellio unaetvicesima, cui cognomen *Rapaci*, vetere gloriâ insignis: è parte Othonis, prima *Adjutrix*, non antè in aciem deducta, sed ferox, et novi decoris avida. Primani, stratis unaetvicesimanorum principiis, aquilam abstulere, quo dolore accensa legio, et impulit rursus primanos, interfecto Orphidio Benigno legato, et plurima signa

ignorant

ignorant leur motif, se juge trahi : à l'instant fond en bonne ordre toute l'armée ennemie, plus forte et plus nombreuse. Celle d'Othon, malgré la lassitude, le désordre et le petit nombre, soutient vigoureusement le choc. Le combat, dans un terrain couvert d'arbres et de vignes, prend diverses formes. On s'attaque de près, de loin, par pelotons, par colonnes. Point de traits lancés sur la chaussée : chacun, homme contre homme, bouclier contre bouclier, tâche, à coups de hache et d'épée, de briser le casque ou la cuirasse de son adversaire. Se connoissant entr'eux, exposés à tous les regards, chaque particulier combat, comme si de sa valeur eût dépendu le sort de cette guerre.

XLIII. Deux légions se rencontrèrent par hasard dans une plaine entre le fleuve et la chaussée ; c'étoit, du côté de Vitellius, la vingt-unième, *Rapax*, connue depuis long-tems par ses exploits ; de celui d'Othon, la première, *Adjutrix*, qui, n'ayant jamais paru en bataille rangée, n'en étoit que plus avide de gloire. Elle taille en pièces le principal corps de la vingt-unième, et lui enlève son aigle. La vingt-unième, irritée de cet affront, la fait reculer à son tour, tue le lieutenant Orphidius Benignus, et enlève aux ennemis

vexillaque ex hostibus rapuit. A parte aliâ, propulsa quintanorum impetu tertiadecima legio; circumventi plurium accursu quartadecimani. Et ducibus Othonis jam pridem profugis, Cæcina ac Valens subsidiis suos firmabant. Accessit recens auxilium, Varus Alphenus cum Batavis, fusâ gladiatorum manu, quam navibus transvectam, oppositæ cohortes in ipso flumine trucidaverant. Ita victores latus hostium invecti.

XLIV. Et mediâ acie perruptâ, fugêre passim Othoniani, Bedriacum petentes. Immensum id spatium : obstructæ strage corporum viæ ; quò plus cædis fuit ; neque enim, civilibus bellis, capti in prædam vertuntur. Suetonius Paullinus, et Licinus Proculus, diversis itineribus, castra vitavere. Vedium Aquilam tertiædecimæ legionis legatum, iræ militum inconsultus pavor obtulit ; multo adhuc die vallum ingressus, clamore seditiosorum et fugacium circumstrepitur ; non probris, non manibus abstinent ; desertorem proditoremque increpant ; nullo proprio crimine ejus, sed more vulgi, suum quisque flagitium aliis ob-

un grand nombre d'étendards et de drapeaux. D'un autre côté, le choc de la cinquième légion enfonce la treizième : des troupes nombreuses envelopent le détachement de la quatorzième. Il n'y avoit déja plus de chefs dans l'armée d'Othon ; tous s'étoient sauvés ; au lieu que Cecina et Valens envoyoient du renfort au besoin. De plus, Alphenus Varus amena les Bataves ; ils venoient de massacrer dans le fleuve même les gladiateurs qu'on avoit fait passer sur des bateaux. Après cette victoire ils prirent l'ennemi en flanc.

XLIV. Alors l'armée d'Othon, rompue dans le milieu, s'enfuit en désordre vers Bedriac. Tout concourut à redoubler le carnage : une route immense, des chemins embarrassés de cadavres (1), nul profit à se charger de prisonniers dans une guerre civile. Paulin et Proculus évitèrent le camp chacun de leur côté. Une frayeur inconsidérée livra Vedius Aquila, lieutenant de la troisième légion, à toute la fougue du soldat. Il étoit encore grand jour quand il entra dans les retranchemens. Les fuyards et les mutins l'environnent en criant, le chargent d'injures et de coups, le traitent de déserteur et de traître. Il n'étoit pas plus coupable que les autres ; mais le vulgaire cherche sur qui rejeter ses fautes. Titien et Marius rentrèrent à la faveur de la nuit, lorsque les

jectantes. Titianum et Celsum nox juvit, dispositis jam excubiis, compressisque militibus, quos Annius Gallus precibus, consilio, auctoritate flexerat, « ne super cladem ad-
» versae pugnae, suismet ipsi caedibus saevirent;
» sive finis bello venisset, seu resumere ar-
» ma mallent, unicum victis in consensu le-
» vamentum ». Ceteris fractus animus. Praetorianus miles, « non virtute se, sed prodi-
» tione victum fremebat. Ne Vitellianis qui-
» dem incruentam fuisse victoriam, pulso
» equite, raptâ legionis aquilâ : superesse
» cum ipso Othone, militum quod trans Pa-
» dum fuerit; venire Moesicas legiones; ma-
» gnam exercitûs partem Bedriaci remansisse:
» hos certè nondum victos, et si ita ferret,
» honestiùs in acie perituros ». His cogitationibus truces aut pavidi; extremâ desperatione ad iram saepiùs, quàm in formidinem stimulabantur.

XLV. At Vitellianus exercitus, ad quintum à Bedriaco lapidem consedit, non ausis ducibus eâdem die oppugnationem castrorum,

sentinelles étoient placées, et les soldats un peu calmés par les prières, les avis et le crédit de Gallus (2). Il les avoit conjurés « de » ne pas mettre le comble à leur malheur, » en s'égorgeant mutuellement : soit que la » guerre fut terminée, ou qu'ils aimassent » mieux reprendre les armes, il n'est de sou- » lagement pour les vaincus qu'en restant » unis ». L'abattement avoit saisi le reste du parti; mais les prétoriens s'écrioient, « qu'ils » n'avoient été vaincus que par trahison (3); » encore la victoire avoit-elle coûté bien du » sang au parti de Vitellius, puisque sa cava- » lerie avoit été défaite, et l'aigle d'une de ses » légions enlevée. Il restoit avec Othon tou- » tes les troupes d'au-delà du Pô. Les légions » de Mésie arrivoient; une grande partie de » l'armée étoit demeurée à Bedriac. Leur dé- » faite prétendue ne s'étendoit sur aucun de » ces corps. Dailleurs, il étoit plus glorieux » de périr, s'il le falloit, en combattant ». Ces réflexions leur inspiroient tour-à-tour de l'arrogance ou de la frayeur; puis se sentant perdus sans ressource, ils en concevoient moins de crainte que de fureur.

XLV. Mais les Vitelliens s'arrêtèrent à cinq milles de Bedriac, parce que leurs chefs n'osèrent les conduire ce même jour à l'attaque du camp : on espéroit d'ailleurs que l'en-

simul voluntaria deditio sperabatur. Sed expeditis, et tantùm ad prœlium egressis, munimentum fuere arma et victoria. Posterà die, haud ambiguâ Othoniani exercitûs voluntate, et qui ferociores fuerant ad pœnitentiam inclinantibus, missa legatio: nec apud duces Vitellianos dubitatum, quominùs pacem concederent. Legati paullisper retenti: ea res hæsitationem attulit, ignaris adhuc an impetrassent. Mox remissâ legatione patuit vallum. Tum victi victoresque in lacrymas effusi, sortem civilium armorum miserâ lætitiâ detestantes. Iisdem tentoriis, alii fratrum, alii propinquorum vulnera fovebant. Spes et præmia in ambiguo; certa funera et luctus: nec quisquam adeo mali expers, ut non aliquam mortem mœreret. Requisitum Orphidii legati corpus honore solito crematur; paucos necessarii ipsorum sepelivere; ceterum vulgus super humum relictum.

XLVI. Opperiebatur Otho nuncium pugnæ, nequaquàm trepidus, et consilii certus. Mœsta primùm fama, dein profugi è prœlio

nemi se rendroit de lui-même. Ils n'avoient aucun bagage, parce qu'ils ne s'étoient mis en marche que pour combattre. Leurs armes et la victoire leur tinrent lieu de tout. Le lendemain, l'armée d'Othon, du consentement de ceux même qui, la veille, s'étoient montrés les plus arrogans, leur envoya des députés, avec lesquels les chefs ne balancèrent pas à convenir de la paix. Mais ils furent arrêtés (1) pendant quelque tems, et, comme on ignoroit s'ils avoient obtenu leurs demandes, les esprits demeurèrent en suspens. Le camp s'ouvrit enfin à leur retour. Alors les vainqueurs et les vaincus fondent en larmes, maudissant la guerre civile, qui ne fait jamais goûter de joie sans amertume. Ils pansent ensemble, dans les mêmes tentes, les blessures, les uns d'un frère, les autres d'un parent. Les pertes sont certaines, les espérances douteuses : il n'est personne qui regrettât la mort de quelqu'un. Le corps d'Orphidius, retrouvé parmi les morts, reçut les honneurs de la sépulture : d'autres, en petit nombre, furent inhumés par leurs amis : le reste demeura tout à découvert dans la plaine.

XLVI. Othon, bien décidé, attendoit sans frayeur le succès de la bataille. D'abord il se répand un bruit fâcheux : ensuite des gens échappés du combat certifient que tout est

perditas res patefaciunt. Non expectavit militum ardor vocem imperatoris; bonum habere animum jubebant; « superesse adhuc novas vires, et ipsos extrema passuros, ausurosque »: neque erat adulatio. Ire in aciem, excitare partium fortunam, furore quodam et instinctu flagrabant. Qui procul adstiterant, tendere manus, et proximi prensare genua; promptissimo Plotio Firmo. Is prætorii præfectus, identidem orabat, « ne fidissimum exercitum, » ne optimè meritos milites desereret; majore animo tolerari adversa quàm relinqui: » fortes et strenuos etiam contra fortunam » insistere spei; timidos et ignavos ad despe- » rationem formidine properare ». Quas inter voces, ut flexerat vultum, aut induraverat Otho, clamor et gemitus. Nec prætoriani tantùm, proprius Othonis miles, sed præmissi è Mœsiâ, eamdem obstinationem adventantis exercitûs, legiones Aquileiam ingressas, nuntiabant: ut nemo dubitet potuisse renovari bellum atrox, lugubre, incertum victis, et victoribus.

perdu. L'ardeur des soldats n'attendit pas que l'empereur leur parlât. Ils l'exhortent à prendre courage. « Il vous reste, disoient-ils, des » troupes fraîches ; nous sommes disposés » nous-mêmes à tout tenter et à tout souffrir ». Ils parloient sincèrement. Leur propre fureur et une impulsion involontaire, les excitoient à combattre et à relever la fortune de leur parti (1). Les plus éloignés du prince levoient les mains vers lui ; les plus proches embrassoient ses genoux. Plotius Firmus, commandant des gardes, le plus empressé de tous, le conjuroit, à diverses reprises, « de ne point » abandonner une armée fidelle, ni des soldats » qui l'avoient bien servi. Il y a, disoit-il, » plus de courage à soutenir l'adversité qu'à » s'y dérober. Les ames fortes et courageuses » poursuivent leurs projets, en dépit même » de la fortune. La frayeur précipite les ti- » mides et les lâches dans le désespoir ». Tandis qu'il parloit, les soldats applaudissoient ou gémissoient, selon les signes qu'ils appercevoient sur le visage du prince. Ce n'étoient pas simplement les prétoriens, troupe dévouée spécialement à Othon ; le détachement de Mésie l'assuroit « que toute leur armée étoit dans la même résolution, et que leurs légions étoient déja dans Aquilée ». Personne ne doute qu'il n'eût pu recommencer une guerre funeste et sanglante, aussi redoutable pour le

XLVII. « Ipse aversus à consiliis belli,
» hunc, inquit, animum, hanc virtutem
» vestram ultrà periculis objicere, nimis gran-
» de vitæ meæ pretium puto. Quantò plus
» spei ostenditis, si vivere placeret, tantò
» pulchrior mors erit. Experti invicem sumus,
» ego ac fortuna; nec tempus computaveri-
» tis; difficilius est temperare felicitati, quâ
» te non putes, diù usurum. Civile bellum
» à Vitellio cœpit; et ut de principatu certa-
» remus armis, initium illic fuit: ne plus-
» quam semel certemus, penes me exemplum
» erit: hinc Othonem posteritas æstimet.
» Fruetur Vitellius fratre, conjuge, liberis:
» mihi non ultione, neque solatiis opus est.
» Alii diutiùs imperium tenuerint; nemo tam
» fortiter reliquerit. An ego tantum romanæ
» pubis, tot egregios exercitus, sterni rursùs,
» et Reipub. eripi patiar? Eat hic mecum
» animus, tamquam perituri pro me fueritis;
» sed este superstites; nec diù moremur,
» ego incolumitatem vestram, vos constan-
» tiam meam. Plura de extremis loqui, pars

vainqueur que pour les vaincus; mais il y avoit renoncé.

« XLVII. Ce seroit acheter trop cher ma
» conservation, leur dit-il, que d'exposer en-
» core des amis si courageux et si fidèles. En
» augmentant mes espérances, si je voulois
» vivre, vous ajoutez du lustre à ma mort.
» Nous nous sommes éprouvés mutuellement
» la fortune et moi; et ne dites pas que l'é-
» preuve a duré trop peu. Il est plus difficile
» de se modérer dans la jouissance d'un bien,
» quand on sent qu'il échappe. Vitellius a
» commencé la guerre civile; il m'a forcé
» de recourir aux armes pour lui disputer
» l'empire; je donnerai l'exemple de les quit-
» ter dès le premier combat. Que la posté-
» rité juge Othon sur ces traits. Je rends à
» Vitellius sa femme et ses enfans. Je n'ai
» besoin ni de consolation ni de vengeance.
» D'autres ont occupé plus long-tems l'empire;
» personne ne l'aura quitté si généreusement.
» Pourrois-je souffrir qu'on répandît encore
» le sang de tant de braves guerriers; qu'on
» enlevât à ma patrie tant d'armées floris-
» santes! Que ce zèle qui vous portoit à
» mourir pour moi, me suive dans le tom-
» beau; mais vivez, et cessons de mettre
» obstacle, vous à ma mort, moi à votre tran-
» quillité. C'est un reste de foiblesse que de

» ignaviæ est; præcipuum destinationis meæ
» documentum habete, quòd de nemine
» queror; nam incusare deos vel homines,
» ejus est, qui vivere velit ».

XLVIII. Talia locutus, ut cuique ætas aut dignitas, comiter appellatos, irent properè, neu remanendo iram victoris asperarent; juvenes autoritate, senes precibus movebat. Placidus ore, intrepidus verbis, intempestivas suorum lacrymas coërcens, dari naves ac vehicula abeuntibus jubet; libellos epistolasque, studio erga se, aut in Vitellium contumeliis insignes, abolet; pecunias distribuit, parcè, nec ut periturus. Mox Salvium Cocceianum fratris filium primâ juventâ, trepidum et mœrentem, ultrò solatus est, laudando pietatem ejus, castigando formidinem; « an Vitellium
» tam immitis animi fore, ut pro incolumi
» totâ domo, ne hanc quidem sibi gratiam
» redderet? Mereri se festinato exitu clemen-
» tiam victoris. Non enim ultimâ desperatio-
» ne, sed poscente prœlium exercitu, remi-
» sisse Reipub. novissimum casum. Satis sibi

» s'appésantir en mourant sur ses pertes : ju-
» gez de ma résolution en voyant que je ne
» forme aucune plainte. Quiconque, au der-
» nier moment, accuse les dieux ou les hom-
» mes, regrette la vie ».

XLVIII. S'adressant ensuite avec bonté à chacun en particulier, suivant son âge ou sa dignité, il pria les vieillards, enjoignit aux jeunes gens de partir promptement, de crainte que le vainqueur ne s'aigrît de leurs délais. Il les empêcha, par son air serein et l'intrépidité de ses discours, de verser mal-à-propos des larmes, fit donner des vaisseaux ou des voitures à ceux qui devoient partir, brûla les lettres et les requêtes où l'on montroit trop de zèle pour lui, ou trop d'acharnement contre Vitellius, et distribua de l'argent avec discrétion, et non comme un homme prêt à périr. Salvius Cocceianus, son neveu, saisi d'effroi, dans un âge tendre, ne pouvoit retenir ses sanglots. Il le consola, louant la bonté de son cœur, et lui remontrant que sa crainte étoit déplacée. « J'ai conservé la fa-
» mille entière de Vitellius : seroit-il assez
» cruel pour ne me pas payer d'un si foible
» retour ? Ma prompte mort doit le désarmer.
» Elle n'est pas l'effet du désespoir. Je me re-
» fuse aux prières de toute une armée, pour
» sauver un dernier coup à la République.

» nominis, satis posteris suis nobilitatis quæ-
» situm : post Julios, Claudios, Servios, se
» primum in familiam novam imperium in-
» tulisse : proinde erecto animo capesseret
» vitam, neu patruum sibi Othonem fuisse,
» aut obliviscereter unquam, aut nimiùm
» meminisset ».

XLIX. Post quæ, dimotis omnibus, paullum requievit : atque illum, supremas jam curas animo volutantem, repens tumultus avertit, nunciatâ consternatione ac licentiâ militum : namque abeuntibus exitium minitabantur, atrocissimâ in Verginium vi, quem clausâ domo obsidebant. Increpitis seditionis auctoribus regressus, vacavit abeuntium colloquiis, donec omnes inviolati digrederentur. Vesperescente die, sitim haustu gelidæ aquæ sedavit; tum allatis pugionibus duobus, quum utrumque pertentasset, alterum capiti subdidit; et explorato jam profectos amicos, noctem quietam, utque adfirmatur, non insomnem egit. Luce primâ in ferrum pectore incubuit. Ad gemitum morientis, ingressi liberti servique, et Plotius Firmus prætorii præfectus,

« J'ai suffisamment illustré notre nom pour
» mes descendans et pour moi ; il sera placé
» désormais à côté de celui des Jules, des
» Claudes et des Servius, après lesquels j'ai
» fait passer l'empire dans une nouvelle mai-
» son. Jouissez de la vie avec courage. N'ou-
» bliez pas qu'Othon fut votre oncle ; mais
» craignez de vous en trop souvenir (1) ».

XLIX. Ayant congédié tout le monde, il prit un peu de repos. Il s'occupoit déja des soins de son dernier moment, lorsqu'une révolution subite l'en détourna. On lui annonce que les soldats ne sentant plus de frein qui les arrête, menacent de massacrer ceux qui veulent partir. Leur fureur éclatoit sur-tout contre Virginius, qu'ils assiégeoient dans sa maison. Après avoir réprimandé les auteurs de la sédition, il reçut tranquillement les adieux qu'on lui voulut faire, jusqu'à ce que personne n'eût plus d'insulte à craindre. Sur le soir, il prit un verre d'eau fraîche, essaya deux poignards qu'il se fit apporter, en mit un sous son chevet, et s'étant assuré que tous ses amis étoient partis, il passa paisiblement la nuit. On assure même qu'il dormit. Au point du jour il se pencha la poitrine sur son poignard (1). Au gémissement qu'il fit en expirant, ses affranchis, ses esclaves, et Plotius Firmus préfet du prétoire, accoururent, et ne lui

unum vulnus invenere. Funus maturatum; ambitiosis id precibus petierat, ne amputaretur caput, ludibrio futurum. Tulere corpus prætoriæ cohortes, cum laudibus et lacrymis, vulnus manusque ejus exosculantes. Quidam militum juxta rogum interfecere se; non noxâ, neque ob metum, sed æmulatione decoris, et caritate principis; ac postea promiscuè Bedriaci, Placentiæ, aliisque in castris, celebratam id genus mortis. Othoni sepulcrum extructum est, modicum, et mansurum.

L. Hunc vitæ finem habuit septimo et tricesimo ætatis anno. Origo illi è municipio Ferentino. Pater consularis; avus prætorius, maternum genus impar, nec tamen indecorum; pueritiâ ac juventâ, qualem monstravimus; duobus facinoribus, altero flagiosissimo, altero egregio, tantumdem apud posteros meruit bonæ famæ, quantùm malæ. Ut conquirere fabulosa, et fictis oblectare legentium animos, procul gravitate cœpti operis crediderim; ita vulgatis traditisque demere fidem non ausim. *Die quo Bedriaci certabatur, avem invisitatâ specie, apud regium Lepidum*

trouvèrent

trouvèrent qu'une seule plaie. On se hâta de brûler son corps. Il l'avoit demandé avec beaucoup d'instance, dans la crainte que sa tête ne fût livrée aux insultes de l'ennemi. Les prétoriens le portèrent. Ils baisoient ses mains et sa blessure, et faisoient son éloge en pleurant. Quelques-uns se tuèrent à son bûcher; ce n'étoit ni par crainte ni par remords, mais pour imiter la mort glorieuse d'un prince qu'ils chérissoient. Plusieurs en firent autant à Bedriac, à Plaisance, et dans les autres camps. On lui construisit un tombeau, dont la médiocrité garantissoit la durée (2).

L. Ainsi mourut ce prince à l'âge de trente-sept ans. Il étoit originaire de Ferente, ville municipale. Son père avoit été consul : son aïeul, préteur. Sa mère, quoique d'une maison moins illustre, étoit noble (1). Nous avons parlé de son enfance et de sa jeunesse. Deux actions, l'une détestable, l'autre glorieuse, lui mériteront autant de louange que de blâme dans la postérité. Il ne sied pas à la majesté de l'histoire de ramasser des traits fabuleux pour amuser le lecteur : mais je n'ose supprimer les faits auxquels la croyance publique donne de l'authenticité. Le jour de la bataille de Bedriac, selon le rapport des habitans de Rhege, *un oiseau, d'une forme extraordinaire* (2), *se percha dans un bosquet très-*

celebri luco (3) consedisse, incolæ memorant, nec deinde cœtu hominum, aut circum volitantium alitum, territam pulsamve, donec Otho se ipse interficeret: tum ablatam ex oculis: et tempora reputantibus, initium finemque miraculi, cum Othonis exitu competisse.

LI. In funere ejus, novata luctu ac dolore militum seditio: nec erat, qui coerceret. Ad Verginium versi, modò ut reciperet imperium, nunc ut legatione apud Cæcinam ac Valentem fungeretur, minitantes orabant. Verginius per aversam domûs partem furtim digressus, inrumpentes frustratus est. Earum, quæ Brixelli egerant, cohortium preces Rubrius Gallus tulit. Et veniâ statim impetratâ, concedentibus ad victorem, per Flavium Sabinum, iis copiis, quibus præfuerat.

LII. Posito ubique bello, magna pars senatûs extremum discrimen adiit, profecta cum Othone ab urbe, dein Mutinæ relicta. Illuc adverso de prælio allatum: sed milites, ut falsum rumorem adspernantes, quòd infensum Othoni senatum arbitrabantur, custodire ser-

fréquenté. Le grand nombre de personnes qui s'assemblèrent pour le considérer, et la multitude d'oiseaux qui l'environnoient en voltigeant, ne purent ni l'effrayer ni le faire changer de place. En supputant les momens, on trouva qu'il avoit paru à la perte de la bataille, et disparu à la mort d'Othon.

LI. Les regrets et la douleur des soldats pendant ses funérailles dégénérèrent en une sédition, et il ne se trouvoit personne pour la calmer. Virginius en devint l'objet : ils le prient avec menace, tantôt d'accepter l'empire, tantôt de faire leur paix auprès de Valens et de Cecina : mais il se déroba secrètement par une porte de derrière, dans l'instant où ils forçoient sa maison. Rubrius Gallus présenta les soumissions des cohortes restées à Bersello : elles furent acceptées sans peine. Flavius Sabinus se rendit aussi avec les troupes qu'il commandoit.

LII. Ainsi la guerre étoit terminée de toute part ; mais une grande partie du sénat, qu'Othon avoit emmenée de Rome, et laissée à Modène, y courut le plus grand danger. On y avoit publié la défaite de ce prince ; mais les soldats méprisant la nouvelle, comme fausse, et croyant les sénateurs ennemis secrets d'Othon, épioient leurs discours, leur

mones, vultum habitumque trahere in deterius: conviciis postremo ac probis causam et initium cædis quærebant: quum alius insuper metus senatoribus instaret, ne prævalidis jam Vitellii partibus, cunctanter excepisse victoriam crederentur. Ita trepidi et utrimque anxii coëunt; nemo privatim expedito consilio, inter multos societate culpæ tutior. Onerabat paventium curas ordo Mutinensis arma et pecuniam offerendo, appellabatque *Patres Conscriptos* intempestivo honore.

LIII. Notabile inde jurgium fuit, quo Licinius Cæcina Marcellum Eprium, ut ambigua disserentem, invasit. Nec cæteri sententias aperiebant: sed invisum memoriâ delationum, expositumque ad invidiam Marcelli nomen irritaverat Cæcinam, ut novus adhuc, et in senatum nuper adscitus, magnis inimicitiis claresceret. Moderatione meliorum dirempti. Et rediere omnes Bononiam, rursus consiliaturi. Simul, medio temporis, plures nuncii sperabantur, Bononiæ, divisis per iti-

faisoient un crime de leur air et de leur maintien, et les insultoient à dessein de faire naître un prétexte pour les massacrer. D'un autre côté, Vitellius triomphoit : il étoit dangereux d'applaudir trop tard à sa victoire. Dans ce double péril, ils prennent le parti de former une assemblée; car personne n'osoit agir séparément : chaque particulier se lave bien plus aisément d'une faute commune à tout le corps. Pour surcroit d'embarras et de crainte, le sénat de Modène, par un hommage fort à contre-tems, les vint saluer en les qualifiant de *Pères-Conscrits* (1), et leur offre des troupes et de l'argent.

LIII. Puis il survint un débat fort vif. Licinius Cécina fit un crime à Marcellus de ce qu'il opinoit d'une manière ambiguë. Les autres ne s'expliquoient pas plus clairement. Mais le souvenir des délations de Marcellus dévouoit son nom à l'exécration publique. C'étoit une espèce d'amorce pour Licinius, homme nouveau, reçu depuis peu dans le sénat, et qui cherchoit à s'illustrer aux dépens de quelques personnes puissantes. Des gens plus sensés appaisèrent la querèle, et tous les sénateurs revinrent à Bologne, dans le dessein d'y former une seconde assemblée. Ils espéroient dans l'intervalle, s'instruire plus à fond de l'état des affaires, et distribuèrent à

nera qui recentissimum quemque percunctarentur. Interrogatus Othonis libertus causam digressûs, « habere se suprema ejus mandata » respondit : ipsum viventem quidem relic- » tum, sed solâ posteritatis curâ, et abruptis » vitæ blandimentis ». Hinc admiratio, et plura interrogandi pudor. Atque omnium animi in Vitellium inclinavere.

LIV. Intererat consiliis frater ejus, L. Vitellius : seque jam adulantibus offerebat, quum repentè Cœnus, libertus Neronis, atroci mendacio universos perculit, adfirmans « superventu quartædecimæ legionis, junctis à Brixello viribus, cæsos victores, versam partium fortunam ». Causa fingendi fuit, ut diplomata Othonis, quæ negligebantur, lætiore nuntio revalescerent. Et Cœnus quidem rapidè in urbem vectus, paucos post dies, jussu Vitellii pœnas luit. Senatorum periculum auctum, credentibus Othonianis militibus, vera esse quæ

cet effet des gens sur les routes, pour questionner tous ceux qui pourroient leur donner les nouvelles les plus récentes. Un affranchi d'Othon leur dit « qu'il portoit à Rome les
» dernières volontés de son maître; que ce
» prince vivoit encore lorsqu'il l'avoit quitté;
» mais qu'il étoit déja mort à tous les plai-
» sirs, et ne s'occupoit plus que de ce qui
» regardoit la postérité ». L'admiration dont on est saisi ne permet pas de faire d'autres questions, et tous les esprits inclinent pour Vitellius.

LIV. L. Vitellius, frère de ce prince, étoit présent. On le flattoit déja, et il s'y prêtoit de bonne grace, lorsque Cenus, affranchi de Néron, déconcerta toute l'assemblée par un mensonge impudent. Il assura « que l'arrivée de la quatorzième légion, et la jonction des troupes de Bersello, venoient de contraindre la fortune à changer de parti, et que les vainqueurs avoient été taillés en pièces ». Cenus avoit un rescrit d'Othon pour prendre des chevaux de poste (1). Il mentoit ainsi, afin de le faire valoir, parce qu'on commençoit à n'en plus faire de cas. Au moyen de cette ruse, il arriva très-promptement à Rome; mais il fut mis à mort quelques jours après par ordre de Vitellius. Cependant les soldats d'Othon croyoient sa nouvelle; ce qui redou-

afferebantur. Intendebat formidinem, quòd publici consilii facie, discessum Mutinâ, desertæque partes forent. Nec ultrà in commune congressi, sibi quisque consulere: donec missæ à Fabio Valente epistolæ demerent metum. Mors Othonis; quò laudabilior, eò velociùs audita.

LV. At Romæ nihil trepidationis. Cereales ludi ex more spectabantur. Ut cessisse vitâ Othonem, et à Flavio Sabino, præfecto urbis quod erat in urbe militum sacramento Vitellii adactum, certi auctores in theatrum attulerunt, Vitellio plausere: populus, cum lauru ac floribus, Galbæ imagines circum templa tulit; congestis in modum tumuli coronis, juxta lacum Curtii, quem locum Galba moriens sanguine infecerat. In senatu cuncta, longis aliorum principatibus composita, statim decernuntur. Additæ erga Germanicos exercitus laudes gratesque: et missa legatio, quæ gaudio fungeretur. Recitatæ Fabii Valentis epistolæ, ad consules scriptæ haud immoderatè; gratior Cæcinæ modestia fuit, quod non scripsisset.

bloit

bloit le danger des sénateurs. Le sénat même étoit censé s'être retiré de Modène, et avoir quitté le parti d'Othon. Ils résolurent en conséquence de ne plus former d'assemblée, et cherchèrent leur sûreté chacun à part. Mais une lettre de Valens les tranquillisa bientôt après. D'ailleurs la mort d'Othon étoit trop héroïque pour ne pas se divulguer très-promptement.

LV. Pendant ces troubles, Rome étoit tranquille. On célébroit, suivant l'usage, les jeux de Cérès (1); des gens dignes de foi annoncent sur le théâtre qu'Othon est mort, et que Sabinus, gouverneur de Rome, vient de faire reconnoître Vitellius par tout ce qu'il y a de troupes dans la ville. Le peuple applaudit aussitôt à Vitellius; et sortant avec les couronnes de fleurs et les lauriers dont il s'est orné pour la fête, il porte les images de Galba (2) en pompe dans les temples, et lui fait avec ses couronnes une espèce de catafalque à l'endroit qu'il avoit teint de son sang. Le sénat prodigua dans un seul décret, ce que la flatterie avoit inventé à loisir sous les autres princes. Il ajouta des actions de graces et des félicitations aux armées de Germanie, et une députation chargée d'exprimer sa joie. La lettre de Valens aux consuls, dont on fit lecture, ne contenoit rien de choquant; mais la

LVI. Ceterùm Italia graviùs atque atrociùs, quàm bello adflictabatur; dispersi per municipia et colonias Vitelliani, spoliare, rapere, vi et stupris polluere; in omne fas nefasque avidi, aut venales, non sacro, non profano abstinebant. Et fuere, qui inimicos suos, specie militum, interficerent. Ipsique milites, regionum gnari, refertos agros, dites dominos, in prædam, aut si repugnatum foret, ad excidium, destinabant; obnoxiis ducibus, et prohibere non ausis; minùs avaritiæ in Cæcinâ, plus ambitionis; Valens, ob lucra et quæstus infamîs, eòque alienæ etiam culpæ dissimulator. Jam pridem attritis Italiæ rebus, tantùm peditum equitumque vis damnaque et injuriæ ægrè tolerabantur (1).

LVII. Interim Vitellius, victoriæ suæ nescius, ut ad integrum bellum, reliquas germanici exercitûs vires trahebat. Pauci veterum

modération de Cecina qui n'avoit point écrit, plut davantage.

LVI. Cependant l'Italie étoit en proie à des maux plus cruels que la guerre. Les Vitelliens, dispersés dans les colonies et les municipes, s'y livroient aux rapines, aux brigandages et aux plus infâmes excès. Avides de tout envahir ou de tout vendre sans distinction de justice ni d'injustice, ils n'épargnoient ni le sacré ni le profane. Des particuliers poignardèrent leurs ennemis, en rejetant ces assassinats sur les gens de guerre. Le soldat lui-même, bien au fait du pays, rançonnoit les plus riches possesseurs, et les meilleures contrées, et mettoit tout à feu et à sang en cas de refus. Les chefs n'étoient pas d'un caractère à l'en empêcher. Valens, trop décrié pour ses rapines, n'osoit s'opposer à celle des autres. Cecina, moins avare, cherchoit plus à se ménager l'affection des troupes. L'Italie, depuis long-tems flétrie et dégradée, en étoit réduite à supporter les affronts, les dégâts et les violences de la cavalerie et de l'infanterie.

LVII. Néanmoins Vitellius, ignorant sa victoire, entraînoit avec lui les restes de l'armée de Germanie, comme s'il eût été question de commencer la guerre. Il laissa peu d'anciens

militum in hibernis relicti, festinatis per Gallias delectibus, ut remanentium legionum nomina supplerentur. Cura ripæ Hordeonio Flacco permissa. Ipse è britannico delectu octo millia sibi adjunxit; et paucorum dierum iter progressus, prosperas apud Bedriacum res, ac morte Othonis concidisse bellum accepit. Vocatâ concione, virtutem militum laudibus cumulat. Postulante exercitu, ut libertum suum Asiaticum equestri dignitate donaret, inhonestam adulationem compescit; dein mobilitate ingenii, quod palam abnuerat, inter secreta convivii largitur; honoravitque Asiaticum annulis fœdum mancipium, et malis artibus ambitiosum.

LVIII. Iisdem diebus, accessisse partibus utramque Mauretaniam, interfecto procuratore Albino, nuncii venere. Luceius Albinus, à Nerone Mauretaniæ Cæsariensi præpositus, additâ per Galbam Tingitanæ provinciæ administratione, haud spernendis viribus agebat: novemdecim cohortes, quinque alæ, ingens Maurorum numerus aderat, per latrocinia et raptus apta bello manus. Cæso Galbâ, in Otho-

soldats dans les quartiers d'hiver, ordonna de promptes levées dans les Gaules, pour recruter des légions auxquelles il ne restoit presque que leur nom; commit la défense du Rhin à Hordeonius, et joignit à son armée huit mille hommes de l'élite de Bretagne. Après quelques jours de marche, on lui apprend la victoire de Bedriac, et la fin de la guerre par la mort d'Othon. Alors il fait l'éloge des vainqueurs en présence de son armée. Elle le prioit de faire chevalier romain Asiaticus son affranchi. Après avoir rejeté cette demande comme l'effet d'une basse flatterie, il fut assez inconséquent pour donner dans un festin, ce qu'il avoit refusé publiquement. Ainsi l'on vit décoré de l'anneau de chevalier un infâme esclave qui ne s'étoit élevé que par des crimes.

LVIII. On vint annoncer vers ce même tems à l'empereur la réunion des deux Mauritanies à son parti, par le meurtre d'Albinus. Luceius Albinus ayant reçu de Néron l'administration de la Mauritanie Césarienne, à laquelle Galba joignit depuis celle de la Tingitane, formoit un puissant parti. Il avoit à ses ordres dix neuf cohortes, cinq ailes de cavalerie, et un grand nombre de Maures, qui sont excellens dans une guerre, à cause de leur adresse à faire des coups de main et à piller. A la mort de Galba, il inclina pour

nem pronus, nec Africâ contentus, Hispaniæ, angusto freto diremptæ, imminebat. Inde Cluvio Rufo metus; et decimam legionem propinquare littori, ut transmissurus, jussit: præmissi centuriones, qui Maurorum animos Vitellio conciliarent; neque arduum fuit, magnâ per provincias germanici exercitûs famâ. Spargebatur insuper, spreto procuratoris vocabulo, Albinum insigne regis, et Jubæ nomen usurpare.

LIX. Ita mutatis animis, Asinius Pollio, alæ præfectus, è fidissimis Albino, et Festus ac Scipio, cohortium præfecti, opprimuntur. Ipse Albinus, dum è Tingitanâ provinciâ Cæsariensem Mauretaniam petit, appulsus littori, trucidatur: uxor ejus, quum se percussoribus obtulisset, simul interfecta est: nihil eorum, quæ fierent, Vitellio anquirente: brevi auditu, quamvis magna transibat, impar curis gravioribus. Exercitum itinere terrestri pergere jubet; ipse Arare flumine devehitur, nullo principali paratu, sed vetere egestate

Othon : mais non content de l'Afrique, il y vouloit ajouter l'Espagne, dont il n'étoit séparé que par un détroit. Cluvius le craignant, fit avancer la dixième légion sur les côtes, comme dans le dessein de la faire passer en Afrique; mais il y envoya d'abord des centurions pour déterminer les Maures en faveur de Vitellius. Ils y réussirent sans peine, à cause de la haute idée que les provinces avoient des armées de Germanie : le bruit couroit d'ailleurs qu'Albinus, dédaignant de gouverner au nom d'autrui, avoit ceint le diadême, et se faisoit appeler Juba.

LIX. Ainsi les esprits étant changés, on massacra Asinius Pollio, commandant d'une aîle de cavalerie, zélé partisan d'Albinus, et les préfets des cohortes Festus et Scipion (1). Albinus est ensuite tué lui-même sur la côte où il venoit d'aborder, en allant de la Mauritanie Tingitane dans la Césarienne. Sa femme qui vouloit s'opposer aux assassins, fut poignardée en même tems. Vitellius, qui ne s'informoit jamais de rien, ignora ce détail : incapable de s'occuper sérieusement, il n'écoutoit qu'en passant ceux même qui lui parloient d'affaires importantes. Tandis que l'armée continuoit sa marche par terre, il s'embarque sur la Saône. Au lieu de la pompe digne de la majesté impériale, il n'attiroit les re-

conspicuus; donec Junius Blesus, lugdunensis Galliæ rector, genere inlustri, largus animo, et par opibus, circumdaret principis ministeria, comitaretur liberaliter, eo ipso ingratus, quamvis odium Vitellius vernilibus blanditiis velaret. Præsto fuere Lugduni victricium victarumque partium duces. Valentem et Cæcinam, pro concione laudatos, curuli suæ circumposuit. Mox universum exercitum occurrere infanti filio jubet; perlatumque, et paludamento opertum, sinu retinens, *Germanicum* appellavit, cinxitque cunctis fortunæ principalis insignibus; nimius honos inter secunda, rebus adversis in solatium cessit.

LX. Tum interfecti centuriones promptissimi Othonianorum; undè præcipua in Vitellium alienatio per Illyricos exercitus. Simul ceteræ legiones contactu, et adversùs Germanicos milites invidiâ, bellum meditabantur. Suetonium Paullinum ac Licinium Proculum, tristi morâ squalidos tenuit; donec auditi, necessariis magis defensionibus, quàm hones-

gards que par son ancienne indigence. Mais Blesus, gouverneur de la Gaule Lyonnoise, en qui la noblesse des sentimens égaloit la naissance et les richesses, lui monta une maison, et fit lui-même partie de son cortège : il y gagna de se faire haïr de Vitellius, qui cependant le flattoit bassement. Les chefs des vainqueurs et des vaincus ne manquèrent pas de se trouver à Lyon à l'arrivée de l'empereur. Il prononça lui-même un panégyrique en l'honneur de Valens et de Cecina, les ayant tous deux à ses côtés dans sa chaire curule. Ensuite il enjoignit à toute son armée d'aller au-devant de son fils, enfant de six ans, le prit dans ses bras, le revêtit de la pourpre, et le surnommant Germanicus, accumula sur lui toutes les prérogatives de la majesté impériale; honneurs prématurés, s'il avoit su fixer la fortune; mais il s'applaudit dans son malheur de s'être hâté de les lui procurer.

LX. Les plus braves centurions du parti d'Othon furent tués alors. Rien n'aigrit davantage les troupes d'Illyrie contre Vitellius. La contagion gagna dans les autres legions, et leur jalousie envers l'armée de Germanie les poussoit à la révolte. Paulin et Proculus eurent la mortification d'être retenus long-tems en habits de supplians à la suite de la cour, et de se voir forcés, dans l'audience qu'ils ob-

tis uterentur. « Proditionem ultrò imputabant, » spatium longi ante prælium itineris, fati- » gationem Othonianorum, permixtum vehi- » culis agmen, ac pleraque fortuita, fraudi » suæ adsignantes »; et Vitellius credidit de perfidiâ, et fidem absolvit. Salvius Titianus, Othonis frater, nullum discrimen adiit, pietate et ignaviâ excusatus. Mario Celso consulatus servatur; sed creditum famâ, objectumque mox in senatu Cæcilio Simplici, quòd eum honorem pecuniâ mercari, nec sine exitio Celsi voluisset; restitit Vitellius, deditque postea consulatum Simplici, innoxium et inemptum. Trachalum adversùs criminantes Galeria, uxor Vitellii, protexit.

LXI. Inter magnorum virorum discrimina (pudendum dictu) Mariccus quidam, è plebe Boiorum, inserere sese fortunæ, et provocare arma romana, simulatione numinum ausus est. Jamque *assertor Galliarum, et deus* (nomen id sibi indiderat) concitis

tinrent enfin, de recourir à des mensonges que la nécessité seule pouvoit excuser. « Ils » avoient trahi Othon, disoient-ils : la lon- » gueur de la marche, la fatigue des troupes, » le mélange des voitures et des vivandiers, » et ce qui ne venoit que du hasard, étoient, » selon eux, des effets de leur ruse ». Vitellius, en considération de ces trahisons, leur pardonna d'avoir été fidèles. Titien ne courut aucun danger; c'étoit un frère, qui avoit pris parti pour son frère; de plus c'étoit un lâche. Le consulat fut laissé à Marius. Le bruit courut que Cecilius Simplex avoit offert de l'argent pour obtenir sa place et sa condamnation. On le lui reprocha même depuis en plein sénat; mais Vitellius tint ferme, et le nomma quelque tems après à un consulat qui ne coûta ni argent ni sang à personne. Trachalus, également poursuivi, fut sauvé par la protection de Galeria, femme de l'empereur.

LXI. Au milieu des scènes que la fortune donnoit aux dépens des personnages les plus considérables de l'empire, un nommé Mariccus, de la lie du peuple boyen, osa nous faire l'affront de jouer aussi son rôle, et de s'autoriser de la divinité pour braver nos armes. Déja, sous le nom qu'il avoit pris *de dieu libérateur des Gaules*, il avoit rassemblé huit mille hommes, et il entraînoit dans son

octo millibus hominum, proximos Æduorum pagos trahebat; quum gravissima civitas, electâ juventute, adjectis à Vitellio cohortibus, fanaticam multitudinem disjecit. Captus in eo prœlio Mariccus, ac mox feris objectus, quia non laniabatur, stolidum vugus inviolabilem credebat, donec spectante Vitellio interfectus est.

LXII. Nec ultrà in defectores, aut bona cujusquam, sævitum. Rata fuere eorum, qui acie Othonianâ ceciderant, testamenta, aut lex intestatis : prorsùs, si luxuriæ temperaret, avaritiam non timeres. Epularum fœda et inexplebilis libido : ex urbe atque Italiâ irritamenta gulæ gestabantur, strepentibus ab utroque mari itineribus : exhausti conviviorum apparatibus principes civitatum : vastabantur ipsæ civitates : degenerabat à labore ac virtute miles, assuetudine voluptatum, et contemptu ducis (2). Præmisit in urbem edictum, quo « vocabulum Augusti differret, Cæsaris

parti les bourgs au voisinage des Eduens. Mais la cité, trop sensée pour donner dans de telles rêveries, armant l'élite de sa jeunesse, à laquelle se joignirent quelques cohortes de Vitellius, dispersa cette multitude de fanatiques. Mariccus pris dans le combat fut livré aux bêtes. Comme elles ne le déchiroient pas, le peuple avoit la sottise de le croire invulnérable. Mais on le tua en présence de l'empereur.

LXII. Les poursuites contre le parti d'Othon étoient cessées. On ne confisqua le bien de personne. Les testamens de ceux qui étoient morts en combattant pour Othon, eurent lieu, ou les lois à leur défaut. L'avarice n'étoit point à craindre de la part de Vitellius, s'il avoit pu commander à sa gourmandise. Mais il n'étoit pas possible d'assouvir son infâme intempérance. Rome et l'Italie, occupées à lui inventer et voiturer des mets, faisoient retentir les routes d'une mer à l'autre du bruit des chariots. Les chefs des cités se ruinèrent en apprêt de festins (1) : les villes même furent dévastées ; et les soldats, amollis par l'habitude des plaisirs, perdoient le goût des vertus militaires sous un prince qui les méprisoit. Son arrivée à Rome fut précédée par un édit, dont voici la substance : « Il différoit de prendre le nom d'Auguste, et rejetoit celui de César,

non reciperet, quum de potestate nihil detraheret. Pulsi Italiâ mathematici. Cautum severè, ne equites romani ludo et arenâ polluerentur ». Priores id principes pecuniâ, et sæpiùs vi, perpulerant : ac pleraque municipia et coloniæ æmulabantur corruptissimum quemque adolescentium pretio inlicere.

LXIII. Sed Vitellius, adventu fratris, et inrepentibus dominationis magistris, superbior et atrocior, occidi Dolabellam jussit, quem in coloniam Aquinatem sepositum ab Othone, retulimus. Dolabella, auditâ morte Othonis, urbem introierat : id ei Plancius Varus, præturâ functus, ex intimis Dolabellæ amicis, apud Flavium Sabinum, præfectum urbis, objecit, « tamquam ruptâ custodiâ, ducem se victis partibus ostentasset : addidit tentatam cohortem, quæ Ostiæ ageret » : nec ullis tantorum criminum (1) probationibus in pœnitentiam versus, seram veniam post scelus quærebat. Cunctantem super tantâ re Flavium Sabinum, Triaria, L. Vitellii uxor, ultra

sans renoncer en rien à l'autorité de ses prédécesseurs. Il chassoit les mathématiciens de l'Italie (3). Il défendoit, sous des peines grièves, aux chevaliers de se donner en spectacle sur le théâtre ou dans l'arêne ». Les empereurs précédens en avoient engagés à cette bassesse par argent, et plus souvent par force; et la plupart des municipes et des colonies se piquoient d'y amorcer à l'envi les jeunes nobles qui s'étoient ruinés.

LXIII. Vitellius, que l'arrivée de son frère, et les leçons de despotisme insinuées par les courtisans, rendoient plus arrogant et plus cruel, fit mourir Dolabella, qu'Othon, comme nous l'avons dit, avoit fait conduire dans la colonie d'Aquin. Dolabella, sitôt qu'il avoit appris la mort d'Othon, s'étoit rendu dans Rome. Ce fut un prétexte pour Plancius Varus, ancien préteur, son intime ami, de le déférer à Sabinus, préfet de la ville, comme ayant forcé sa prison, afin d'engager par sa présence les vaincus à le prendre pour chef. Il ajouta qu'il avoit tenté de gagner la cohorte d'Ostie. L'accusé montra pendant la discussion de ces énormes griefs (1), une assurance dont on lui fit un crime, et s'avisa trop tard de demander grace. Comme Sabinus hésitoit dans une affaire de cette importance, Triaria, femme de L. Vitellius, dont la cruauté dé-

feminam ferox, terruit ne periculo principis famam clementiæ affectaret. Sabinus, suopte ingenio mitis, ubi formido incessisset, facilis mutatu, et in alieno discrimine sibi pavens, ne adlevasse videretur, impulit ruentem.

LXIV. Igitur Vitellius, metu et odio, quòd Petroniam, uxorem ejus, mox Dolabella in matrimonium accepisset, vocatum per epistolas, vitatâ Flaminiæ viæ celebritate, devertere Interamnium atque ibi interfici jussit. Longum interfectori visum : in itinere ac tabernâ projectum humi jugulavit : magnâ cum invidiâ novi principatûs, cujus hoc primum specimem noscebatur. Et Triariæ licentiam, modestum è proximo exemplum onerabat, Galeria imperatoris uxor, non immixta tristibus, et pari probitate mater Vitelliorum, Sextilia, antiqui moris. Dixisse quinetiam, ad primas filii sui epistolas, ferebatur, « non Germanicum à se, sed Vitellium genitum ». Nec ullis postea fortunæ inlecebris, aut ambitu civitatis, in gaudium evicta, domûs suæ tantùm adversa sensit.

mentoit

mentoit le sexe, lui demanda d'un ton menaçant, s'il prétendoit faire vanter sa clémence au péril du prince. La douceur naturelle de Sabinus n'étoit pas à l'épreuve de la crainte. Appréhendant de périr avec un homme qu'il voyoit au bord du précipice, il l'y jeta de peur d'être soupçonné de l'en vouloir sauver.

LXIV. Vitellius, intimidé, haïssant d'ailleurs Dolabella, qui avoit épousé Petronia sa première femme (1), presque aussitôt après son divorce, mande « de feindre de le lui amener; d'éviter la voie Flaminia, parce qu'elle est trop fréquentée; de le conduire jusqu'à Interamne, et de l'y poignarder ». L'assassin trouva le terme trop long, le renversa dans une hôtellerie sur la route, et l'y égorgea. Ce début du nouvel empereur fit très-mal augurer pour la suite. On sut d'autant plus mauvais gré à Triaria d'avoir osé prendre part à cette intrigue, qu'elle avoit sous les yeux les exemples de Galeria, femme de l'empereur, qui n'usa jamais de son crédit pour nuire, et de Sextilia, mère des Vitellius, dont les mœurs étoient dignes de l'ancien tems. On rapporte même, que, lorsque son fils lui manda son élévation à l'empire, elle s'écria, « qu'elle étoit mère de Vitellius et non de Germanicus ». Dans la suite, les caresses de la fortune, et les applaudissemens de Rome,

LXV. Digressum à Lugduno Vitellium, M. Cluvius Rufus adsequitur, omissâ Hispaniâ, lætitiam et gratulationem vultu ferens, animo anxius, et petitum se criminationibus gnarus. Hilarius Cæsaris libertus detulerat; " tamquam audito Vitellii et Othonis principatu, propriam ipse potentiam, et possessionem Hispaniarum tentasset: eòque diplomatibus nullum principem præscripsisset. Interpretabatur quædam ex orationibus ejus, contumeliosa in Vitellium, et pro se ipso popularia ". Auctoritas Cluvii prævaluit, ut puniri ultrò libertum suum Vitellius juberet; Cluvius comitatui principis adjectus, non ademptâ Hispaniâ, quam rexit absens, exemplo L. Arruntii; eum Tiberius Cæsar ob metum, Vitellius Cluvium nullâ formidine, retinebat. Non idem Trebellio Maximo honos; profugerat Britanniâ, ob iracundiam militum: missus est in locum ejus, Vectius Bolanus è præsentibus.

n'excitèrent aucune joie dans son cœur; il ne fut sensible qu'aux malheurs de sa maison.

LXV. Cluvius ayant quitté l'Espagne, joignit Vitellius à sa sortie de Lyon. Il venoit, en apparence, pour le féliciter et lui témoigner sa joie; mais il étoit réellement dévoré d'inquiétudes. Hilaire, affranchi de César (1), l'avoit accusé « d'avoir voulu s'emparer de l'Espagne pour lui-même au commencement de la guerre d'Othon et de Vitellius, et de n'avoir en conséquence nommé ni l'un ni l'autre dans ses édits ». Il citoit de plus une de ses harangues, dans laquelle on lui pouvoit soupçonner l'intention de se concilier le peuple, et de décrier Vitellius. Mais l'accusé s'acquit un tel ascendant sur l'empereur, que ce prince se porta de lui-même à punir son affranchi, et créa pour Cluvius une nouvelle place dans sa maison sans le priver de son gouvernement, que Cluvius administra par ses lieutenans, comme avoit fait autrefois L. Arruntius. Tibère avoit retenu ce dernier, parce qu'il le craignoit, au lieu que Vitellius n'appréhendoit rien de Cluvius. On n'eut pas le même égard pour Trebellius Maximus, chassé de Bretagne par ses troupes; l'empereur le fit remplacer par Vectius Bolanus, qu'il choisit dans sa cour.

LXVI. Angebat Vitellium victarum legionum haudquaquàm fractus animus : sparsæ per Italiam, et victoribus permixtæ, hostilia loquebantur : præcipua quartadecimanorum ferocia, qui se victos abnuebant : « quippe Bedriacensi acie, vexillariis tantùm pulsis, vires legionis non adfuisse ». Remitti eos in Britanniam, unde à Nerone exciti erant, placuit ; atque interim Batavorum cohortes unà tendere, ob veterem adversùs quartadecimanos discordiam : nec diu, in tantis armatorum odiis, quies fuit. Augustæ Taurinorum, dum opificem quemdam Batavus ut fraudatorem insectatur, legionarius ut hospitem tuetur ; sui cuique commilitones aggregati, à conviciis ad cædem transiere ; et prœlium atrox arsisset, ni duæ prætoriæ cohortes, causam quartadecimanorum secutæ, his fiduciam, et metum Batavis fecissent ; quos Vitellius agmini suo jungi, ut fidos ; legionem, Graiis Alpibus traductam, eo flexu itineris ire jubet, quo Viennam vitarent ; namque et Viennenses timebantur. Nocte, quâ proficiscebatur legio, relictis passim ignibus, pars Taurinæ

LXVI. Les légions vaincues, aussi fières qu'avant leur défaite, inquiétoient Vitellius; répandues parmi les vainqueurs, dans toute l'Italie, elles parloient en ennemies. La quatorzième, sur-tout, se vantoit de n'avoir point été battue. « On n'avoit défait qu'un de ses détachemens à Bedriac. Le reste, sa principale force, étoit alors absent ». Il parut à propos de la renvoyer en Bretagne, d'où Néron l'avoit tirée, et de lui rejoindre, en attendant, les cohortes Bataves, parce qu'elle étoit brouillée avec elles. Il n'étoit pas possible à des gens armés, qui se haïssoient mortellement, de demeurer long-tems paisibles. Un Batave ayant traité à Turin un ouvrier de *fripon*, un légionnaire se plaignit qu'on insultoit son hôte. Chacun prend parti pour les siens. Des injures, on en vint aux coups. Le combat auroit été très-sanglant, si deux cohortes prétoriennes, se joignant aux légionnaires, qu'elles enhardissoient, n'eussent intimidé les Bataves. Vitellius retint ces derniers dans son armée, les jugeant fort affectionnés à sa personne, et fit passer la légion par les Alpes grecques, avec ordre de prendre un détour pour éviter Vienne, dont il ne se défioit pas moins. La nuit du départ de la légion, une partie de Turin fut réduite en cendres à l'occasion des feux laissés çà et là par les soldats. Les pertes immenses d'autres

coloniæ ambusta; quod damnum, ut pleraque belli mala, majoribus aliarum urbium cladibus oblitteratum. Quartadecimani postquam Alpibus degressi sunt, seditiosissimus quisque signa Viennam ferebant; consensu meliorum compressi, et legio in Britanniam transvecta.

LXVII. Proximus Vitellio è prætoriis cohortibus metus erat, separati primùm, deinde, addito honestæ missionis lenimento, arma ad tribunos suos deferebant; donec motum à Vespasiano bellum crebresceret; tum, resumptâ militiâ, robur Flavianarum partium fuere. Prima classicorum legio in Hispaniam missa, ut pace et otio mitesceret; undecima ac septima suis hibernis redditæ : tertiadecimani struere amphitheatra jussi; nam Cæcina Cremonæ, Valens Bononiæ, spectaculum gladiatorum edere parabant; numquam ita ad curas intento Vitellio, ut voluptatum obliviscereturn.

LXVIII. Et quidem partes modestè distraxerat; apud victores orta seditio, ludicro

villes plus considérables firent bientôt oublier ce malheur, ainsi que la plupart des désastres de la guerre. Les séditieux, après être descendus des Alpes, vouloient faire marcher les étendards du côté de Vienne. Les gens sensés s'y opposèrent, et toute la légion fut embarquée pour la Bretagne.

LXVII. L'empereur, qui ne redoutoit guère moins les prétoriens, les cassa d'abord; puis il adoucit cette mortification, en accordant à chaque particulier une retraite honorable. Ils remettoient leurs armes entre les mains des tribuns, lorsque le bruit de la guerre de Vespasien, s'étant confirmé, ils les reprirent, et furent un des principaux appuis de son parti. On envoya la première légion de la marine en Espagne, alors en paix, afin qu'elle eût le tems d'y calmer son humeur turbulente. L'onzième et la septième furent replacées dans leurs quartiers d'hiver. On retint la troisième pour construire des amphithéâtres, parce que Cecina préparoit un combat de gladiateurs à Crémone, et Valens un autre à Bologne; car les affaires n'occupoient jamais assez Vitellius pour lui faire oublier les plaisirs.

LXVIII. Le parti vaincu se trouvoit ainsi dispersé sans éclat, lorsqu'il s'éleva une sédition parmi les vainqueurs. Un simple jeu la

initio, nisi numerus cæsorum invidiam bello (1) auxisset. Discubuerat Vitellius Ticini, adhibito ad epulas Verginio. Legati tribunique, ex moribus imperatorum, severitatem æmulantur, vel tempestivis conviviis gaudent; perinde miles intentus, aut licenter agit. Apud Vitellium omnia indisposita, temulenta, pervigiliis ac bacchanalibus, quàm disciplinæ et castris propiora. Igitur duobus militibus, altero legionis quintæ, altero è Gallis auxiliaribus, per lasciviam, ad certamen luctandi accensis, postquam legionarius prociderat, insultante Gallo, et iis, qui ad spectandum convenerant, in studia diductis; erupere legionarii in perniciem auxiliorum, ac duæ cohortes interfectæ. Remedium tumultûs fuit alius tumultus; pulvis procul, et arma adspiciebantur; conclamatum repentè, « quartamdecimam legionem, verso itinere, ad prælium venire »; sed erant agminis coactores; agniti dempsere sollicitudinem. Interim Verginii servus fortè obvius, ut percussor Vitellii insimulatur; et ruebat ad convivium miles, mortem Verginii exposcens. Ne Vitellius quidem,

fit

fit naître ; mais elle parut encore plus funeste par la guerre qu'elle occasionna (1), que par le nombre de ceux qui périrent alors. L'empereur avoit invité Virginius à un grand repas dans Pavie. Les officiers se prêtent aux plaisirs ou s'y refusent, suivant le goût de leurs chefs, et la discipline parmi le soldat se ressent toujours de leurs exemples. Nul ordre dans l'armée de Vitellius, une ivresse perpétuelle ; c'étoit plutôt un amas de gens célébrant nuit et jour des bacchanales, qu'un camp soumis à des lois. Un soldat de la cinquième légion, et un auxiliaire des Gaules, s'étant mis à lutter ensemble en badinant, le Gaulois se moquoit du légionnaire qu'il avoit renversé. Les spectateurs s'échauffèrent tellement pour l'un ou pour l'autre, que les légionnaires fondirent sur les auxiliaires à dessein de les massacrer, et passèrent deux cohortes au fil de l'épée. Un nouveau tumulte fit cesser le premier. Des gens armés paroissoient à travers un tourbillon de poussière. On s'écrie que « la quatorzième légion revient pour livrer bataille ». On se rassuroit en voyant que c'étoit l'arrière-garde de l'armée, quand un esclave de Virginius vint à passer. On publie qu'il « va tuer l'empereur » ; on court à la salle du festin, en demandant la mort de Virginius. Le plus léger soupçon faisoit frissonner Vitellius. Cependant il ne douta pas

quamquam ad omnes suspiciones pavidus, de innocentiâ ejus dubitavit; ægrè tamen cohibiti, qui exitium viri consularis, et quondam ducis sui flagitabant. Nec quemquam sæpiùs, quàm Verginium, omnis seditio infestavit; manebat admiratio viri, et fama; sed oderant ut fastiditi.

LXIX. Postero die, Vitellius, senatûs legatione, quam ibi opperiri jusserat, auditâ, transgressus in castra, ultrò, pietatem militum collaudavit; frementibus auxiliis, tantùm impunitatis, atque arrogantiæ legionariis accessisse. Cohortes Batavorum, ne quid truculentiùs auderent, in Germaniam remissæ, principium interno simul externoque bello parantibus fatis. Reddita civitatibus Gallorum auxilia, ingens numerus, et primâ statim defectione, inter inania belli assumptus. Ceterùm, ut largitionibus affectæ jam imperii opes sufficerent, amputari legionum auxiliorumque numeros jubet, vetitis supplementis: et promiscuæ missiones offerebantur; exitiabile id

de l'innocence de Virginius dans cette conjoncture ; mais il eut bien de la peine à calmer ces mutins, qui vouloient que, sur leurs instances, on mît à mort un consulaire, autrefois leur général. Jamais chef ne fut plus en butte à toutes les séditions. Les soldats continuoient d'admirer ce grand homme, et de respecter sa renommée ; mais ils le haïssoient, comme ayant dédaigné leurs offres.

LXIX. Le lendemain, Vitellius, après avoir donné audience aux députés du sénat dans l'endroit où il leur avoit ordonné de l'attendre, vint au camp, et loua beaucoup le zèle des soldats pour sa personne. Les auxiliaires, voyant à quel point étoient parvenues l'arrogance et l'impunité des légions, en frémirent de rage. Les cohortes bataves furent renvoyées en Germanie, de peur qu'elles ne se portassent à des extrémités plus fâcheuses. C'est ainsi que les destinées préparoient en même tems la guerre au dedans et au dehors. On rendit aux cités des Gaules une multitude d'auxiliaires, qui n'avoient été levés que pour la montre au commencement de la révolte. Vitellius, afin de trouver dans les fonds de l'empire, déja entamés, de quoi fournir à ses largesses, diminua le nombre des compagnies dans les légions et les auxiliaires ; défendit les recrues, et fit offrir des congés à quicon-

Reipublicæ, ingratum militi, cui eadem munia inter paucos, periculaque ac labor crebriùs redibant; et vires luxu corrumpebantur, contra veterem disciplinam, et instituta majorum, apud quos virtute, quàm pecuniâ, res romana meliùs stetit.

LXX. Inde Vitellius Cremonam flexit, et spectato munere Cæcinæ, insistere Bedriacensibus campis, ac vestigia recentis victoriæ lustrare oculis, concupivit. Fœdum atque atrox spectaculum; intra quadragesimum pugnæ diem lacera corpora, trunci artus, putres virorum equorumque formæ, infecta tabo humus, protritis arboribus ac frugibus, dira vastitas; nec minùs inhumana pars viæ, quam Cremonenses lauru rosisque constraverant, exstructis altaribus, cæsisque victimis, regium in morem; quæ læta in præsens, mox perniciem ipsis fecere. Aderant Valens et Cecina, monstrabantque pugnæ locos; " hinc

que en vouloit ; politique funeste à la République, et onéreuse aux soldats, qui, restant en petit nombre, avoient les mêmes travaux, les mêmes dangers à partager entr'eux, et voyoient leur tour revenir sans cesse. D'ailleurs le luxe contraire aux lois, et à l'esprit de nos ancêtres, énervoit leurs forces ; la vertu maintenoit mieux l'état dans sa splendeur que l'argent.

LXX. L'empereur se rendit ensuite à Crémone. Après avoir assisté au combat de gladiateurs, que lui donnoit Cecina, il fut curieux de se transporter sur les champs de Bedriac, et de voir, de ses propres yeux, les marques récentes de sa victoire ; spectacle cruel et révoltant ! une terre couverte d'un sang infect et corrompu, des restes informes d'hommes et de chevaux égorgés depuis quarante jours, des membres dispersés et méconnoissables, des moissons détruites, des arbres fracassés, une vaste campagne ravagée. L'humanité n'avoit pas moins à souffrir en voyant que les habitans de Crémone avoient jonché la chaussée de laurier et de fleurs, et disposé des autels, où l'on immoloit des victimes, comme pour le triomphe d'un roi ; joie déplacée, qui ne tarda pas à leur être funeste. Cecina et Valens étoient présens. Ils expliquoient à l'empereur le détail du combat ;

erupisse legionum agmen, hinc equites coortos; inde circumfusas auxiliorum manus ». Jam tribuni præfectique, sua quisque facta extollentes, falsa, vera, aut majora vero miscebant. Vulgus quoque militum, clamore et gaudio, deflectere viâ, spatia certaminum recognoscere; aggerem armorum, strues corporum intueri, mirari. Et erant quos varia sors rerum, lacrymæque et misericordia subiret; at non Vitellius flexit oculos, nec tot millia insepultorum civium exhorruit; lætus ultrò, et tam propinquæ sortis ignarus, instaurabat sacrum diis loci.

LXXI. Exin Bononiæ à Fabio Valente gladiatorum spectaculum editur, advecto ex urbe cultu. Quantòque magis propinquabat, tantò corruptiùs iter, immixtis histrionibus et spadonum gregibus, et cetero Neronianæ aulæ ingenio; namque et Neronem ipsum Vitellius admiratione celebrabat, sectari cantantem solitus, non necessitate, quâ honestissimus quisque, sed luxu, et saginæ mancipatus emptusque. Ut Valenti et Cæcinæ va-

« ici donna la cavalerie ; là les légions ; les auxiliaires étoient distribués dans ces postes ». Les tribuns et les préfets racontoient leurs prouesses ; chacun tâchoit d'embélir les siennes, souvent aux dépens de la vérité. Le soldat s'écartoit de la chaussée en jetant des cris de joie, reconnoissoit les lieux où il avoit combattu, et s'étonnoit lui-même de tant de monceaux d'armes et de cadavres. Il s'en trouva à qui des réflexions sur l'inconstance des choses humaines, et la compassion arrachèrent des larmes ; mais l'impitoyable Vitellius considéra d'un œil sec et satisfait ces milliers de citoyens sans sépulture (1). Il offrit avec joie un sacrifice aux dieux de cet endroit, ignorant le sort qui le menaçoit de si près.

LXXI. Il vit ensuite à Bologne un combat de gladiateurs, pour lequel Valens avoit fait venir des décorations de Rome. Sa marche devenoit plus licencieuse à mesure qu'il approchoit de la capitale, par le mélange des farceurs et des troupes d'eunuques avec le soldat. Tout ce qu'on avoit goûté à la cour de Néron s'y reproduisit ; car Vitellius parloit souvent avec admiration de ce prince, qu'il avoit suivi de théâtre en théâtre, non par nécessité, comme les plus gens de bien, mais entraîné et subjugué par l'appât du luxe et de la bonne chère. Il trouva moyen de faire Valens et Ce-

cuos honoris menses aperiret, coarctati (1) aliorum consulatus, dissimulatus Martii Macri tamquam Othonianarum partium ducis; et Valerium Marinum, destinatum à Galbâ consulem, distulit, nullâ offensâ, sed mitem, et injuriam segniter laturum. Pedanius Costa omittitur, ingratus principi ut adversùs Neronem ausus, et Verginii exstimulator. Sed alias protulit causas; actæque insuper Vitellio gratiæ, consuetudine servitii.

LXXII. Non ultra paucos dies, quamquam acribus initiis cœptum, mendacium valuit. Exstiterat quidam; « Scribonianum (1) se Camerinum ferens, Neronianorum temporum metu in Istriâ occultatum, quòd illic clientelæ et agri veterum Crassorum, ac nominis favor manebat ». Igitur deterrimo quoque in argumentum fabulæ assumpto; vulgus credulum, et quidam militum, errore veri, seu turbarum studio, certatim aggregabantur; quum pertractus ad Vitellium, interrogatusque « quisnam mortalium esset », postquam nulla dictis fides, et à domino noscebatur,

cina consuls, aux dépens de ceux qu'on avoit nommés : il ne fut plus question de Macer (2), parce qu'il avoit commandé pour Othon : Valerius Marinus, choisi par Galba, fut différé. On ne lui reprochoit rien ; mais comme il étoit naturellement doux, on savoit qu'il digéreroit paisiblement cet affront. Pedanius Costa fut rayé ; il déplaisoit au prince, pour avoir sollicité Virginius contre Néron. Ces motifs ne furent pas ceux que Vitellius fit entendre : il reçut des remercîmens au lieu de plaintes ; tant on étoit fait à l'esclavage !

LXXII. Une imposture qui causa d'abord beaucoup de bruit, ne dura cependant que peu de jours. Un homme se donnoit pour Scribonianus Camerinus. « La crainte de Néron l'avoit tenu caché, disoit-il, dans l'Istrie, où le nom des Crassus étoit fort considéré, à cause du grand nombre de cliens et des riches possessions qu'y avoient eus leurs ancêtres ». S'étant étayé de quelques bandits pour jouer son rôle, il attroupoit déjà la populace, toujours crédule, et quelques soldats abusés ou ravis de causer du trouble. On le traîne devant l'empereur : on lui demande quel il est. Il se coupa dans ses réponses, et fut d'ailleurs reconnu par son maître pour un esclave nommé Geta. On le punit du supplice des esclaves.

conditione fugitivus, nomine *Geta*, sumptum de eo supplicium in servilem modum.

LXXIII. Vix credibile memoratu est, quantum superbiæ socordiæque Vitellio adoleverit, postquam speculatores è Syriâ Judæâque, adactum in verba ejus Orientem nunciavere. Nam etsi vagis adhuc et incertis auctoribus, erat tamen in ore famâque Vespasianus, ac plerumque ad nomen ejus Vitellius excitabatur. Tum ipse, exercitusque, ut nullo æmulo, sævitiâ, libidine, raptu, in externos mores proruperant.

LXXIV. At Vespasianus bellum armaque, et procul vel juxtà sitas vires, circumspectabat. Miles ipsi adeò paratus, ut præeuntem sacramentum, et fausta Vitellio omnia precantem, per silentium audierint. Muciani animus nec Vespasiano alienus, et in Titum pronior. Præfectus Ægypti, Alexander, consilia sociaverat. Tertiam legionem, quòd è Syriâ in Mœsiam transisset, suam numerabat: ceteræ Illyrici legiones secuturæ sperabantur. Nam

LXXIII. On auroit peine à croire jusqu'où l'orgueil et l'indolence de Vitellius s'accrurent, lorsque des soldats envoyés de Syrie et de Judée l'eurent assuré que l'Orient lui avoit prêté serment de fidélité. La renommée, quoique sur des bruits vagues, et sans citer de garans, avoit déjà parlé de Vespasien. Son nom, qui passoit de bouche en bouche, avoit quelquefois tiré Vitellius de sa léthargie ; mais depuis cet instant, la cruauté, les débauches et les violences de l'armée, et de son chef qui ne se croyoit plus de rival, les précipitèrent dans tous les désordres des cours étrangères.

LXXIV. Cependant la guerre, ses préparatifs, les forces situées aux environs, celles des contrées éloignées se présentoient à l'esprit de Vespasien : une armée si fort à sa disposition, quelle avoit gardé le silence, tandis qu'il énonçoit la formule du serment, et les vœux pour la prospérité de Vitellius : Mucien qui, sans lui être contraire, inclinoit plus pour Titus : Alexandre, préfet d'Égypte, d'intelligence avec eux : la troisième legion, qu'il pouvoit compter pour une des siennes, parcequ'elle étoit passée de Syrie en Mésie ; des espérances que celles d'Illyrie suivroient son

que omnes exercitus flammaverat arrogantia venientium à Vitellio militum, quòd truces corpore, horridi sermone, ceteros, ut impares, inridebant. Sed in tantâ mole belli plerumque cunctatio; et Vespasianus modò in spem erectus, aliquandò adversa reputabat : « Quis ille dies foret, quo sexaginta ætatis » annos, et duos filios juvenes bello permit- » teret? Esse privatis cogitationibus regres- » sum, et, prout velint, plus minùsve sumi » ex fortunâ: imperium cupientibus nihil me- » dium inter summa et præcipitia ».

LXXV. Versabatur ante oculos germanici exercitûs robur, notum viro militari : « Suas » legiones civili bello inexpertas; Vitellii, » victrices : et apud victos, plus querimo- » niarum, quàm virium : fluxam per discor- » dias militum fidem, et periculum ex sin- » gulis. Quid enim profuturas cohortes alas- » que, si unus alterque præsenti facinore pa- » ratum ex diverso præmium petat? Sic Scri- » bonianum (1) sub Claudio interfectum; sic

exemple; car les soldats venus de l'armée de Vitellius, raillant, comme indigne d'eux, quiconque n'avoit ni leur air farouche, ni leur langage barbare, avoient soulevé toutes les troupes contre leur arrogance. Mais dans une conjoncture si hasardeuse, Vespasien hésitoit quelquefois : tantôt l'espérance l'animoit, tantôt il étoit frappé des inconvéniens. « Quel » jour, que celui où il livreroit aux hasards » de la guerre un vieillard de soixante ans, » et deux fils en adolescence ! Dans toute autre » démarche, on peut revenir sur ses pas, et » se livrer plus ou moins à la fortune. Dans » celles qu'on fait vers l'empire, point de mi- » lieu entre le précipice et le trône ».

LXXV. Il se remettoit sous les yeux la valeur des troupes germaniques. Sa science militaire le rendoit capable d'en bien juger. « Nulle épreuve de ses légions contre les ci- » toyens. Celles de Vitellius déjà victorieuses : » plus de murmures que de force parmi les » vaincus : nul fond à faire sur la fidélité des » troupes dans une guerre civile : des dangers » de la part de chaque soldat : qu'un ou deux » aspirent à mériter, par un assassinat, les ré- » compenses promises de l'autre côté, que » serviront alors les ailes et les cohortes ? » C'étoit ainsi que Scribonianus avoit été poi- » gnardé sous Claude; que Volaginius, son

» percussorem ejus, Volaginium (2), è gre-
» gario ad summa militiæ provectum. Faci-
» liùs universos impelli, quàm singulos vitari ».

LXXVI. His pavoribus nutantem, et alii legati amicique firmabant, et Mucianus, post multos secretosque sermones, jam et coram ita locutus : « Omnes qui magnarum rerum » consilia suscipiunt, æstimare debent, an » quod inchoatur, Reipub. utile, ipsis glo- » riosum, aut promptum effectu, aut certè » non arduum sit. Simul ipse, qui suadet, » considerandus est, adjiciatne consilio pericu- » lum suum : et, si fortuna cœptis adfuerit, » cui summum decus adquiratur. Ego te, Ves- » pasiane, ad imperium voco, tam salutare » Reipub. quàm tibi magnificum. Juxta deos, » in tuâ manu positum est. Nec speciem » adulantis expaveris ; à contumeliâ, quàm à » laude propius fuerit, post Vitellium eligi. » Non adversùs divi Augusti acerrimam men- » tem, nec adversùs cautissimam Tiberii se- » nectutem, ne contra Caii quidem, aut » Claudii, vel Neronis, fundatam longo im- » perio domum exsurgimus ; cessisti etiam

» meurtrier, de simple soldat, étoit parvenu
» aux premiers grades. Il est plus aisé de
» faire mouvoir tout un corps, que de se ga-
» rantir de chaque particulier ».

LXXVI. Les autres lieutenans et les amis de Vespasien s'efforçoient de dissiper ses craintes. Mucien, après l'avoir plusieurs fois entretenu secrétement, lui tint ce discours en leur présence : « Celui qui prend conseil sur une
» entreprise importante, doit examiner si elle
» sera utile à la République, glorieuse pour
» lui, et sans difficultés, du moins insurmon-
» tables. Il doit aussi regarder si ceux qui l'y
» engagent, partagent le danger, et à qui,
» d'eux ou de lui, le succès fera le plus d'hon-
» neur. Vespasien, je vous appèle à l'empire ;
» ainsi l'exigent le salut de l'état et le soin de
» votre gloire; il dépend de vous, après les
» dieux, d'y réussir. La flatterie ne peut avoir
» lieu en ceci. Se faire élire après Vitellius,
» est presque un affront plutôt qu'un honneur.
» Nous n'avons point à lutter contre le génie
» perçant d'Auguste, l'expérience raffinée de
» Tibère, les droits de prescriptions, trop bien
» affermis, de la maison de Caius, de Claude
» et de Néron. Vous avez même respecté
» dans Galba les images de ses ancêtres. Il y
» auroit désormais de la lâcheté à laisser l'é-
» tat s'avilir et se perdre, quant même cette

» Galbæ imaginibus; torpere ultrà et pol-
» luendam perdendamque Rempub. relin-
» quere, sopor et ignavia videretur, etiamsi
» tibi, quàm inhonesta, tam tuta servitus
» esset. Abiit jam, et transvectum est tempus,
» quo posses videri concupisse (1); confugien-
» dum est ad imperium. An excidit trucida-
» tus Corbulo? Splendidior origine, quàm
» nos sumus, fateor : sed et Nero, nobilitate
» natalium, Vitellium anteibat. Satis clarus est
» apud timentem quisquis timetur. Et posse
» ab exercitu principem fieri, sibi ipse Vitel-
» lius documento, nullis stipendiis, nullâ mi-
» litari famâ, Galbæ odio provectus. Ne Otho-
» nem quidem ducis arte, aut exercitûs vi,
» sed præproperâ ipsius desperatione vic-
» tum, jam desiderabilem et magnum prin-
» cipem fecit. Quum interim spargit legiones,
» exarmat cohortes, nova quotidie bello se-
» mina ministrat. Si quid ardoris ac ferociæ
» miles habuit, popinis, et comessationibus,
» et principis imitatione, deteritur. Tibi è Ju-
» dæâ, et Syriâ, et Ægypto novem legio-
» nes integræ, nullâ acie exhaustæ, non dis-
» cordiâ corruptæ; sed firmatus usu miles, et

» honteuse

» honteuse léthargie feroit votre sûreté. Mais
» il y a long-tems qu'on ne s'en tient plus
» contre vous à de simples soupçons. Il ne
» vous reste d'asyle que le trône. Auriez-vous
» oublié l'assassinat de Corbulon ? Il étoit,
» je l'avoue, d'une naissance plus illustre que
» nous ; mais Néron surpassoit aussi Vitellius
» en noblesse ; d'ailleurs on ne trouve que
» trop grand celui qu'on redoute. Vitellius sait
» bien par lui-même qu'une armée peut faire
» un empereur, lui qui, sans services et sans
» renommée, s'est élevé par la haine seule
» qu'on portoit à Galba. Il a déja su faire re-
» gretter et placer parmi les grands princes
» cet Othon, qui n'a succombé ni par la force
» ni par l'adresse de son compétiteur, mais
» par son propre désespoir. Présentement Vi-
» tellius disperse les légions, désarme les co-
» hortes, comme pour répandre de tous côtés des
» semences de guerre contre lui-même. L'ivro-
» gnerie, la débauche et l'exemple du chef,
» achèvent d'ôter au soldat ce qu'il pouvoit
» avoir de courage et d'ardeur. Vous, au con-
» traire, vous avez dans la Judée, la Syrie et
» l'Égypte, neuf légions complètes, qui ne
» sont ni épuisées par la guerre, ni corrom-
» pues par la discorde. Vos soldats, victorieux
» de l'ennemi de l'état, sont très-aguerris.
» Vous avez des flottes, de la cavalerie, des
» cohortes auxiliaires, des rois affectionnés à

„ belli domitor externi. Classium, alarum,
„ cohortium robora, et fidissimi reges ; et tua
„ ante omnes experientia.

LXXVII. „ Nobis nihil ultrà arrogabo (1),
„ quàm ne post Valentem ac Cæcinam nu-
„ meremur. Ne tamen Mucianum socium spre-
„ veris, quia æmulum non experiris ; me
„ Vitellio antepono, te mihi. Tuæ domui
„ triumphale nomen, duo juvenes, capax jam
„ imperii alter, et primis militiæ annis, apud
„ germanicos quoque exercitus clarus. Ab-
„ surdum fuerit, non cedere imperio ei, cu-
„ jus filium adoptaturus essem, si ipse impe-
„ rarem. Ceterùm inter nos non idem pros-
„ perarum adversarumque rerum ordo erit.
„ Nam si vincimus, honorem, quem dederis,
„ habebo ; discrimen, ac pericula, ex æquo
„ patiemur ; immò, ut melius est, tu hos
„ exercitus rege, mihi bellum, et prœliorum
„ incerta trade. Acriore hodie disciplinâ victi,
„ quàm victores agunt ; hos ira, odium, ul-
„ tionis cupiditas ad virtutem accendit ; illi
„ per fastidium, et contumaciam hebescunt.
„ Aperiet et recludet contecta et tumescentia

» vos intérêts, et par-dessus tout une expé-
» rience consommée.

LXXVII. » Je ne dirai rien de ma personne,
» sinon qu'on ne me doit point croire infé-
» rieur à Valens et à Cecina. Mucien n'est
» point à dédaigner, quoiqu'il se contente du
» second rang. Je vous cède le premier; mais
» je me préfère à Vitellius. Votre maison est
» décorée du triomphe : vous avez deux fils ;
» l'un est déja digne du trône, et s'est fait
» un nom dès ses premières campagnes dans
» les armées même de Germanie. Je l'adop-
» terois si j'étois empereur: pourrois-je dis-
» puter l'empire à son père sans absurdité ?
» Au surplus, le partage que nous faisons des
» risques est fort inégal. Ma part à la fortune
» sera celle que vous m'adjugerez ; celle aux
» périls nous sera commune; ou plutôt laissez-
» moi les dangers de la guerre et des combats.
» Il est plus à propos que vous vous réser-
» viez avec votre armée. Les vaincus sont
» aujourd'hui mieux disciplinés que leurs
» vainqueurs. La colère, la haine et la ven-
» geance animent les premiers ; les autres
» n'ont que de l'entêtement et du dédain sans
» activité. La guerre suffit pour rouvrir et
» envenimer des plaies qui fermentent sour-
» dement ; j'attends beaucoup de votre vigi-

» victricium partium vulnera bellum ipsum.
» Nec mihi major, in tuâ vigilantiâ, parci-
» moniâ, sapientiâ, fiducia est, quàm in Vi-
» tellii torpore, inscitiâ, sævitiâ. Sed et me-
» liorem in bello causam, quàm in pace ha-
» bemus; nam qui deliberant, desciverunt ».

LXXVIII. Post Muciani orationem ceteri audentiùs circumsistere, hortari, responsa vatum, et siderum motus referre. Nec erat intactus tali superstitione, ut qui mox, rerum dominus, Seleucum quemdam mathematicum, rectorem et præscium palam habuerit. Recursabant animo vetera omnia; cupressus arbor in agris ejus, conspicuâ altitudine, repentè prociderat; ac posterâ die, eodem vestigio resurgens, procera et latior virebat; grande id, prosperumque, consensu aruspicum; et summa claritudo juveni admodùm Vespasiano promissa. Sed primò triumphalia, et consulatus, et Judaïcæ victoriæ decus, implesse fidem ominis videbantur: ut hæc adeptus est, portendi sibi imperium credebat. Est Judæam inter Syriamque Carmelus, ita vocant montem, deumque: (1) nec simulacrum deo, aut

» lance, de votre économie et de votre sa-
» gesse, et plus encore de l'indolence, de
» l'impéritie et de la cruauté de Vitellius.
» D'ailleurs la guerre ne peut nous être aussi
» dangereuse que la paix : car on est déja
» rébelle quand on délibère ».

LXXVIII. Les amis de Vespasien, enhardis par ce discours, se rangent autour de sa personne, et lui rappèlent les reponses des aruspices et les prédictions des astrologues. Il avoit la foiblesse d'y croire. On le vit, étant empereur, mener publiquement à sa suite un certain Seleucus, mathématicien, qui régloit ses démarches et en prédisoit le succès. Il repasse en lui-même ce qu'on lui avoit annoncé dans sa jeunesse. Dans une de ses terres, un cyprès d'une grandeur remarquable, tombé tout d'un coup, se relevant le lendemain, étoit devenu plus beau depuis cet accident: présage heureux et important, de l'accord unanime des aruspices, qui firent espérer à Vespasien, fort jeune encore, la plus haute destinée. D'abord les ornemens du triomphe, le consulat et la victoire de Judée sembloient avoir rempli la prédiction. Mais alors Vespasien jugea que c'étoit l'empire qu'on lui avoit promis. Entre la Syrie et la Judée est une montagne sur laquelle on révère un dieu qui, en vertu

templum; sic tradidere majores: ara tantùm et reverentia. Illic sacrificanti Vespasiano, quum spes occultas versaret animo, Basilides sacerdos, inspectis identidem extis. « Quidquid est, inquit, Vespasiane, quod paras, seu domum exstruere, seu prolatare agros, sive ampliare servitia; datur tibi magna sedes, ingentes termini, multùm hominum ». Has ambages et statim exceperat fama, et tunc aperiebat: nec quidquam magis in ore vulgi: crebriores apud ipsum sermones; quantò sperantibus plura dicuntur (2).

LXXIX. Hud dubiâ destinatione discessere, Mucianus Antiochiam, Vespasianus Cæsaream: illa Syriæ, hæc Judææ caput est. Initium ferendi ad Vespasianum imperii Alexandriæ cœptum, Festinante Tiberio Alexandro, qui calendis juliis sacramento ejus legiones adegit. Isque primus principatûs dies in posterum celebratus, quamvis judaïcus exercitus quinto nonas julias apud ipsum jurasset, eo ardore, ut ne Titus quidem filius exspectaretur, Syriâ remeans, et con-

d'une ancienne tradition, n'a ni statue ni temple, mais simplement un autel, sur lequel on l'invoque. La montagne et le dieu se nomment *Carmel*. Tandis que Vespasien, intérieurement occupé de son projet, y offroit un sacrifice, le prêtre, nommé Basilides, après avoir considéré les entrailles des victimes, lui dit : « Soit que vous méditiez d'acquérir une maison, des terres ou des esclaves, il vous est destiné une habitation immense, des possessions étendues, un grand nombre d'hommes ». La renommée avoit publié sur-le-champ cet oracle ambigu. Elle l'expliquoit alors. Le peuple en faisoit le sujet ordinaire de ses conversations. On en parloit encore plus souvent à Vespasien lui-même, parce qu'on aime à flatter ceux à qui l'on voit des espérances.

LXXIX. Vespasien et Mucien, bien décidés, retournèrent, l'un à Césarée, l'autre à Antioche, capitales de leurs gouvernemens. Le premier endroit où l'on déféra l'empire à Vespasien, fut Alexandrie. Tibère Alexandre se hâta de l'y faire reconnoître par ses légions aux calendes de juillet. Ce jour fut célébré dans la suite comme le premier de son avénement, quoique l'armée de Judée ait prêté le serment entre ses propres mains, le cinq avant les nones de juillet, avec tant d'ardeur, qu'elle n'attendit pas même le retour prochain

siliorum inter Mucianum ac patrem nuncius. Cuncta impetu militum acta: non paratâ concione, non conjunctis legionibus.

LXXX. Dum quæritur tempus, locusque, quodque in re tali difficillimum est, prima vox; dum animo spes, timor, ratio, casus obversantur; egressum cubiculo Vespasianum, pauci milites, solito absistentes ordine, ut legatum salutaturi, imperatorem salutavere. Tum ceteri accurrere, Cæsarem, et Augustum, et omnia principatûs vocabula cumulare. Mens à metu ad fortunam transierat. In ipso nihil tumidum, arrogans, aut in rebus novis novum fuit. Ut primùm tantæ vicissitudinis (1) obfusam oculis caliginem disjecit, militariter locutus, læta omnia, et adfluentia excepit: jamque id ipsum opperiens Mucianus, alacrem militem in verba Vespasiani adegit. Tum Antiochensium theatrum ingressus, ubi illis consultare mos est, concurrentes, et in adulationem effusos adloquitur: satis decorus etiam græcâ facundiâ, omniumque quæ diceret, atque ageret, arte quâdam ostentator. Nihil æquè provinciam exercitumque accendit,

de Titus, que Vespasien avoit renvoyé en Syrie, pour se concerter avec Mucien. L'impétuosité du soldat termina le tout avant que l'assemblée fut prête, et les légions réunies.

LXXX. Tandis qu'on délibère sur le lieu, le moment, et principalement sur la première démarche, toujours la plus difficile; qu'on pèse les craintes, les espérances, les motifs et les risques, un petit nombre de soldats, rangés le matin suivant l'usage, pour saluer le général, au sortir de sa chambre, le saluèrent empereur. Les autres accourent, le nomment César, Auguste, accumulent sur lui tous les titres de la dignité impériale. Son ame étoit passée de la crainte à la confiance en sa fortune. Sans arrogance, sans enflure, il se montra tel qu'il avoit toujours été. Sitôt qu'il eut dissipé le nuage que ce changement soudain formoit sur ses yeux, il parla militairement, et fut accueilli par des vives acclamations, présages d'un heureux succès. Mucien, qui n'attendoit que cette nouvelle, le fit reconnoître par son armée, transportée de joie, et se rendit ensuite au théâtre d'Antioche, où le peuple tient ses assemblées. On accourt, on prodigue la flatterie. Mucien, éloquent même en Grec, et possédant d'ailleurs l'art de donner de la dignité à toutes ses actions et ses paroles, harangua. Il fit une vive impression sur les ha-

quàm quòd adseverabat Mucianus, « statuisse Vitellium ut germanicas legiones in Syriam, ad militiam opulentam quietamque, transferret; contrà Syriacis legionibus germanica hiberna; cœlo ac laboribus dura, mutarentur ». Quippe et provinciales sueto militum contubernio gaudebant, plerique necessitudinibus et propinquitatibus mixti; et militibus, vetustate stipendiorum, nota familiaria castra in modum penatium diligebantur.

LXXXI. Ante idus julias Syria omnis in eodem sacramento fuit. Accessere cum regno, Sohemus, haud spernendis viribus, Antiochus, vetustis opibus ingens, et inservientium regum ditissimus; mox per occultos suorum nuncios excitus ab urbe Agrippa, ignaro adhuc Vitellio, celeri navigatione properaverat; nec minore animo regina Berenice partes juvabat, florens ætate formâque, seni quoque Vespasiano magnificentiâ munerum grata. Quidquid provinciarum adluitur mari, Asiâ atque Achaiâ tenus, quantumque introrsus in Pontum et Armenios patescit, juravere; sed inermes le-

bitans et les soldats, principalement lorsqu'il les assura que « Vitellius, dans le dessein de procurer du repos et des richesses aux armées de Germanie les vouloit transporter en Syrie et qu'il feroit essuyer aux légions de Syrie le désagrément du service et du climat en Germanie »; car les habitans étoient attachés aux soldats par les liens de l'habitude; plusieurs même par ceux du sang; et le soldat aimoit comme ses propres foyers et sa patrie, un pays où il servoit depuis si long-tems.

LXXXI. Vespasien fut reconnu dans toute la Syrie avant les ides de juillet. Sohemus qui avoit d'excellentes troupes, Antiochus qui tenoit de ses ancêtres des biens immenses, et le plus opulent des rois dépendans de l'empire, lui soumirent leurs royaumes. Agrippa se rendit promptement par mer auprès de lui, étant parti de Rome sur des avis secrets, avant que Vitellius se doutât de rien. La reine Bérénice n'étoit pas moins zélée pour son parti. Le vieil empereur la voyoit aussi de très-bon œil, non comme Titus à cause de sa jeunesse ou de sa beauté, mais parce qu'elle lui faisoit de riches présens. Toutes les provinces maritimes, en y comprenant l'Asie et l'Achaïe, celles qui sont situées entre le Pont et les deux Arménies, lui jurèrent obéissance. Mais

gati regebant, nondum additis Cappadociæ legionibus. Consilium de summâ rerum Beryti habitum; illuc Mucianus, cum legatis tribunisque, et splendidissimo quoque centurionum ac militum, venit; et è Judaico exercitu lecta decora. Tantum simul peditum equitumque, et æmulantium inter se regum paratus, speciem fortunæ principalis effecerant.

LXXXII. Prima belli cura, agere delectus; revocare veteranos, destinantur validæ civitates exercendis armorum officinis; apud Antiochenses aurum argentumque signatur; eaque cuncta per idoneos ministros, suis quæque locis, festinabantur. Ipse Vespasianus adire; hortari, bonos laude, segnes exemplo, incitare sæpiùs, quàm coërcere; vitia magis amicorum, quàm virtutes dissimulans. Multos præfecturis et procurationibus, plerosque senatorii ordinis honore percoluit, egregios viros, et mox summa adeptos; quibusdam fortuna pro virtutibus fuit. Donativum militi, neque Mucianus primâ concione, nisi modicè

les lieutenans de ces provinces étoient sans armées ; il n'y avoit point alors de légions assignées à la Cappadoce. On tint un conseil général à Beryte. Mucien, les lieutenans, les tribuns, les plus riches des centurions et des soldats, l'élite de l'armée de Judée, s'y rendirent. Tant de cavalerie, d'infanterie, et la pompe des rois, qui s'efforçoient à l'envi de se surpasser en magnificence, firent paroître le nouveau prince avec un éclat convenable à la majesté de l'empire.

LXXXII. Le premier soin fut de faire des levées, et de rappeler les vétérans. On désigna les villes fortes où se fabriqueroient les armes : on fit battre des monnoies d'or et d'argent dans Antioche : on mit par-tout des inspecteurs intelligens pour diriger et hâter les travaux. L'empereur s'y transportoit lui-même, encourageoit les uns par ses éloges, ranimoit les autres, moins par des réprimandes que par son propre exemple. Se dissimulant plus volontiers les vices de ses amis que leurs vertus, il nomma plusieurs d'entr'eux à des gouvernemens et à des administrations de provinces, et en éleva une partie au rang de sénateurs. C'étoient, la plupart, des personnes d'élite, qui parvinrent depuis aux postes les plus éminens : il y en eut aussi à qui la fortune tint lieu de mérite. Quant aux gratifica-

ostenderat : ne Vespasianus quidem plus civili bello obtulit, quàm alii in pace; egregiè firmus adversùs militarem largitionem; eòque exercitu meliore. Missi ad Parthum Armeniumque legati, provisumque, ne versis ad civile bellum legionibus, terga nudarentur. Titum instare Judææ, Vespasianum obtinere claustra Ægypti placuit : sufficere videbantur adversùs Vitellium, pars copiarum, et dux Mucianus, et Vespasiani nomen; ac nihil arduum fatis. Ad omnes exercitus legatosque scriptæ epistolæ, præceptumque, ut prætorianos Vitellio infensos, reciperandæ militiæ præmio invitarent.

LXXXIII. Mucianus cum expeditâ manu, socium magis imperii, quàm ministrum agens, non lento itinere, ne cunctari videretur, neque tamen properans, gliscere famam ipso spatio sinebat : gnarus modicas vires sibi, et majora credi de absentibus. Sed legio sexta, et tredecim vexillariorum millia, ingenti ag-

tions, Mucien, dans sa première harangue, n'en fit espérer que de légères. Vespasien lui-même n'offroit pas, pour la guerre civile, au-delà de la solde ordinaire : ferme dans le principe de faire agir le soldat par honneur plutôt que par intérêt, il n'en fut que mieux servi. Des ambassadeurs furent envoyés aux rois des Parthes et d'Arménie. On prit des précautions pour que les légions qu'on emmenoit, ne laissassent pas les frontières trop à découvert. Il fut réglé que Titus continueroit la guerre des Juifs, que l'empereur s'assureroit la possession des ports d'Égypte, et qu'il ne falloit contre Vitellius qu'une partie des troupes, Mucien pour général, le nom de Vespasien, et la destinée à qui rien ne résiste. On écrivit à toutes les armées et à tous les lieutenans, avec ordre d'engager les prétoriens, aigris contre Vitellius, à reprendre les armes, en leur promettant de les rétablir dans leurs fonctions.

LXXXIII. Mucien, qui se comportoit plutôt en collègue de l'empereur que comme son général, se mit en marche à la tête d'un détachement armé à la légère; évitant également une lenteur qui eût marqué de l'irrésolution, et une promptitude qui ne laisseroit pas à sa renommée le tems de le précéder. Il savoit que ses forces étoient médiocres, et qu'un

mine sequebantur. Classem è Ponto Byzantium adigi jusserat; ambiguus consilii, num omissâ Mœsiâ, Dyrrhachium pedite atque equite, simul longis navibus versum in Italiam mare clauderet, tutâ pone tergum Achaiâ Asiâque; quas inermes exponi Vitellio, ni praesidiis firmarentur; atque ipsum Vitellium in incerto fore, quam partem Italiae protegeret, si sibi Brundisium Tarentumque, et Calabriae Lucaniaeque littora infestis classibus peterentur.

LXXXIV. Igitur navium, militum, armorum paratu strepere provinciae. Sed nihil aequè fatigabat, quàm pecuniarum conquisitio: " eos esse belli civilis nervos " dictitans Mucianus, non jus, aut verum in cognitionibus, sed solam magnitudinem opum spectabat; passim delationes; et locupletissimus quisque in praedam correpti: quae gravia atque intoleranda, sed necessitate armorum excusata, etiam in pace mansere; ipso Vespasiano, inter initia imperii, ad obtinendas iniquitates haud perinde obstinante : donec in-

ennemi absent paroît plus redoutable. Après lui venoit un corps beaucoup plus nombreux, formé de la sixième légion et de treize mille hommes d'élite. Il avoit ordonné à la flotte du Pont de passer à Bizance, hésitant s'il ne valoit pas mieux laisser la Mésie pour aller à Dyrrachium avec son infanterie et sa cavalerie, tandis que sa flotte fermeroit le passage de la mer d'Italie. Par cette manœuvre il mettoit à couvert l'Asie et l'Achaïe, ce qui le dispensoit d'y laisser des troupes, et jetoit dans l'embarras le parti de Vitellius, qui auroit en même tems à garantir des insultes de la flotte, Brindes, Tarente, et toute la côte de la Lucanie et de la Calabre.

LXXXIV. Les vaisseaux à construire, les soldats à lever, les armes à fabriquer, mirent toutes les provinces dans l'agitation; mais les sommes nécessaires pour tant de préparatifs causoient bien plus de troubles. Mucien répétant sans cesse que « l'argent étoit le nerf de la guerre civile », considéroit uniquement ce qu'on pouvoit payer, sans chercher si on le devoit. Délations de tous côtés; confiscations du bien des riches. Quelque intolérables que fussent ces maux, la conjoncture les faisoit excuser: mais ils durèrent encore pendant la paix. Vespasien, au commencement de son règne, parut moins ardent à s'enrichir

dulgentiâ fortunæ, et pravis magistris, didicit, aususque est. Propriis quoque opibus Mucianus bellum juvit, largus privatim, quod avidiùs de Repub. sumeret. Ceteri conferendarum pecuniarum exemplum secuti; rarissimus quisque eamdem in reciperando licentiam habuerunt.

**LXXXV.** Adcelerata interim Vespasiani cœpta, Illyrici exercitûs studio, transgressi in partes. Tertia legio exemplum ceteris Mœsiæ legionibus præbuit. Octava erat ac septima Claudiana, imbutæ favore Othonis, quamvis prœlio non interfuissent. Aquileiam progressæ, proturbatis, qui de Othone nunciabant, laceratisque vexillis, nomen Vitellii præferentibus, raptâ postremò pecuniâ, et inter se divisâ, hostiliter egerant. Unde metus, et ex metu consilium : posse imputari Vespasiano, quæ apud Vitellium excusanda erant. Ita tres Mœsicæ legiones per epistolas adliciebant Pannonicum exercitûm, aut abnuenti vim parabant. In eo motu Aponius Saturnius, Mœsiæ rector, pessimum facinus audet, misso

par des injustices. Mais corrompu par la fortune et par les leçons des courtisans, il en apprit l'art et l'osa mettre en pratique (1). Mucien engagea pour cette guerre une partie de ses fonds, avançant généreusement ce qu'il comptoit reprendre avec usure aux dépens de la République. Plusieurs particuliers donnèrent leur argent à son exemple ; fort peu eurent la licence de le recouvrer comme lui.

LXXXV. Le zèle de l'armée d'Illyrie pour le parti de Vespasien, qu'elle venoit d'embrasser, hâta ses succès. La troisième légion de Mésie donna l'exemple aux deux autres. C'étoient la huitième, et la septième Claudiana ; quoiqu'elles ne se fussent pas trouvées à la bataille de Bedriac, leur cœur étoit prévenu pour Othon. Avancées jusques dans Aquilée, au tems de la défaite, elles s'étoient jetées sur ceux qui l'annoncèrent, et déchirant les enseignes qui portoient le nom de Vitellius, elles avoient pillé la caisse militaire. A tant d'hostilités succède la crainte, et la crainte leur suggère qu'elles peuvent se faire un mérite, auprès de Vespasien, d'un crime envers Vitellius. Ainsi les trois légions sollicitent par lettres l'armée de Pannonie de se joindre à elles, et se disposent à la combattre en cas de refus. Aponius Saturnius ayant la bassesse de saisir ce moment de trouble pour venger

centurione ad interficiendum Tertium Julianum, septimae legionis legatum, ob simultates, quibus causam partium praetendebat. Julianus, comperto discrimine, et gnaris locorum adscitis, per avia Moesiae, ultra montem Haemum profugit: nec deinde civili bello interfuit, per varias moras susceptum ad Vespasianum iter trahens, et ex nunciis cunctabundus, aut properans.

LXXXVI. At in Pannoniâ tertiadecima legio, ac septima Galbiana, dolorem, iramque Bedriacensis pugnae retinentes, haud cunctanter Vespasiano accessere, vi praecipuâ Primi Antonii. Is legibus nocens, et tempore Neronis falsi damnatus, inter alia belli mala, senatorium ordinem reciperaverat. Praepositus à Galbâ septimae legioni, scriptitasse Othoni credebatur, ducem se partibus offerens; à quo neglectus, in nullo Othoniani belli usu fuit: labantibus Vitellii rebus, Vespasianum secutus, grande momentum addidit, strenuus manu, sermone promptus, serendae in alios invidiae artifex, discordiis et seditionibus potens, raptor, largitor, pace pessimus, bello

une querèle particulière, sous prétexte de la cause publique, expédia l'ordre à un centurion de tuer Tertius Julianus, lieutenant de la troisième légion. Ce dernier en fut averti, prit des guides pour se sauver, à travers les terres, par-delà le Mont Hemus, et ne parut point dans cette guerre. Il avoit feint de vouloir joindre Vespasien; mais il hâtoit ou différoit sa marche, suivant la diversité des nouvelles.

LXXXVI. En Pannonie, la treizième légion et la septième Galbiana, outrées de leur défaite à Bedriac, ne balancèrent point à se déclarer pour Vespasien, poussées sur-tout par Antoine. Cet officier, déclaré juridiquement criminel, et condamné comme faussaire, sous Néron, avoit repris son rang de sénateur par une des suites malheureuses de la guerre. Établi lieutenant de la septième légion par Galba, on croit qu'il avoit souvent écrit à Othon, en lui offrant de se mettre à la tête de son parti. Il en fut méprisé, et ne servit point dans cette guerre. Prévoyant ensuite la chute de Vitellius, il se tourna du côté de Vespasien. Brave, éloquent, possédant l'art d'envenimer les esprits, de souffler la discorde et les séditions, avide de rapines, prodigue par intérêt, citoyen détestable, excellent militaire, il contribua plus que tout autre au succès du

non spernendus. Juncti inde Mœsici ac Pannonici exercitus, Dalmaticum militem traxere, quamquam consularibus legatis nihil turbantibus. Titus Ampius Flavianus Pannoniam, Poppæus Silvanus Dalmatiam tenebant, divites senes. Sed procurator aderat Cornelius Fuscus, vigens ætate, claris natalibus: primâ juventâ, quietis cupidine, senatorium ordinem exsuerat: idem pro Galbâ dux coloniæ suæ, eâque operâ procurationem adeptus, susceptis Vespasiani partibus, acerrimam bello facem prætulit; non tam præmiis periculorum, quàm ipsis periculis lætus: pro certis, et olim partis, nova, ambigua, ancipitia malebat. Igitur movere et quatere, quidquid usquam ægrum foret, adgrediuntur. Scriptæ in Britanniam ad quartadecimanos, in Hispaniam ad primanos epistolæ; quòd utraque legio pro Othone, adversa Vitellio fuerat: sparguntur per Gallias litteræ; momentoque temporis flagrabat ingens bellum, Illyricis exercitibus palàm desciscentibus, ceteris fortunam secuturis.

parti. La jonction des armées de Mésie et de Pannonie entraîna le soldat de Dalmatie, sans que les consulaires qui gouvernoient ces provinces y eussent influé. C'étoit T. Flavius en Pannonie, et Poppeus Syllanus en Dalmatie, tous deux riches et vieux. Mais Cornelius Fuscus, jeune homme de naissance, en étoit intendant. L'amour du repos l'avoit d'abord fait renoncer à son rang de sénateur. Ensuite il engagea sa colonie à se déclarer en faveur de Galba, qui, pour récompenser son zèle, lui avoit donné cette intendance. Il y alluma la guerre en embrassant le parti de Vespasien, pour le plaisir de braver le danger plutôt que par intérêt. Il préféroit la nouveauté, l'incertitude et les périls, à une fortune acquise depuis long-tems, et bien assurée. Antoine et lui s'étudient à faire éclore les semences de division et de trouble par-tout où il s'en trouve. On écrit à la quatorzième légion en Bretagne, à la première en Espagne; toutes deux avoient porté les armes pour Othon contre Vitellius. On fait courir des lettres dans les Gaules. Une guerre formidable s'enflamme en un instant: les armées d'Illyrie sont ouvertement déclarées: les autres attendent l'évènement.

LXXXVII. Dum hæc, per provincias, à Vespasiano ducibusque partium geruntur; Vitellius contemptior in dies segniorque, ad omnes municipiorum villarumque amœnitates resistens, gravi urbem agmine petebat. Sexaginta millia armatorum sequebantur, licentiâ corrupta: calonum numerus amplior; procacissimis etiam inter servos lixarum ingeniis: tot legatorum amicorumque comitatus, inhabilis ad parendum, etiam si summâ modestiâ regerentur. Onerabant multitudinem obvii ex urbe senatores equitesque: quidam metu, multi per adulationem, ceteri, ac paullatim omnes, ne, aliis proficiscentibus, ipsi remanerent. Aggregabantur è plebe, flagitiosa per obsequia Vitellio cogniti, scurræ, histriones, aurigæ, quibus ille amicitiarum dehonestamentis mirè gaudebat. Nec coloniæ modò, aut municipia, congestu copiarum, sed ipsi cultores, arvaque, maturis jam frugibus, ut hostile solum vastabantur.

LXXXVIII. Multæ et atroces inter se militum cædes, post seditionem Ticini cœptam:

LXXXVII. Pendant ces préparatifs de Vespasien et de ses chefs, Vitellius, plus indolent et plus méprisable de jour en jour, s'arrêtant pour goûter tous les plaisirs que lui procuroient les villes et les campagnes, s'avançoit pesamment vers Rome. Il étoit suivi de soixante mille guerriers corrompus par la licence, d'un plus grand nombre de vivandiers et de valets d'armée, qui, mêlés parmi les esclaves, les surpassent en effronterie, et d'une escorte d'officiers généraux et de courtisans, que le chef le plus zélé pour la discipline ne pourroit astreindre à des lois. Les sénateurs et les chevaliers arrivant de Rome surchargeoient cette marche. Tous s'y rendirent insensiblement ; quelques-uns par crainte, plusieurs par flatterie ; le reste pour ne pas se distinguer. Il s'y joignit une vile populace de bouffons, d'histrions, de conducteurs de chars, tous gens de la connoissance de Vitellius qui se plaisoit singulièrement à prostituer ainsi son amitié. Pour entasser des provisions, on ne dépouilla pas simplement les colonies et les municipes, mais, comme en pays ennemi, le laboureur même, et les champs dont la récolte étoit déja mûre.

LXXXVIII. Ce n'étoit que combats sanglans et multipliés, entre les soldats, depuis le commencement de leur sédition à Pavie :

manente legionum auxiliorumque discordiâ; ubi adversùs paganos certandum foret, consensu. Sed plurima strages, ad septimum ab urbe lapidem: singulis ibi militibus Vitellius paratos cibos, ut gladiatoriam saginam, dividebat: et effusa plebes, totis se castris miscuerat. Incuriosos milites, vernaculâ, ut rebantur, urbanitate, quidam spoliavere, abcisis furtim balteis, an accincti (2) forent, rogitantes. Non tulit ludibrium insolens contumeliæ animus: inermem populum gladiis invasere: cæsus inter alios pater militis, quum filium comitaretur: deinde agnitus; et vulgatâ cæde, temperatum ab innoxiis. In urbe tamen trepidatum, præcurrentibus passim militibus. Forum maximè petebant, cupidine visendi locum, in quo Galba jacuisset. Nec minùs sævum spectaculum erant ipsi, tergis ferarum et ingentibus telis horrentes, quum turbam populi per inscitiam parum vitarent; aut, ubi lubrico viæ, vel occursu alicujus procidissent, ad jurgium, mox ad manus et ferrum transi-

haine toujours subsistante entre les légions et les auxiliaires : accord cependant entre tous, dès qu'il s'agissoit de battre le paysan. Le plus grand carnage se fit à sept milles de Rome. Vitellius y distribuoit des viandes tout apprêtées à chaque soldat, comme pour des gladiateurs qu'on voudroit engraisser (1). La populace s'étoit répandue dans tout le camp. Plusieurs par une plaisanterie qu'ils se croyoient permise, détachèrent furtivement le baudrier de quelques soldats mal sur leur garde, et leur démandèrent ensuite s'ils étoient suivant l'ordonnance. La fierté du Germain peu fait aux railleries, le prend pour une insulte : il fond, l'épée à la main, sur un peuple sans armes. On tue entr'autres le père d'un soldat, tandis qu'il accompagne son fils ; on le reconnoît ensuite : le bruit de ce meurtre se divulgue, et fait épargner le sang innocent. Mais une quantité de soldats, devançant la marche, causa du tumulte dans Rome. Ils alloient surtout au forum, pour voir l'endroit où Galba étoit péri. Le spectacle qu'ils présentoient eux-mêmes avec leurs peaux de bêtes féroces, et leurs énormes piques, n'étoit pas moins effrayant, à cause de leur mal-adresse à se dégager de la foule, et de leur promptitude à passer des injures aux coups, et à tirer l'épée s'ils s'étoient laissé tomber en heurtant quelqu'un ou en glissant sur le pavé. De plus,

rent. Quin et tribuni præfectique cum terrore et armatorum catervis volitabant.

LXXXIX. Ipse Vitellius, à ponte Milvio, insigni equo, paludatus accinctusque, senatum et populum ante se agens, quominus, ut captam urbem ingrederetur, amicorum consilio deterritus, sumptâ prætextâ, et composito agmine, incessit. Quatuor legionum aquilæ per frontem, totidemque circà è legionibus aliis vexilla, mox duodecim alarum signa, et post peditum ordines, eques: dein quatuor et triginta cohortes, ut nomina gentium, aut species armorum forent, discretæ. Ante aquilam præfecti castrorum tribunique, et primi centurionum, candidâ veste: ceteri juxta suam quisque centuriam, armis, donisque fulgentes. Et militum phaleræ, torquesque splendebant: decora facies, et non Vitellio principe dignus exercitus. Sic Capitolium ingressus, atque ibi matrem amplexus, Augustæ nomine honoravit.

les tribuns et les préfets répandoient la terreur dans toutes les rues, qu'ils parcouroient, bride abattue, à la tête de leurs escadrons en armes.

LXXXIX. Vitellius lui-même, montant un superbe cheval à son arrivée au pont Milvius, et vêtu en guerrier, chassoit devant lui le peuple et le sénat, et alloit faire son entrée dans Rome, comme dans une ville prise d'assaut, si ses amis ne l'eussent averti de quitter ses armes et de ranger ses troupes. A la tête de la marche étoient quatre aigles de légions; à côté, autant d'étendards de quatre autres légions; ensuite douze drapeaux de cavalerie. L'infanterie défila, puis la cavalerie. Venoient après trente-quatre cohortes rangées de manière qu'on distinguoit les noms des nations, et leurs armes. Les tribuns, les préfets du camp et les principaux centurions, vêtus de blanc, précédoient leurs aigles. Les autres marchoient à la tête de leurs compagnies. On voyoit briller les armes, les caparaçons, les colliers, toutes les marques de distinction que chacun avoit méritées; spectacle intéressant: armée digne d'un autre chef. L'empereur étant entré dans cet ordre au Capitole, embrassa sa mère, et la décora du nom d'Augusta.

XC. Posterâ die, tamquam apud alterius civitatis senatum populumque, magnificam orationem de semetipso prompsit, industriam temperantiamque suam laudibus attollens : consciis flagitiorum ipsis qui aderant, omnique Italiâ, per quam somno et luxu pudendus incesserat. Vulgus tamen, vacuum curis, et sine falsi verique discrimine solitas adulationes edoctum, clamore et vocibus adstrepebat : abnuentique nomen Augusti, expressere ut assumeret, tam frustra, quàm recusaverat.

XCI. Apud civitatem cuncta interpretantem, funesti ominis loco acceptum est, quòd maximum pontificatum adeptus Vitellius, de cærimoniis publicis XV. kal. Aug. edixisset antiquitùs infausto die Cremerensi Alliensique cladibus : adeo omnis humani divinique juris expers, pari libertorum amicorumque socordiâ, velut inter temulentos agebat. Sed comitia consulum cum candidatis civiliter cele-

XC. Il prononça le lendemain une harangue (1) pompeuse à la louange de sa tempérance et de son activité, comme s'il eût parlé devant un autre peuple et un autre sénat; tandis qu'il avoit à ses côtés les complices de ses débauches, et pour témoins de sa gourmandise et de sa nonchalance, tout ce qu'il y avoit d'hommes dans l'Italie qu'il venoit de traverser. Mais la populace, stylée à répéter les mêmes acclamations, sans s'embarasser si elles s'appliquent bien ou mal, lui applaudit. Elle insista tant, qu'il prit enfin le nom d'Auguste, titre vain, qu'il ne lui servoit pas plus d'accepter que de refuser.

XCI. Dans une ville, aux yeux de laquelle tout est présage, on regarda comme un augure funeste, que l'empereur, devenu souverain pontife (1), eût daté un édit sur le culte public du quinze avant les calendes d'août, jour depuis long-tems doublement néfaste, à cause des batailles de Cremera et d'Allia. Mais Vitellius n'ayant pas la plus légère teinture des sciences divines ni humaines, s'en reposoit sur des affranchis et des ministres, qui s'endormoient eux-mêmes dans une sorte d'ivresse continuelle. Il se comporta en simple citoyen, avec les candidats pour les comices consulaires, cherchant à gagner les suffrages de la vile populace, comme spec-

brans, omnem infimæ plebis rumorem, in theatro ut spectator, in circo ut fautor affectavit: quæ, grata sanè et popularia, si à virtutibus proficiscerentur, memoriâ vitæ prioris indecora et vilia accipiebantur.

Ventitabat in senatum, etiam quum parvis de rebus patres consulerentur. Ac forrè Priscus Helvidius, prætor designatus, contra studium ejus censuerat. Commotus primò Vitellius, non tamen ultrà, quàm tribunos plebis in auxilium spretæ potestatis advocavit. Mox mitigantibus amicis, qui altiorem iracundiam ejus verebantur, « nihil novi accidisse respon- » dit, quòd duo senatores in Repub. dissen- » tirent: solitum se etiam Thraseæ contradi- » cere ». Inrisere plerique impudentiam æmulationis: aliis id ipsum placebat, quòd neminem ex præpotentibus, sed Thraseam ad exemplar veræ gloriæ legisset.

XCII. Præposuerat prætorianis P. Sabinum, à præfecturâ cohortis, Julium Priscum, tum

tateur

tateur au théâtre, et comme intéressé dans une faction au cirque; conduite populaire qui l'eût fait aimer, si elle avoit eu quelques vertus pour principe : mais comme elle rappeloit le souvenir de sa vie passée, elle ne servit qu'à le déshonorer et l'avilir (2).

Il assistoit souvent au sénat, lors même qu'on y traitoit les affaires les moins importantes. Priscus Helvidius, désigné préteur, avoit un jour combattu son avis. Vitellius en fut d'abord choqué; mais il se contenta « d'appeler les tribuns à l'appui de son autorité méprisée ». Ses amis, craignant qu'il n'eût dans le cœur plus de colère qu'il n'en faisoit paroître, s'efforçoient de le calmer. « Est-ce la pre-
» mière fois, leur dit-il, que deux sénateurs
» se sont trouvés d'avis différens sur une af-
» faire publique ? N'ai-je pas moi-même sou-
» vent contredit Thrasea » ? Le plus grand nombre ne put s'empêcher de rire de l'effronterie du parallèle. Plusieurs cependant lui surent gré de ce qu'il avoit mieux aimé citer Thrasea comme un modèle de la véritable gloire, que quelque homme factieux et puissant.

XCII. P. Sabinus, préfet d'une cohorte, et Julius Priscus, simple centurion, devinrent préfets du prétoire : le premier, par la

centurionem; Priscus Valentis, Sabinus Cæcinæ, gratiâ pollebant. Inter discordes, Vitellio nihil auctoritatis : munia imperii Cæcina ac Valens obibant; olim anxii odiis, quæ, bello et castris malè dissimulata, pravitas amicorum, et fecunda gignendis inimicitiis civitas auxerat, dum ambitu, comitatu, et immensis salutantium agminibus contendunt comparanturque; variis in hunc aut illum Vitellii inclinationibus. Nec umquam satis fida potentia, ubi nimia est. Simul ipsum Vitellium, subitis offensis aut intempestivis blanditiis mutabilem, contemnebant metuebantque. Nec eò segniùs invaserant domos, hortos, opesque imperii, quum flebilis et egens nobilium turba, quos ipsos liberosque patriæ Galba reddiderat, nullâ principis misericordiâ juvarentur.

Gratum primoribus civitatis, etiam plebes approbavit, quòd reversis ab exsilio jura liber-

protection de Valens ; le second, par celle de Cecina. Vitellius restoit sans autorité entre ces deux généraux en mésintelligence ; car ils s'accordoient à ne lui laisser que le nom d'empereur, et en faisoient toutes les fonctions. Leur haine, que le camp et la présence de l'ennemi avoient eu peine à leur faire dissimuler, croissoit de jour en jour par le soin d'amis perfides, dans une ville où chaque pas fait éclore une nouvelle semence de discorde. Comme ils se disputoient à qui auroit une cour plus brillante et plus nombreuse, on leur faisoit sentir alternativement les variations de leur crédit, qui haussoit ou baissoit, suivant les démonstrations de l'empereur. Tout pouvoir excessif tend à sa ruine. Vitellius même étoit pour eux un sujet de terreur autant que de mépris, à cause de ses emportemens soudains et de ses caresses déplacées. Ils n'en avoient pas été moins ardens à envahir des palais, des jardins et les richesses de l'empire, tandis qu'une foule de nobles, rendus avec leurs enfans à la patrie par Galba, en proie aux larmes et à l'indigence, ne recevoient pas le moindre soulagement de la compassion du prince.

Il s'étoit attiré les applaudissemens des grands et du peuple même, en rétablissant ceux qui étoient revenus d'exil, dans leurs

torum concessisset: quamquam id omni modo servilia ingenia corrumpebant, abditis pecuniis per occultos, aut ambitiosos sinus: et quidam in domum Cæsaris transgressi, atque ipsis dominis potentiores.

XCIII. Sed miles, plenis castris, et redundante multitudine, in porticibus aut delubris, et urbe totâ vagus, non principia noscere, non servare vigilias, neque labore firmari; per inlecebras urbis, et inhonesta dictu, corpus otio, animum libidinibus imminuebant. Postremò, ne salutis quidem cura; infamibus Vaticani locis magna pars tetendit; unde crebræ in vulgus mortes. Et adjacente Tiberi, Germanorum Gallorumque obnoxia morbis corpora fluminis aviditas (1), et æstûs impatientia labefecit. Insuper confusus, pravitate vel ambitu, ordo militiæ. Se Iecim prætoriæ,

droits de patronage (1). Mais l'ame basse des affranchis usoit de mille artifices pour leur enlever cette ressource. Leurs biens dénaturés ou ne paroissoient plus, ou se trouvoient entre les mains de gens trop puissans. Quelques-uns même de ces affranchis passèrent dans la maison de l'empereur, où ils jouirent de plus de crédit que n'en avoient jamais eu leurs patrons.

XCIII. Le camp se trouvant trop étroit, une multitude de soldats se répandit sous les portiques, dans les temples et de tous côtés dans la ville. Plus de lieu de ralliement pour eux; plus de gardes à monter; plus de ces exercices qui fortifient le soldat. Leurs corps s'appesantirent par l'oisiveté; les amorces d'une ville voluptueuse, et des excès que je n'ose nommer, éteignirent la vigueur de leur ame. On ne veilloit pas même sur leur santé. Une grande partie campa dans les endroits les plus mal-sains du Vatican. De-là des maladies épidémiques, et des morts fréquentes. La proximité du Tibre fut encore une source d'affoiblissement pour les Gaulois et les Germains, dont le tempérament est sujet à se détanger par les chaleurs et par les remèdes qu'ils y prétendent apporter. De plus, la mal-adresse des chefs et les brigues des soldats bouleversèrent tout l'ordre de la milice.

quatuor urbanæ cohortes scribebantur, quis singula millia inessent. Plus in eo delectu Valens audebat, tamquam ipsum Cæcinam periculo exemisset: sanè adventu ejus partes convaluerant, et sinistrum lenti itineris rumorem prospero prœlio verterat, omnisque inferioris Germaniæ miles Valentem adsectabatur: unde primùm creditur Cæcinæ fides fluitasse.

XCIV. Ceterùm non ita ducibus indulsit Vitellius, ut non plus militi liceret. Sibi quisque militiam sumpsere: quamvis indignus, si ita maluerat, urbanæ militiæ adscribebatur: rursùs bonis, remanere inter legionarios aut alares volentibus, permissum: nec deerant qui vellent, fessi morbis, et intemperiem cœli incusantes. Robora tamen legionibus alisque subtracta: convulsum castrorum decus, vigenti milibus, è toto exercitu, permixtis, magis, quàm electis.

Il étoit question de former seize cohortes du prétoire, et quatre de la ville, de mille hommes chacune. Valens, à titre de libérateur de Cecina, eut plus de crédit que lui dans cette opération. Il est certain que le parti de Vitellius n'avoit pris le dessus qu'à l'arrivée de Valens. Si la lenteur de sa marche avoit causé des murmures, la victoire les avoit dissipés. Toute l'armée de la Basse-Germanie s'affectionnoit à lui. On croit que c'est ce qui fit naître à Cecina la première idée de trahir son parti.

XCIV. Au reste, les chefs n'étoient pas tellement les maîtres sous Vitellius, que les soldats ne le fussent encore plus. Chacun choisit le service qu'il lui plaisoit. Le défaut de mérite ne fut pas un motif d'exclusion pour la milice de la ville. Et les meilleurs furent libres de rester dans la cavalerie ou l'infanterie. Plusieurs même refusoient le service de la ville, à raison de leurs infirmités, ou sous prétexte qu'ils ne pouvoient se faire au climat. Mais tous ces corps furent affoiblis et dégradés, et le camp perdit son principal éclat, parce que les vingt mille hommes avoient été moins choisis que mélangés au hasard.

Concionante Vitellio; postulantur ad supplicium Asiaticus, et Flavius, et Rufinus, duces Galliarum, quòd pro Vindice bellassent. Nec coercebat ejusmodi voces Vitellius. Super insitam animoi gnaviam, conscius sibi instare donativum, et deesse pecuniam, omnia alia militi largiebatur. Liberti principum, conferre pro numero mancipiorum, ut tributum, jussi. Ipse solà perdendi curâ, stabula aurigis exstruere: circum gladiatorum ferarumque spectaculis opplere; tamquam in summâ abundantiâ, pecuniæ inludere.

XCV. Quin et natalem Vitellii diem Cæcina ac Valens, editis totâ urbe vicatim gladiatoribus, celebravere, ingenti paratu, et ante illum diem insolito. Lætum fœdissimo cuique, apud bonos invidiæ fuit, quòd exstructis in campo Martio aris, inferias Neroni fecisset. Cæsæ publicè victimæ cremataeque; facem Augustales subdidere, quod sacerdotium, ut Romulus Tatio regi, ita Cæsar Ti-

Tandis que l'empereur haranguoit, on lui demanda le supplice d'Asiaticus, de Rufinus et de Flavius, chefs des Gaulois, parce qu'ils avoient combattu pour Vindex. Vitellius étoit trop lâche pour réprimer ces cris. C'étoit d'ailleurs le tems de distribuer une gratification, et l'argent lui manquoit, raison pour accorder tout le reste au soldat. Les affranchis des Césars furent obligés de payer une somme en façon de tribut, suivant le nombre de leurs esclaves. Aussitôt, sans autre motif que celui de perdre, il construit des manèges et des écuries pour les conducteurs de chars, remplit le cirque de spectacles de gladiateurs et de bêtes féroces, et se joue de l'argent, comme s'il eut nagé dans l'opulence.

XCV. Valens même et Cecina firent pour le jour de sa naissance des apprêts somptueux, et tels qu'on n'en avoit jamais vus. Il se donna des combats de gladiateurs dans tous les quartiers de la ville. Vitellius ensuite mérita les applaudissemens des scélérats, et la haine des gens de bien, en faisant élever des autels aux mânes de Néron dans le champ de Mars. On immola des victimes; on offrit des holocaustes; le feu fut allumé par les prêtres d'Auguste, que Tibère avoit institués en honneur de la maison des Jules, comme Romulus pour le roi Tatius. Il n'y avoit pas

berius Juliæ genti sacravit. Nondum quartus è victoriâ mensis, et libertus Vitellii Asiaticus, Polycletos, Patrobios, et vetera odiorum nomina æquabat. Nemo in illâ aulâ probitate aut industriâ certavit; unum ad potentiam iter, prodigis epulis, et sumptu ganeâque satiare inexplebiles Vitellii libidines. Ipse abundè ratus, si præsentibus frueretur, nec in longius consultans, novies millies sestertium, paucissimis mensibus, intervertisse creditur. Magna et misera civitas, eodem anno Othonem Vitelliumque passa, inter Vinios, Fabios, Icelos, Asiaticos, variâ et pudendâ sorte agebat; donec successere Mucianus, et Marcellus, et magis alii homines, quàm alii mores.

XCVI. Prima Vitellio tertiæ legionis defectio nunciatur, missis ab Aponio Saturnino epistolis, antequam is quoque Vespasiani partibus aggregaretur. Sed neque Aponius cuncta, ut trepidans re subitâ perscripserat, et amici adulantes, molliùs interpretabantur:

quatre mois que Vitellius étoit vainqueur : déja son affranchi Asiaticus possédoit autant de richesses que les Patrobius, les Polyclète, et les autres dont les noms sont dévoués depuis long-tems à l'exécration publique. Personne dans cette cour n'essaya d'effacer ses concurrens par la probité ni par les talens. L'unique moyen de parvenir à la puissance, étoit d'assouvir par les mets les plus rares et les plus somptueux, l'insatiable gourmandise du prince. Satisfait de jouir de l'instant présent, et ne portant pas ses vues au-delà, on compte qu'il prodigua follement, en fort peu de mois, neuf millions de sesterces. Rome, cette grande et malheureuse ville, venoit de gémir sous un Othon et sous un Vitellius : elle avoit été honteusement asservie aux divers caprices des Vinius, des Valens, des Icelus, des Asiaticus, lorsqu'elle fut livrée la même année à Mucien et à Marcellus, c'est-à-dire, à d'autres hommes, plutôt qu'à d'autres mœurs.

XCVI. Vitellius ne savoit encore rien de la révolte de l'Illyrie, lorsqu'Aponius, avant que de s'y engager lui-même, lui manda le soulèvement de la troisième légion. Ce consulaire, dans ce trouble imprévu, n'exposoit qu'une partie du mal. Les flatteurs le diminuoient encore ; « c'étoit selon eux, une sédi-

« unius legionis eam seditionem ; ceteris exercitibus constare fidem ». In hunc modum etiam Vitellius apud milites disseruit, prætorianos nuper exauctoratos insectatus, « à quibus falsos rumores dispergi, nec ullum civilis belli metum », adseverabat, supresso Vespasiani nomine, et vagis per urbem militibus, qui sermones populi coërcerent: id præcipuum alimentum famæ erat.

XCVII. Auxilia tamen è Germaniâ, Britanniâque, et Hispaniis excivit, segniter, et necessitatem dissimulans. Perinde legati provinciæque cunctabantur. Hordeonius Flaccus, suspectis jam Batavis, anxius proprio bello: Vectius Bolanus, numquam satis quietâ Britanniâ; et uterque ambigui; neque ex Hispaniis properabatur, nullo tum ibi consulari; trium legionum legati, pares jure, et, prosperis Vitellii rebus, certaturi ad obsequium, adversam ejus fortunam ex æquo detrectabant. In Africâ legio cohortesque, delectæ à Clodio

tion dans une légion unique. Les autres armées restoient fidèles ». Vitellius en parla de la même manière aux soldats. Après s'être emporté contre les prétoriens nouvellement cassés, « qui se plaisoient, disoit-il, à semer de faux bruits, il assura qu'il n'y avoit aucune guerre civile à craindre ». Il ne nomma pas Vespasien, et dispersa des soldats dans tous les quartiers de la ville, pour empêcher d'en parler. Rien ne contribua davantage à fortifier les bruits qui couroient.

XCVII. Il manda cependant en Germanie, en Bretagne et en Espagne, qu'on lui envoyât des secours; mais sans insister, et dissimulant le besoin qu'il en avoit. Les gouverneurs, en conséquence, ne se hâtoient pas d'obéir. Hordeonius, à qui les Bataves étoient déja suspects, craignoit une guerre pour lui-même; Vectius Bolanus gouvernoit une province toujours prête à se révolter; d'ailleurs l'un et l'autre balançoient entre Vespasien et Vitellius. Même lenteur en Espagne; cette province n'avoit point alors de consulaire. Entre trois lieutenans, égaux en autorité, ç'eût été à qui auroit montré le plus de zèle pour Vitellius en cas de succès; mais ils ne s'empressoient pas de partager ses revers. En Afrique, sur les ordres de l'empereur, la légion et les cohortes levées autre-

Macro, mox à Galbâ dimissæ, rursùs jussu Vitellii militiam cepere; simul cætera juventus dabat impigrè nomina; quippe integrum illic ac favorabilem proconsulatum Vitellius, famosum invisumque Vespasianus egerat; perinde socii de imperio utriusque conjectabant; sed experimentum contrà fuit.

XCVIII. Ac primò Valerius Festus, legatus, studia provincialium cum fide juvit; mox nutabat, palam epistolis edictisque Vitellium, occultis nunciis Vespasianum fovens, et hæc illave defensurus, prout invaluissent. Deprehensi cum litteris edictisque Vespasiani, per Rætiam et Gallias, militum et centurionum quidam, ad Vitellium missi, necantur; plures fefellere, fide amicorum, aut suomet astu occultati. Ita Vitellii paratus noscebantur: Vespasiani consiliorum pleraque ignota, primùm socordiâ Vitellii; deinde Pannonicæ Alpes præsidiis insessæ, nuncios retinebant; mare quoque Etesiarum flatu in Orientem navigantibus secundum, inde adversum erat.

fois par Macer, et cassées par Galba, reprirent les armes, et tous ceux qui étoient en âge de servir se présentèrent avec joie; car Vitellius et Vespasien ayant été proconsuls en cette province, le premier s'étoit fait aimer par son désintéressement, et on avoit haï et décrié le second. On en tiroit, sur le règne de l'un et de l'autre, des conjectures que l'expérience démentit.

XCVIII. Le lieutenant Valerius Festus secondoit d'abord, de bonne-foi, le zèle des Africains. Ensuite il s'ébranla. Il marquoit beaucoup d'empressement pour Vitellius dans ses lettres et ses ordonnances, et ménageoit le parti de Vespasien par des avis secrets, résolu de faire valoir l'un des deux auprès du vainqueur. Quelques-uns des soldats et des centurions, chargés des lettres et des édits de Vespasien, furent arrêtés dans les Gaules et la Retie, et envoyés à Vitellius, qui les fit mourir; mais les autres réussirent par leur adresse ou par la discrétion de leurs amis. Ainsi Vespasien savoit toutes les démarches de l'ennemi, et la plupart des siennes demeuroient secrettes. La nonchalance de Vitellius en fut d'abord cause. Ensuite les troupes qui gardoient l'entrée des Alpes Pannoniennes fermèrent le passage de terre à ses émissaires,

XCIX. Tandem, inruptione hostium, atrocibus undique nunciis exterritus, Cæcinam ac Valentem expediri ad bellum jubet; præmissus Cæcina; Valentem è gravi corporis morbo tum primum adsurgentem, infirmitas tardabat. Longè alia proficiscentis ex urbe germanici exercitûs species: non vigor corporibus, non ardor animis; lentum et rarum agmen, fluxa arma, segnes equi; impatiens solis, pulveris, tempestatum; quantùmque hebes ad sustinendum laborem miles, tantò ad discordias promptior. Accedebat huc Cæcinæ ambitio vetus; torpor recens, nimiâ fortunæ indulgentiâ soluti in luxum; seu perfidiam meditato, infringere exercitûs virtutem inter artes erat. Credidere plerique, Flavii Sabini consiliis concussam Cæcinæ mentem, ministro sermonum Rubrio Gallo, rata apud Vespasianum fore pacta transitionis: simul odiorum invidiæque erga Fabium Valentem admonebatur, ut impar apud Vitellium,

et

et les vents Éthésiens celui de la mer, parce qu'ils sont contraires pour revenir d'Orient.

XCIX. Enfin Vitellius, effrayé de l'irruption de l'ennemi, et des nouvelles désespérantes qu'il reçoit de tous côtés, ordonne à Valens et à Cecina de se hâter de le défendre. Cecina partit le premier. Valens relevoit d'une grande maladie; sa foiblesse le retint. L'armée de Germanie, à sa sortie de Rome, étoit à peine reconnoissable; des corps sans vigueur, des ames abattues, une marche languissante, des rangs presque vuides, des soldats à qui les armes pèsent, des chevaux lourds et paresseux, des troupes qui ne savent endurer ni le soleil, ni la poussière, ni les saisons, et d'autant plus promptes à se révolter, qu'elles ont moins de force pour supporter les travaux. L'ancienne condescendance de Cecina envers les soldats, le goût du luxe, et l'engourdissement où venoient de le plonger les faveurs excessives de la fortune, augmentoient le désordre. Peut-être même que, méditant dès-lors sa trahison, il entroit dans son plan d'amolir le courage de l'armée. On a cru que Flavius Sabinus l'avoit fort ébranlé en faveur de son frère par l'entremise de Rubrius Gallus, duquel Cecina avoit parole que Vespasien ratifieroit leurs conventions. On avoit aussi mis en jeu sa jalousie et sa haine contre

gratiam viresque apud novum principem pararet.

C. Cæcina, complexu Vitellii multo cum honore digressus, partem equitum ad occupandam Cremonam præmisit; mox vexillarii quartædecimæ, et sextædecimæ legionum; dein quinta, et duovicesima secutæ; postremo agmine unaetvicesima Rapax, et prima Italica incessere, cum vexillariis trium britannicarum legionum, et electis auxiliis. Profecto Cæcinâ, scripsit Fabius Valens, exercitui, quem, ipse ductaverat, ut in itinere opperiretur; sic sibi cum Cæcinâ convenisse; qui præsens, eòque validior, immutatum id consilium finxit, ut ingruenti bello totâ mole occurreretur. Ita adcelerare legiones Cremonam, pars Hostiliam petere jussæ: ipse Ravennam devertit, prætexto classem adloquendi: mox Patavii secretum componendæ proditionis quæsitum. Namque Lucilius Bassus, post præfecturam alæ, Ravennati simul ac Misenensi classibus à Vitellio præpositus, quòd non statim præfecturam prætorii adeptus fo-

Valens, en l'exhortant à chercher auprès d'un nouvel empereur un crédit que son collègue lui enlevoit à la cour de Vitellius.

C. Cecina, après avoir reçu les embrassemens de l'empereur, et beaucoup de marques de distinction, détacha une partie de la cavalerie pour s'assurer de Crémone. Ensuite les drapeaux de la quatorzième légion et de la seizième se mirent en marche. Ils furent suivis de la cinquième et de la vingt-deuxième, après laquelle partit l'arrière-garde, composée de la vingt-unième, surnommée Rapax, de la première italique, de trois légions de Bretagne, et de l'élite des auxiliaires. Lorsque Cecina fut parti, Valens écrivit à l'armée qu'il avoit amenée en Italie, de l'attendre, et qu'il en étoit convenu avec son collègue. Mais Cecina feignit qu'on avoit renoncé à ce projet, pour réunir toutes les forces contre l'ennemi. Comme il étoit présent, ses ordres prévalurent. Ainsi il fit hâter la marche d'une partie des légions vers Crémone, envoya les autres à Hostiglia, et se détourna du côté de Ravenne, sous prétexte de s'aboucher avec la flotte. Ensuite il alla secrètement former son complot à Padoue. Lucius Bassus, préfet d'une aile de cavalerie, qui avoit reçu de Vitellius le commandement des flottes de Misène et de Ravenne, injustement courroucé

ret, iniquam iracundiam flagitiosâ perfidiâ ulciscebatur: nec sciri potest, traxeritne Cæcinam, an (quod evenit inter malos, ut et similes sint) eadem illos pravitas impulerit.

CI. Scriptores temporum, qui, potiente rerum Flaviâ domo, monumenta belli hujusce composuerunt, curam pacis et amorem Reipublicæ corruptas in adulationem causas, tradidere. Nobis, super insitam levitatem, et, prodito Galbâ, vilem mox fidem, æmulatione etiam invidiâque, ne ab aliis apud Vitellium anteiretur, pervertisse ipsum Vitellium videtur. Cæcina legiones adsecutus, centurionum militumque animos obstinatos pro Vitellio, variis artibus subruebat: Basso eadem molienti minor difficultas erat, lubricâ ad mutandam fidem classe, ob memoriam recentis pro Othone militiæ.

*Finis secundi Libri.*

de ce qu'on ne l'avoit pas fait sur-le-champ préfet du prétoire, cherchoit à s'en venger par une trahison. On ne sait si ce fut lui qui entraîna Cecina. Deux méchans, sans s'être accordés, ont souvent projeté le même crime.

CI. Les mémoires publiés sous le règne des Flavius, attribuent la conduite de Cecina à son amour de la paix et du bien public ; motifs inventés par la flatterie. Pour moi, je crois qu'il n'en faut pas chercher d'autres causes que son inconstance naturelle, sa perfidie, dont il ne rougissoit plus, ayant déja trahi Galba, et sa jalousie. Il aima mieux perdre Vitellius, que de ne pas tenir le premier rang auprès de lui. Quand il eut rejoint ses légions, il recourut à toutes sortes d'artifices pour corrompre les centurions et les soldats, toujours inébranlables dans leur fidélité. Bassus éprouva moins d'obstacles de la part de la flotte : elle regrettoit Othon, pour lequel elle venoit de combattre.

*Fin du second Livre.*

# NOTES

## SUR LE SECOND LIVRE DE L'HISTOIRE DE TACITE.

Ch. I. page 237. (1) *La fortune jetoit les fondemens d'une élévation qui fit successivement le bonheur et le malheur de l'état, et de la nouvelle maison qu'elle appeloit à l'empire*). Vespasien et Titus firent le bonheur de Rome, et moururent tranquilles et regrétés. La tyrannie de Domitien causa l'extinction de sa maison.

Ch. I. Idem. (2) *Les dignités auxquelles il étoit en âge de parvenir*). Il étoit dans sa vingt-huitième année. La protection de Narcisse, affranchi de Claude, dont Vespasien s'étoit ménagé les bonnes graces, l'avoit fait choisir dans son enfance, pour être élevé avec Britannicus, fils de l'empereur. Il eut les mêmes maîtres, et fut instruit avec autant de soins et moins de flatteries sans doute, que ce prince alors destiné à l'empire.

Ch. II. *page* 240. (1) *Audentioribus spatiis ). Par une route plus hardie, mais plus courte.* Tout le monde sait qu'avant l'invention de la boussole, on n'osoit presque naviguer que le long des côtes. Il falloit de la hardiesse pour les perdre de vue.

Ch. II. *Idem.* (2) *Haud fuerit longum initia religioni. Disons un mot sur l'établissement de cette dévotion* ). Il est juste de se rappeler que les Romains lisoient ces digressions sur leur culte avec des yeux différens des nôtres : l'attention que Tacite y donne en cette rencontre, le justifie à un tel point de l'irréligion dont on a osé l'accuser, qu'on auroit plutôt à le reprendre d'un excès contraire.

Ch. II. *Idem.* (3) *Neque enim alibi sic habetur* ). Ces mots sont susceptibles de deux sens fort différens : *Car on n'en trouve point ailleurs d'une forme semblable. Car on ne trouve point ce détail dans les autres auteurs.*

Ch. III. *page* 240 *et* 241. (1) *Scientiam artemque* ). C'est-à-dire, que Thamiras y établit la science des aruspices, en instruisant des personnes qui pussent, après sa mort, en pratiquer l'art. On avoit d'autant plus de soin de tenir cette science secrète, qu'elle ne consistoit guère qu'en fraudes et en inepties.

Ch. III. *page* 243. (2) *La raison en reste cachée* ). Il me paroît inutile de rechercher cette raison que Tacite n'a pas sue. Cependant celle qu'on en trouve dans Clément d'Alexandrie, n'est pas sans vraisemblance. Il dit que, comme cette statue étoit de la plus haute antiquité, l'art des sculpteurs ne s'étendoit pas alors au-delà. Ils laissoient à l'imagination le soin de retrancher le superflu, sous lequel la déesse restoit envelopée.

Ch. IV. page 243. (1) *Il répondit d'abord en peu de mots et dans les termes usités*). Ces diseurs de bonne aventure avoient un certain nombre de réponses applicables à tout. Les anciens nous en ont conservé quelques-unes.

Ch. V. page 244 et 245. (1) *Provisuque civilium rerum peritus. Plus éloquent que Vespasien, il savoit préparer les affaires civiles*). Je crois que DISPOSITU et PROVISU se rapportent immédiatement à CIVILIUM RERUM. Vespasien avoit pour le moins autant d'habileté que Mucien dans les arrangemens et les précautions qu'exigeoient les affaires militaires, et toutes celles où il ne falloit ni insinuation, ni éloquence.

Ch. V. page 246 et 247. (2) *Naturâ atque arte compositus alliciendis etiam Muciani moribus. Titus, que l'art et la nature sembloient avoir formé pour plaire à Mucien même*). Titus plaisoit à Vespasien son père, par sa valeur, son activité, son respect envers lui : à Mucien, par son goût pour la magnificence et les plaisirs ; et à tout le monde, par sa politesse et sa douceur.

Ch. XI. page 259. (1) *Pour s'emparer des rives du Pô*) Cette armée se partagea dans la suite. Spurinna se jeta dans Plaisance avec trois cohortes prétoriennes, mille hommes d'élite et quelque peu de cavalerie : Annius Gallus, avec la première légion, vint joindre les troupes d'Othon à Bedriac, avant la bataille. Martius Macer comman-
manda

manda les gladiateurs et le reste des troupes, dont il fit une armée d'observation, qui se tint sur la rive gauche du Pô, tandis que l'ennemi étoit à la droite. C'est cette armée qui fut témoin de la défaite des gladiateurs dans l'île où ils avoient attaqué les Germains. S'étant révoltée contre Macer, elle fut commandée par Flavius Sabinus, désigné consul; ( ce Sabinus n'étoit pas le frère de Vespasien ) et Vestricius Spurinna reçut ordre de sortir de Plaisance pour la rejoindre avec ses cohortes. Elle fut la dernière à se rendre à Vitellius. Cette remarque, tirée toute entière de différens endroits de Tacite, me paroît obvier à bien des difficultés.

Ch. XI. *page* 259. (2) *Méconnoissable à quiconque eût jugé de lui sur sa renommée*). Juvenal reproche à Othon, comme une chose fort honteuse, d'avoir porté un miroir à la guerre; et il faut remarquer que la milice romaine étoit déja bien déchue de son austérité. Quelles étoient donc les mœurs de ces anciens vainqueurs de l'univers? Quelle vie que celle de leurs soldats! Pour nourriture de la bouillie, ou plutôt de la colle faite avec de la farine qu'on distribuoit tous les quinze jours: quatre-vingt livres à porter dans les marches, des retranchemens à creuser et à palissader en arrivant; des guerres d'Asie en Europe, d'Europe en Afrique. Pour délassement, des amphithéâtres, des aqueducs, des chaussées à construire, quelquefois des mines à creuser. Mais ce soldat étoit citoyen romain. Les plus grands de Rome briguoient son suffrage. La gloire de l'état étoit sa gloire. Tels seront un jour nos soldats français; mais ils mettront leur honneur à défendre leur patrie et non à faire des conquêtes. (*Note écrite en* 1791, *troisième édition*).

Ch. XIV. *page* 265. ( 1 ) *Tel fut l'ordre de la bataille ).* On peut consulter la planche première : A, marque la cavalerie des Vitelliens : B, leur infanterie : C, les frondeurs : D, les prétoriens du parti d'Othon : E, sa flotte : F, ses frondeurs.

Ch. XVIII. *page* 273. ( 1 ) *Menacent leur général ).* Plusieurs étoient entrés la nuit dans la tente de Spurinna, en criant qu'ils vouloient avoir leur congé, pour aller porter des plaintes à l'empereur contre lui.

Ch. XX. *page* 274 *et* 275. ( 1 ) *Braccas. Des citoyens habillés à la romaine ).* Il faut un mot nouveau pour chaque nouvelle forme d'habits, et la mode de chacun de ces mots tombe avec celle des vêtemens qui les désignent. C'est ce qui m'a déterminé à n'user que des noms génériques. Les uns veulent que *braccæ* soit un habit; d'autres un haut-de-chausse, dont on avoit formé le mot *braies*; et quelques-uns des guêtres. Mais qu'importe? L'idée de Tacite est que Valens étoit vêtu comme les Barbares en donnant audience à des Romains.

Ch. XXI. *page* 278 *et* 279. ( 1 ) *Vineas. Les assiégeans ).* Les choses exprimées par ces mots, PLUTEOS, CRATES, VINEAS, n'étoient plus en usage, lorsque notre langue a pris une forme. Les termes de claies, de mantelets, de batteries, les désignent mal, et je m'en sers à regret.

Ch. XXI. *page* 278. ( 2 ) *Corruptum ).* On ajoutoit que l'unique exploit des prétoriens étoit d'avoir massacré un vieillard sans armes. Ils en furent tellement outrés, qu'ils allèrent se jeter aux pieds de Spurinna, le suppliant de les aider à s'en venger.

Ch. XXIV. *page* 287. ( 1 ) *A douze milles de Crémone est un endroit nommé les Castors* ). On peut voir la planche deuxième. A, lieu nommé les Castors, où sont embusquées des troupes de Cecina. Sa cavalerie est en avant hors du bois ; son camp par derrière.

B, les troupes de Marius et de Paulin. Un corps de leur cavalerie est en avant. Sur le côté se trouvent des vignes et un bois.

Ch. XXVII. *page* 291. ( 1 ) *L'armée même de Valens ...... étoit plus respectueuse envers son général* ). Il me semble que Tacite tombe dans une légère inadvertance. Il est dit ici que la défaite de Cecina rendit les soldats de Valens plus obéissans. Il dira plus bas, DE ADVERSA CECINAE PUGNA ALLATUM, PROPE RENOVATA SEDITIO. En tout cas c'est un tribut que cet homme de sens paie bien rarement à l'humanité. On peut d'ailleurs l'excuser, puisqu'en effet, après ce premier mouvement, l'armée de Valens devint plus obéissante.

Ch. XXIX. *page* 297. ( 1 ) *Sitôt que Valens se fut avancé vers eux en pleurant et presque méconnoissable* ). Peut-être parut-il avec l'habit d'esclave, sous lequel il s'étoit déguisé.

Ch. XXXI. *page* 299. ( 1 ) *Personne n'accusoit Vitellius d'avoir allumé la guerre* ). Son parti l'avoit rallumé en se soulevant contre Galba ; mais on savoit que Vitellius n'avoit fait que se prêter en automate aux impulsions qu'on avoit voulu lui donner.

Ch. XXXII. *page* 302 *et* 303. (1) *Obscura nunquam nomina, et si aliquando obumbrentur.* Noms dont la splendeur, quoiqu'interceptée de tems en tems, ne s'altère jamais ). Métaphore tirée du soleil, dont la lumière, quoiqu'interceptée, ne s'altère point : au lieu que la lune perd véritablement sa lumière dans les éclipses.

Ch. XXXV. *page* 306 *et* 307. (1) *Othoniani.* Les Othoniens ). Ce n'est pas l'armée de Bedriac. Elle étoit du même côté du Pô que Valens et Cecina. C'est l'armée d'observation dont j'ai déjà parlé, commandée alors par Macer, parce que Gallus s'en étoit séparé avec la première légion, et que Spurinna n'y étoit pas encore revenu. Le plan de ce petit combat se trouve sur la même planche que celui de Bedriac, planche troisième. Je ne suis pas certain que le pont de Cecina fût précisément au confluent du Pô et de l'Adda ; mais, suivant le récit de Tacite, il ne pouvoit pas en être loin. A, marque le camp de Macer. B, celui de Cecina.

Ch. XXXVIII. *page* 313. (1) *S'il ne fallut qu'un seul coup pour terminer chaque guerre,* ( celle d'Othon contre Vitellius, et celle de Vitellius contre les généraux de Vespasien ) *c'est que ces deux princes étoient des lâches ).* La force de la vérité arrache à Tacite un aveu que ses préjugés pour le suicide lui font presque démentir ailleurs. Othon n'eut pas le courage de se livrer aux sollicitudes nécessaires pour relever son parti. Il aima mieux mourir promptement, que de prendre une peine dont il ne voyoit pas le terme.

Ch. XL. *page* 317. (1) *Se proposant de marcher jusqu'au confluent du Pô et de l'Adda ).* Leur projet, en faisant cette marche, s'il est vrai qu'ils eussent un projet fixe, étoit sans doute de se rapprocher de Macer, qui étoit au-delà du fleuve, et de mettre l'ennemi entre deux. Mais Valens et Cecina firent avancer leurs troupes à quatre milles, laissant les Belges dans l'ancien camp, pour s'opposer au passage des gladiateurs. Voyez la planche troisième: A, est le camp de Macer: B, le premier camp de Cecina: C, le second.

Ch. XL. *page 316 et 317*. (2) *Expeditus. Sans rien porter que ses armes*). Si l'on doit prendre cette expression à la lettre, il faut que Valens et Cecina eussent eu la précaution de faire construire leur second camp par un détachement; car la cavalerie de Vitellius fut culbutée dans ses propres fossés par la cavalerie d'Othon.

Ch. XLI. *page 317*. (1) *Cecina retourne promptement au camp*). Au second camp construit à la hâte pour y attendre l'ennemi, il étoit, comme nous l'avons dit, à quatre milles du premier, où Cecina se trouvoit alors.

Ch. XLIV. *page 323*. (1) *Des chemins embarrassés de cadavres*). Il périt, tant de part que d'autre, quarante mille hommes dans cette journée. Plutarque assure avoir ouï dire à un vieux soldat, qu'étant retourné le soir, par curiosité, sur le champ de bataille, il y vit plusieurs monceaux de corps entassés les uns sur les autres, à hauteur d'homme, et qu'il n'avoit pu trouver la cause de cette arrangement bisarre. Seroit-ce une espèce nouvelle de retranchemens, inspirée alors par la grandeur du péril?

Ch. XLIV. *page 325*. (2) *Gallus*). Il n'avoit point assisté au combat, n'étant pas encore bien remis de sa chute.

Ch. XLIV. *page* 325. ( 3 ) *Les prétoriens s'écrioient qu'ils n'avoient été vaincus que par trahison ).* Plutarque dit cependant que les prétoriens avoient fui des premiers ; mais cela n'est pas absolument contradictoire. Les plus lâches dans l'action sont souvent les plus hardis en paroles.

Ch. XLV. *page* 327. ( 1 ) *Ces députés furent arrêtés pendant quelque tems ).* Plutarque nous apprend la cause de ce délai. L'armée de Vitellius qui s'étoit déja mise en marche, lorsque les députés partirent, ayant apperçu parmi eux Marius, son vainqueur à la journée des Castors, le vouloit tuer. Il s'éleva une sédition, et une partie des Vitelliens s'avança jusqu'au camp avant que les députés eussent pu y entrer. Titien, se croyant trahi, exhortoit déja ses troupes à courir aux armes, lorsque tout fut pacifié par l'arrivée de Valens et de Cecina, qui avoient pris généreusement la défense de Marius.

Ch. XLVI. *page* 329. ( 1 ) *Leur propre fureur et une impulsion involontaire les animoient à combattre et à relever la fortune du parti ).* Ils suivirent cette impulsion, en se déclarant pour Vespasien le plutôt qu'ils purent.

Ch. XLVIII. *page* 335. ( 1 ) *Craignez de vous en trop souvenir ).* Cocceianus s'en souvint trop. Il osa célébrer avec pompe l'anniversaire de la naissance d'Othon sous le règne de Domitien, qui le fit poignarder.

Ch. XLIX. *Idem.* ( 1 ) *Il se pencha sur son poignard ).* Il appela d'abord un de ses esclaves, pour s'informer encore une fois si tous ses amis étoient en sûreté. Il lui dit ensuite : *Retire-toi promptement, de peur qu'on* ne l'accuse d'avoir eu part à ma mort. Quel mélange de force et de foiblesse ! On seroit presque tenté de croire, avec Tacite, que cette mort fut une espèce de dévouement à la patrie. *Elle a paru glorieuse aux payens*, dit le sage Tillemont ; *mais la vérité la condamnera toujours, sans condamner le courage avec lequel il a méprisé la mort et les douleurs, s'il eût été mieux employé.*

Ch. XLIX. page 337. (2) *Un tombeau dont la médiocrité garantissoit la durée*). Plutarque, qui vit ce mausolée en passant à Bersello, rapporte qu'il étoit fort simple, ayant pour toute inscription : A Marc-Othon. Vitellius dit, lorsqu'on le lui montra : *Voilà tout ce qu'il falloit pour un pareil homme.* Il ne prévoyoit pas que dans quelques mois on le jeteroit lui-même aux gémonies parmi les scélérats, et qu'on l'en tireroit pour le traîner avec un croc dans le Tibre.

Ch. L. *Idem*. (1) *Sa mère, quoique d'une maison moins illustre, étoit noble*). La mère d'Othon étoit fille d'un chevalier romain, et se nommoit Albia Terentia.

Ch. L. *Idem*. (2) *Un oiseau d'une forme extraordinaire*). On étoit alors au printems, saison dans laquelle les oiseaux retournent dans le nord, d'où les avoient chassés les frimats. On remarque que, quand l'hiver a été rigoureux, on en voit plusieurs dans des pays où ils étoient inconnus.

Ch. L. *page* 338. (3) *Celebri luco*). M. Ernesti lit vico, et rejète expressément luco, parce que, selon lui, celeber ne se dit ni d'un bois sacré, ni d'un bois profane. Celeber signifie fréquenté : or, un bois fort proche d'une grande ville, doit être fréquenté pour la promenade s'il est profane, et par dévotion s'il est sacré. Il est plus commun de voir beaucoup d'hommes dans de tels bois, qu'un grand nombre d'oiseaux dans un faux-bourg très-habité. Ce seroit introduire un second miracle dans le récit de Tacite, qui témoigne assez de répugnance pour admettre le premier : DEMERE FIDEM NON AUSIM.

CH. LII. *page* 341. (1) *Les qualifiant de Pères-Conscrits).* PATRES CONSCRIPTOS APPELLANDO. Ce titre ne se donnoit qu'au sénat entier. Les troupes et l'agent d'une petite ville municipale, contre le reste de l'empire, ne pouvoient servir qu'à rendre les sénateurs plus odieux au parti d'Othon, et à mettre plus en évidence l'anéantissement du sénat.

CH. LIV. *page* 343. (1) *Un rescrit d'Othon pour prendre des chevaux de poste).* Il y avoit des postes réglées dans tout l'empire ; mais elles n'étoient que pour les affaires d'état. Il falloit un rescrit (diploma) de l'empereur ou des proconsuls, pour se faire donner des chevaux de poste.

CH. LV. *page* 345. (1) *On célébroit, suivant l'usage, les jeux de Cérès).* Ils commençoient à Rome le 12 avril, et duroient jusqu'au 19.

CH. LV. *page* 345. (2) *Les images de Galba).* C'étoit faire assez mal-adroitement leur cour à Vitellius, puisqu'il avoit commencé la révolte contre Galba ; mais on regardoit comme vengeur de ce prince, celui qui venoit de vaincre son meurtrier.

## DE L'HISTOIRE DE TACITE.

Ch. LVI. *page* 346. (1) *Tolerabantur*). Cet endroit m'a toujours embarrassé : Voici à peu près comme j'imagine le concevoir. Avant que Rome eût englouti les forces de l'Italie pour devenir esclave elle-même à son tour, chaque peuple, chaque bourg, tous composés de militaires, se faisoient justice les armes en main, et ne souffroient rien impunément des troupes du dehors. Mais depuis l'asservissement où toute l'Italie étoit tombée, elle ne savoit plus que tolérer, en murmurant, les affronts, les dégâts et les violences qu'elle éprouvoit de la part de la cavalerie et de l'infanterie.

Quelques-uns, au lieu de *tantùm*, lisent TANTUM, c'est-à-dire : TANTUS NUMERUS PEDITUM EQUITUMQUE. La phrase ne m'en paroît que plus obscure.

Ch. LIX. *page* 351. (1) *Scipion*). Voilà de grands noms pour de simples préfets de cavalerie, qui étoient ordinairement des étrangers; mais on sait que les affranchis et les cliens prenoient assez souvent les noms de leurs patrons.

Ch. LXII. *page* 357. (1) *Les chefs des cités se ruinèrent en apprêt de festins*). Dion remarque que personne n'osoit entreprendre de nourrir Vitellius tout un jour. L'un l'invitoit à déjeûner, un autre à dîner, un troisième à souper. Ensuite il alloit, par forme de supplément, prendre une collation chez un quatrième. Comme son estomac n'étoit pas assez fort pour répondre à sa voracité, il le soulageoit par de fréquens vomitifs. Plusieurs de ses courtisans, qui voulurent faire de même, en moururent.

Ch. LXII. *page* 356. (2) *Contemptu ducis* ). J'entends ceci comme s'il y avoit : Contemptu ducis erga laborem et virtutem. Les soldats étoient déja trop corrompus pour mépriser Vitellius. La splendeur et la magnificence de sa cour leur en imposoient. Ils se firent égorger pour lui dans un tems où ils n'avoient plus rien à en espérer. On n'en agit pas ainsi à l'égard d'un prince qu'on méprise. Je ne blâme cependant pas ceux qui voudront entendre autrement ces deux mots. Je ne me flatte pas d'avoir toujours rencontré le meilleur sens.

Ch. LXII. *page* 359. (3) *Il chassoit les mathématiciens de l'Italie* ). Vitellius leur donnoit pour terme jusqu'aux calendes d'octobre. Ils affichèrent pendant la nuit dans Rome : *De par les mathématiciens ; ordre à Vitellius de sortir de ce monde, d'aujourd'hui aux calendes d'octobre ;* mais cette espèce de prédiction n'étoit pas fondée sur une démonstration mathématique. Vitellius vécut au-delà du terme. Il est bien honteux pour l'esprit humain que la science la plus évidente et la moins susceptible d'erreur ( les mathématiques ) se fût tellement alliée avec le charlatanisme le plus absurde ( l'astrologie judiciaire ), qu'un même nom servît à Rome pour désigner l'un et l'autre. Des génies capables d'éclairer les hommes, devoient-ils s'abaisser à les séduire ?

Ch. LXIII. *page* 358 *et* 359. (1) *Tantorum criminum. De ces énormes griefs* ). Il est clair que Tacite ne croyoit pas Dolabella criminel, puisqu'il attribue sa mort à la cruauté de Vitellius et aux leçons de despotisme, insinuées par les courtisans. Ces expressions, tantorum criminum, doivent donc s'entendre ironiquement. Avoir sollicité des gardes pour s'échapper d'une prison dans laquelle on étoit injustement détenu ; être revenu dans sa patrie, dont on n'étoit banni par aucune loi, n'est pas matière à repentir. Le vrai crime de Dolabella étoit sa naissance et ses richesses, qui en faisoient un homme capable de figurer à la tête d'un parti. Vouloir en pareil cas se faire absoudre juridiquement, c'est se rendre plus coupable. Il falloit montrer de la crainte et même de la bassesse. Dolabella s'en avisa trop tard.

CH. LXIV. *page* 361. (1) *Dolabella avoit épousé Petronia* ). Petronia, fille d'un consulaire, fut d'abord mariée à Vitellius, qui, après en avoir eu un fils, la répudia. Dolabella la prit alors. Il paroît qu'elle n'en eut pas d'enfans ; car elle laissa par son testament tous ses biens au fils qu'elle avoit eu de Vitellius, à condition qu'il seroit émancipé.

CH. LXV. *page* 363. (1) *Hilaire, affranchi de César*). Ces affranchis de César étoient des espèces de receveurs du domaine, répandus dans les différentes provinces.

CH. LXVIII. *page* 368 *et* 369. (1) *Invidiam bello. La sédition parut encore plus funeste par la guerre qu'elle occasionna* ). La guerre de Civilis et des Gaules.

CH. LXX. *page* 375. (1) *Vitellius considéra d'un œil sec et satisfait, ces milliers de citoyens sans sépulture* ). Comme ses courtisans ne pouvoient souffrir l'odeur qui s'en exhaloit, Vitellius leur dit en riant : *Le corps d'un ennemi mort ne sent jamais mauvais, sur tout si c'étoit un citoyen.* En même tems il fit apporter du vin, en but et en fit boire à ceux qui l'accompagnoient.

Ch. LXXI. *page* 376. ( 1 ) *Coartati* ). Ce mot sembleroit signifier qu'on abrégea le tems du consulat des autres ; mais ce n'est pas l'intention de Tacite. Deux furent rayés, un fut différé. Valens, Cecina et Cecilius prirent leur place. Ainsi Tacite a prétendu faire entendre que, NUMERUS DESIGNATORUM AD PAUCIORES REDACTUS EST.

Ch. LXXI. *page* 377. ( 2 ) *Il ne fut plus question de Macer* ). Martius Macer avoit perdu le commandement des troupes d'Othon, parce qu'on prétendoit qu'il ne le servoit pas avec assez de zèle. Il perdit le consulat, parce qu'on l'accusoit de l'avoir trop bien servi.

Ch. LXXII. *page* 376. ( 1 ) *Scribonianum* ). J'ignore quel est le Scribonianus que cet imposteur prétendoit représenter. Je penche à croire que c'étoit le fils de ce Camille qui fut empereur pendant cinq jours sous le règne de Claude. Mais comment appartenoit-il à la maison des Crassus ? Et d'où vient est-il nommé Scribonianus Camerinus, au lieu de Camillus Scribonianus ?

Ch. LXXV. *page* 380. ( 1 ) *Scribonianum* ). Furius Camillus Scribonianus, dont j'ai parlé dans la note précédente, avoit écrit à Claude de quitter l'empire ; et ce foible prince délibéroit déja s'il se rendroit à ses menaces.

Ch. LXXV. *page* 382. ( 2 ) *Volaginium* ). Volaginius ne profita pas de cette récompense, quoiqu'elle lui eût été accordée par Claude lui-même. Othon ( père d'Othon, depuis empereur ) le fit mettre à mort en présence de toute l'armée, pensant qu'il n'est permis, dans aucun cas, à un simple soldat d'attenter à la vie de son général.

Ch. LXXVI. *page* 384. (1) *Concupisse*). *Id est:* Non modo potes videri concupisse, sed manifestè concupisti.

Ch. LXXVII. *page* 386. (1) *Arrogabo*). Je ne crois pas qu'il soit ici question de ce que Mucien demande pour lui-même. Il en parlera plus bas : Honorem quem dederis habebo. Il s'agit d'exposer les avantages de Vespasien. Vitellius a pour lui Valens et Cecina. Mucien pense qu'on lui fera l'honneur de ne le pas croire inférieur à ces deux généraux. Nous avons vu, livre premier, chapitre XXX, à peu près dans le même sens: Nihil arrogabo mihi nobilitatis aut modestiae.

Ch. LXXVIII. *page* 388. (1) *Deumque*) C'étoit originairement le vrai Dieu. Ce culte avoit dégénéré, puisqu'on y offroit des victimes, et qu'on croyoit lire dans leurs entrailles. C'est vraisemblablement un de ces hauts lieux si souvent proscrits dans l'écriture.

Ch. LXXVIII. *page* 390. (2) *Quantò sperantibus plura dicuntur*). Littéralement : *On leur en dit encore plus qu'ils n'en espèrent.*

Ch. LXXX. *page* 392. (1) *Vicissitudinis*). Les éditions et la plupart des manuscrits portent multitudinis; mais Vespasien étoit-il homme à se troubler à cause de la multitude de ses propres soldats, qui même n'étoient pas tous présens? Non conjunctis legionibus. D'autres lisent mutationis. Ce mot forme le même sens que vicissitudinis; mais il se rapproche moins des manuscrits.

Ch. LXXXIV. *page* 403. (1) *Il en apprit l'art, et l'osa mettre en pratique*). Si l'on en croit Suétone, il y devint fort habile. Lorsqu'un homme commençoit à s'enrichir par ses rapines dans quelques emplois subalternes, Vespasien lui en donnoit successivement de plus considérables, jusqu'à ce que ses biens valussent la peine d'être confisqués. Il le condamnoit alors.

Cʜ. LXXXVIII. *page* 411. (1) *Comme pour des gladiateurs qu'on voudroit engraisser*). On avoit soin d'engraisser ces malheureuses victimes avant que de les faire paroître sur l'arène. Telles étoient les mœurs du peuple alors le plus policé de l'Univers. Les Romains blâmoient avec raison les Gaulois, qui sacrifioient des hommes à leurs dieux ; et les Titus, les Trajan, les Antonin, ces princes philosophes, en immoloient aux plaisirs d'une vile populace. Le christianisme seul abolit ces jeux cruels.

Cʜ. LXXXVIII. *page* 410. (2) *Accincti*). Il étoit défendu, sous de grièves peines, aux soldats romains de paroître sans leurs baudriers.

Cʜ. XC. *page* 415. (1) *Une harangue pompeuse à la louange de sa tempérance*). Ce ridicule tombe plus sur l'auteur de sa harangue, que sur lui-même. Il avoit trop peu d'esprit pour en composer une, ou pour sentir les défauts de celles qu'on lui faisoit. Comme il fut pris au dépourvu le jour qu'il parvint à l'empire, il ne sut dire qu'un seul mot à l'assemblée. Le feu venoit de prendre à sa cuisine ; plusieurs regardoient cet accident comme un présage fâcheux. Il dit, et quelqu'un le lui souffla peut être, ᴀʟʟᴜxɪᴛ. La lumière vient d'éclater.

Cʜ. XCI. *page* 415. (1) *Devenu souverain pontife*). On observe dans les mémoires de littérature, que Vitellius ne prit le titre de souverain pontife qu'après la mort d'Othon ; *parce que de quelque manière qu'on eût été fait souverain pontife, il ne pouvoit y en avoir qu'un seul.*

Ch. XCI. page 417. (2) *Comme cette conduite rappeloit le souvenir de sa vie passée, elle ne servit qu'à le déshonorer*). On l'avoit vu, sous Néron, vêtu d'une espèce de sarrau, faire publiquement l'office de palefrenier, essuyant avec complaisance les chevaux qui venoient de fournir leur course.

Ch. XCII. page 421. (1) *Leur droit de patronage*). Un des principaux droits du patron étoit de partager la succession de ses affranchis avec leurs enfans, et d'avoir la succession entière s'ils mouroient sans enfans.

Ch. XCIII. page 420. (1) *Fluminis aviditas*). *Leur avidité pour le fleuve*, en buvant trop d'eau, et se baignant trop long-tems, dans l'intention de remédier à la chaleur.

## Fin du Tome sixième.

www.ingramcontent.com/pod-product-compliance
Lightning Source LLC
Chambersburg PA
CBHW072113220426
43664CB00013B/2104